语言资源保护研究

"语言资源保护研究"栏目主持人语

北京语言大学　曹志耘[*]

　　在中国，"语言资源"的概念出现很晚。较早使用"语言资源"一词的，是邱质朴先生（1981）的《试论语言资源的开发——兼论汉语面向世界问题》，该文主要论述了语言资源、语言工程以及汉语推广等问题。2004年，教育部语言文字信息管理司创建国家语言资源监测与研究中心。2007年，"国家语言资源与应用语言学高峰论坛"在北京语言大学召开，"语言资源"正式成为一个学术话题。那么，"语言资源"到底是指什么呢？张普（2012）认为，资源分自然资源、社会资源，语言属于社会资源，是其中的信息资源、文化资源。语言资源可分为语言资源、言语资源、语言学习资源。李宇明（2008）指出语言是语言学资源、文化资源、经济资源。李宇明（2011）进一步明确语言资源包括自然语言资源、衍生语言资源、公民的语言能力。陈章太（2008）认为，语言资源可分广义和狭义两种。广义的指语言本体及其社会、文化等价值（即由语言本体和语言社会应用两部分构成），狭义的指语料库、语言数据库、词典等。语言资源是一种特殊的社会资源。这些论述对我们理解语言资源无疑有很多启发，不过我们并不急于在此讨论和明确"语言资源"的定义。

　　在一次和高一虹教授的闲聊中，我提及"语言资源"专栏的设想。这一设想有幸得到高教授的热情鼓励，以及《语言学研究》的支持。当时我们正在酝酿筹备"中国语言资源保护工程"，我希望通过该专栏，能够就语言资源保护问题展开多方位的探讨，以便从理论和方法上推动这项工作。不过，不久以后，"中国语言资源保护工程"正式立项启动，我们把全部精力投入该工程的组织管理当中，已无暇充分开展相关理论研究了。在高教授的一再催促之下，我联系了一些学界朋友，所幸得到了他们的积极回应。虽然时间上一拖再拖，但总算在最后时刻完成了这项任务，我也算是舒了一口气。

　　这四篇论文分别从国内国外、汉语方言和少数民语言以及语言资源库建设和应用等视角探讨了语言资源保护研究问题。因为这是国内学术期刊上首次推出这样的专栏，所以还是偏向宏观和介绍较多，它的好处是可以先满足一下多数读者了解该

---

[*]　作者简介：曹志耘，北京语言大学教授，中国语言资源保护研究中心主任，中国语言资源保护工程首席专家。主要研究领域为汉语方言学、地理语言学、语言资源。通信地址：100083 北京市海淀区学院路15号北京语言大学校办。

领域的基本需求。当然，袁家宏先生的论文除了大数据语音学的历史背景和研究现状以外，还介绍了他的语音材料处理技术以及普通话语音研究实例。宾夕法尼亚大学的语言资源联盟（LDC）举世闻名，袁先生的论文应能带给我们很多最新、最权威的学术信息。

国外的理论和实践经验为我们提供了很好的借鉴。我们现在做语言资源保护，必须具备国际视野，当然，另一方面，也必须要从中国的语言国情出发。那么，中国的语言国情是什么呢？最重要的有两个，一是丰富性，二是濒危性。丰富性决定了语言资源保护任务的艰巨性，濒危性则决定了任务的紧迫性。在艰巨性和紧迫性面前，与"坐而言"相比，"起而行"无疑更为重要，这就涉及语言资源保护工作的最大特性——即实践性。中国语言资源保护工程自2015年启动以来，如今已在全国各省（区、市）全面铺开，计划用5年时间，开展1,500个地点的调查，其中少数民族语言300个，汉语方言900个，濒危语言方言200个，语言方言文化100个。迄今为止，全国各地已有200多所高校和科研机构、400多个调查团队、1,000多名专业人员投入这项工作，规模之大前所未有（曹志耘，2015）。

在这样的大背景下，实践是第一位的。语言资源保护研究，也应该从实践中来，到实践中去，或者说从实践到理论，从理论到实践。随着语保工程的深入开展，我相信这样的研究会越来越多，水平也会越来越高。

写到这里，我想起一件往事。多年前，我还在担任《语言教学与研究》杂志的主编，高一虹教授给我一篇论文，该文通过一个大学生讲述其学习英语的过程和故事的方式，来探讨外语教学问题。我当时觉得这种写法很"另类"，说得直白一点就是不太像学术论文。我就向高教授请教，她告诉我这是该领域的一种研究方式。但这篇论文最终好像没有发表，现在想想很可惜。这里涉及学术研究的一个根本问题，即我们的研究到底为了什么？是为了产出符合国际学术规范的论文，还是为了满足个人的智力游戏，抑或是为了服务于社会需求——简单地说是为了解决实际问题？别的领域我不敢说，在语言资源保护领域，我希望我们的研究能够更多地面向问题、面向社会，更好地与社会结合，更能够"接地气"。如果我们的研究能够引起政府部门对语言资源保护工作更大的重视，能够促使更多的社会大众来关注、支持和参与语言资源保护工作，这将比它具有多高的引用率重要得多。

参考文献

❏ 曹志耘，2015，中国语言资源保护工程的定位、目标与任务。《语言文字应用》（4）：10-17。

❏ 陈章太，2008，论语言资源。《语言文字应用》（1）：9-14。

❏ 李宇明，2008，语言资源观及中国语言普查。《郑州大学学报》（哲学社会科学版）

（1）: 5-7。

❑ 李宇明，2011，语言也是"硬实力"。《华中师范大学学报》（5）: 68-72。

❑ 邱质朴，1981，试论语言资源的开发——兼论汉语面向世界问题。《语言教学与研究》（3）: 111-123。

❑ 张普，2012，论国家语言资源。《张普应用语言学论文集》: 91-107。北京: 北京语言大学出版社。

（责任编辑：高一虹）

中国语言资源保护的理念与实践

——以汉语方言为视角

北京语言大学　张世方　沈丹萍*

[提　要]　本文主要从目前汉语方言资源保护的实践出发，总结中国语言资源保护理念的特点及其发展变化，展示几十年来中国语言资源保护所取得的成就。从中可以看出，我们的语言资源保护在理念上越来越自觉，主要体现在语言保护的科学性、系统性、社会化、多元化等定位上；在实践中越来越"接地气"，表现在结合我国具体语言国情，探索出政府、专家学者和社会大众在语保工作中协同合作的工作模式。中国语言资源保护工程的启动实施，更是为我国的语言资源保护事业注入了生机和活力。

[关键词]　语言资源；语言保护；语保工程；理念与实践

❶ 引言

20世纪八九十年代以来，语言学者越来越关注语言资源问题，为了抢救濒危语言，保持语言生态平衡，国外一些学者提出了语言保护的理论和实践问题，联合国教育、科学与文化组织颁发了一系列语言保护的规约和文件（周庆生，2016）。

除语言学家的调查研究外，国外的语言资源保护研究工作主要体现在三个方面：（1）设立相关机构，如美国宾夕法尼亚大学语言数据联盟（LDC）、欧洲语言资源协会（ELRA）等。（2）建立语言资源平台，如欧洲语言资源协会定期召开的语言资源与评估国际大会（ICLRE）及其会刊《语言资源与评估》、美国的全球语言监测网（GLM）等。（3）开展国家层面的语言资源普查工作，如美国、英国、加拿大、澳大利亚等国每年都会进行不同类型的语言资源普查。

---

*　作者简介：张世方，北京语言大学语言资源研究所/中国语言资源保护研究中心研究员、博士。研究方向：汉语方言学、社会语言学。Email：zhangshf@blcu.edu.cn。通信地址：100083 北京语言大学语言科学院语言资源研究所。

沈丹萍，北京语言大学中国语言资源保护研究中心博士研究生。研究方向：汉语方言学。Email：shendp2014@163.com。通信地址：100083 北京语言大学语言科学院中国语言资源保护研究中心。

本研究得到北京语言大学校级重大专项项目（中央高校基本科研业务专项资金）"城镇化进程中农村方言文化的困境与出路"资助，批准号：13ZDY01。课程负责人：张世方。

近年来，我国语言学界关于"语言资源"的讨论也越来越多，越来越深入。邱质朴（1981、2000）、孙宏开（2006）、张普（2007）、陈章太（2008）、李宇明（2008）、徐大明（2009）等都从不同的角度对语言资源问题进行探讨，为我们深入理解语言资源这一概念，树立语言资源意识观，深入研究语言资源及其开发利用起到了重要的引导作用。

本文从目前我国汉语方言资源保护的实践出发，梳理前辈学者在中国语言资源保护的理念及实践方面的成就，为当前的中国语言资源保护工作提供参考。

❷ 中国语言资源保护的理念

2.1 语言资源保护的内涵

2.1.1 语言保护的界定

曹志耘（2009）区分了"语言保护"和"语言保存"两个概念："语言保护"指通过各种有效的政策、措施、手段，保持语言、方言的活力，使其得以持续生存和发展，尤其是要避免弱势和濒危的语言、方言衰亡。"语言保存"则是指通过全面、细致、科学的调查，把语言、方言的实际面貌记录下来，并进行长期、有效的保存和展示。广义的"语言保护"既包括保护，也包括保存。

李宇明（2012）将语言保护分为语言保存、语言抢救、语言活力增强、语言活力保持，不同的概念对应不同的保护对象。

瞿霭堂（2010）在语言保护和语言保存之外增加了"保障"这一措施，即通过立法，保障各民族使用语言文字的权利。对于保护语言权利，范俊军（2006）、李宇明（2008）、方小兵（2013）、周庆生（2016）等也都有涉及，只是使用的术语不尽相同。

2.1.2 语言保护的对象

语言保护的对象无疑是语言，是语言资源，但语言涉及语言本体、语言应用、语言功能、语言生态等不同层面，因此对于语言的保护究竟应该包括哪些内容，各家出发点不同，提及的保护对象也有所不同。

戴庆厦（2016）指出，语言保护不能只看成是针对少数民族语言，不能只当成是抢救和记录少数即将濒危的语言，汉语方言同样需要保护。李宇明（2012）也指出，即将消亡的语言、濒危中的语言、有衰落倾向的语言、仍然具有活力的语言都是语言保护的对象。

除了保护语言本体外，语言保护的范围还应包括语言的各个层面，周庆生（2016）认为应该包括语言资源、语言文化遗产、语言使用空间、语言生态、语言健康，基本涵盖了语言及与语言相关的方方面面。范俊军（2006）、方小兵（2013）都认为抢救与保护少数民族和族群语言，应着眼于语言生态的维护与改善，关键就是充分尊重语言人权。

2.1.3 语言保护的措施

周庆生（2016）用"认定、记录、建档、研究、保存、保护、保障、维护、建区、宣传、传承、传播、展示"等十几个动词来描写语言保护的具体措施，这些措施涵盖了语言保护的方方面面，其他学者提出的语言保护措施基本都能纳入进去。

曹志耘（2009）认为中国的语言国情既需要语言保存，也需要语言保护，语言保存的全局性措施包括：制定全面和长期计划、建立机构和队伍、编写调查表和调查规范、拟定濒危语言和方言名录、整理已有成果目录和资料。曹志耘（2010）还提出建设语言文字博物馆的设想，利用先进的现代技术保存、展示丰富的语言资源。

建立双语制是保护语言的有效措施。瞿霭堂（2010）提出作为非物质文化遗产的语言保护要以建立双语制为宏观目标。戴庆厦（2014、2016）提出少数民族的语言生活除了使用自己的母语外，还要学习国家的通用语，并逐步形成一种"互补兼用"的双语关系。

保持语言使用是保护和开发语言资源的有效途径，方小兵（2013）、戴庆厦（2014）等都持类似的观点。李宇明（2012）、戴庆厦（2016）都指出，相关部门应该制定有利于保持语言活力的语言政策，通过教育培养语言使用者对母语的使用能力，在调查和记录语言实态的同时，还应培养语言传承人，确立语言传承人目录。

语言立法也是学者们关注的语言保护的重要措施。瞿霭堂（2010）、方小兵（2013）认为应通过语言立法来维护语言生态，保障语言权利；李宇明（2008）则认为除了在立法层面对语言权利进行界定外，维护语言权利还应多考虑司法层面。

2.1.4 语言保护的主体

学者们普遍认为，政府在制定语言保护政策及立法方面应发挥重要作用，语言调查、记录及语言保存和语言研究工作需要依靠专家和学者，同时，社会大众也应树立语言保护观念，接受语言保护意识，积极参与语言保护活动（曹志耘，2009、2015；李宇明，2012；戴庆厦，2014；周庆生，2016等）。

中国语言资源有声数据库建设（以下简称"有声库建设"）"政府主导、学者支撑、社会参与"的工作模式取得了很大成功，中国语言资源保护工程（以下简称"语保工程"）的工作方式可以归纳为"国家统一规划、地方和专家共同实施、鼓励社会参与"（田立新，2015）。

2.2 汉语方言资源保护的特点

2.2.1 保护的科学性

2.2.1.1 整体规划的科学性

曹志耘（2015）从专业性、规范性、前瞻性三个方面来说明整体规划的科学性。就语保工程来说，专业性体现在整个语保工程的开发和设计都是由专家来制定的，培训、实施、监督也都是由专业团队来把关的。规范性体现在各种规范的制定，有管理办法、工作规范、技术规范等。前瞻性是指"要站在历史的角度、面向未来设计工程的内容、方法和技术标准，要满足长久保存和使用的要求"（曹志耘，2015：13）。

2.2.1.2　保护手段的先进性

语言资源保护应重视现代语言技术的运用，李宇明（2012）认为应包括以下几点：制定技术标准，研发、优化相关的软件，优选合适的硬件装备，培训技术队伍，创办虚拟的语言文字博物馆、展览馆。

曹志耘（2010）专门讨论了建设汉语方言博物馆来保存和展示汉语方言和文化的问题。建设虚拟的语言文字博物馆也已成为语言资源保护工作的重要方面，建设中的"中国语言资源保护工程采录展示平台"实际上就是一座大型的虚拟博物馆。

用先进技术手段采集、保存、展示、开发语言资源正是语保工程所看重并践行的理念。中国语言资源保护研究中心已组织开展语保工程专用录音软件、摄录软件、规范命名软件、电子材料校验软件、语料标注软件等的研发工作，为建设高质量、国际化、先进性的语言资源平台提供了技术保障（王莉宁，2015）。

2.2.2　保护的系统性

2.2.2.1　保护对象的系统性

语言保护是一项系统工程，应该包括保护对象的系统性、保护措施和手段的系统性等各方面。戴庆厦（2014、2016）、周庆生（2016）等都表达了这种看法。

方小兵（2013）将语言资源、语言生态和语言权利看作语言保护的三大着眼点，实际上也是一种语言保护系统性的观念，因为这三个概念关联语言的许多方面，而这些关联概念又都与语言保护息息相关。

2.2.2.2　保护措施的连续性

李宇明（2012）指出，语言保护的规划应当是可以持续进行的，特别是应当具有操作性，语言保护措施应当与社会的经济、文化发展相适应，与社会的语言保护意识相适应，不能超出社会的承受力。

综合考虑社会因素和技术发展趋势，开展可持续进行的语保工作正是语保工程所追求的。语保工程的目标可以分解为四个部分：调查、保存、研究、开发。实际上这也是工作的四个步骤，这四个步骤充分体现了语保工作需具有连续性的理念（曹志耘，2015）。

2.2.3　保护的社会化

语言保护的社会化包括两个方面，一个是语保工作的社会化，即将语保工作面向社会开放，充分发动社会力量、调动社会各界的积极性，共同参与，对语言资源进行长期的保护（李宇明，2012；戴庆厦，2014；曹志耘，2015；田立新，2015等）。

语言保护社会化的另一层面是语言保护成果的社会化。李宇明（2016）指出，应该鼓励整个社会都来使用语言保护工作采集到的数据。

2.2.4　保护的多元视角

戴庆厦（2014）认为语言保护要注意多学科知识、方法的综合运用。李宇明（2016）指出，语言资源保护有不同的角度。李文重点论述的文化视角下的语言资源保护，正是语保工程所关注的。与有声库建设相比，语保工程的调查内容在传统的语音、词汇、语法等基础上增加了"口头文化",并设立了语言方言文化调查项目。

2.3 语言资源保护理念的发展

我们认为,中国语言资源保护的理念经历了一个从朴素的语言资源保护到自觉的语言资源保护的发展过程。

曹志耘（2009）认为,广义的"语言保护"既包括保护,也包括保存。从这一观点出发,中国语言保护可以上推至周秦时期,当时的辖轩使"巡游万国,采览异言"（郭璞《方言注序》）,可以看作中国语言资源田野调查的滥觞。西汉扬雄《方言》之后,诸多《方言》系文献、《尔雅》系文献、《切韵》系文献都保留了弥足珍贵的汉语方言资源财富。当时采集语言和编纂语言资料的目的跟我们今天的语言保护大相径庭,但却为后世保留了大量的语言史料,与我们今天有目的的语言保存并无本质差别,所以也可以纳入广义的语言保护的范畴,我们可称之为"朴素的语言保护"。

到了近现代,一些语言采集活动和著作的目的虽然已经有别于早期的方言记录与研究,但整体上还没有进入到有意识的语言资源保护层面。1979年6月24日,汉语方言科学讨论会的与会学者提出了"抢救方言"的口号,时任中国社会科学院语言研究所所长的吕叔湘先生在给会议的信中强调了方言研究的迫切性（吕叔湘,1979）,这标志着中国有意识的语言资源保护的开始。

进入21世纪,语言问题意识逐渐转变为语言资源意识,语言资源保护的观念也越来越深入人心。2008年"中国语言资源有声数据库建设"在江苏试点,2015年"中国语言资源保护工程"启动。有声库建设和语保工程在继承中国语言调查研究优秀传统的基础上,将语言资源保护的理念和方法提升到一个新的高度。

❸ 中国语言资源保护的实践

3.1 设立相关机构

3.1.1 专业科研机构及学术团体

20世纪50年代以前的汉语方言调查工作主要是由中央研究院历史语言研究所主持开展的。1954年,中国社会科学院语言所成立方言组,开始了方言调查研究工作,组织并指导了1956年开始的汉语方言普查。这期间编写出版的《方言调查字表》《方言调查词汇手册》《汉语音韵讲义》《昌黎方言志》等著作,成为指导方言调查的重要工具书和编写方言调查报告的范本（张伯江,1995）。几十年来,方言研究室先后组织力量参与了很多大型项目,出版了一系列高质量的汉语方言著作,极大地推动了汉语方言的研究工作。

1981年11月,全国汉语方言学会成立。20世纪80年代以来,高校中也成立了一些方言调查研究机构。这些方言调查研究团体和机构在汉语方言研究的发展中发挥了重要作用。

3.1.2　国家行政机构

我国在政府机构中设有专门的语言文字管理部门，主要包括国家语言文字工作委员会及各级地方行政部门的语言文字工作办公室、教育部语言文字信息管理司、教育部语言文字应用管理司等。这些行政机构在我国语言资源保护工作中发挥着指导、监督、协调等重要作用。

国家语委目前共在全国高校及相关机构设立了18家科研中心，其中有8家为语言资源研究类。中国语言资源保护研究中心是2015年为实施语保工程专门设立的，其职责是研究拟订工程的总体规划以及工作、技术规范，并受主管部门委托，指导和管理工程的具体实施。

3.2　建立语言资源平台

3.2.1　学术刊物

《方言》杂志创刊于1979年，30多年来，发表了许多高质量的调查报告和专题论文，集中反映了汉语方言研究代表性的重要成果。《中国方言学报》是全国汉语方言学会会刊，《汉语方言语法探索》等是汉语方言语法国际学术研讨会论文集。

国内还有很多其他语言学刊物，虽然不是专门面向方言学的，但也会发表一些汉语方言的研究成果，如《中国语文》《中国语言学报》《语言科学》《语言研究》《语文研究》等。《民族语文》则是少数民族语言资源调查研究的主要阵地。《语言文字应用》虽然很少发表汉语方言的研究文章，但在语言资源保护政策、理念的宣传等方面可以发挥重要作用。

3.2.2　数据库及网站

近年来，语言资源库建设取得了显著成果，就汉语方言资源库来说，主要有中国社会科学院"北方方言基本词汇数据库"、北京语言大学"北京口语语料查询系统"、香港大学和香港理工大学"香港广州语音资料库"等（孙林嘉，2016）。一些率先完成有声库建设的省份，利用采集到的语料建设了地方方言文化语料库，如"上海语言资源有声数据库展示系统""江苏语言与文化资源库"。

"中国语言资源保护工程采录展示平台"是语保工程的数据库，将收录语保工程田野调查汇集的全部数据，其公众平台还允许用户上传自己录制的语言资源数据。目前，语保工程2015年验收合格的调查数据及部分有声库调查数据已经入库。

中国语言资源保护研究中心研发的"中国方言文化典藏多媒体资料库"通过音、视、图文等多媒体形式，将地方特色文化现象用特殊方言形式进行保存与展示，以期达到"实态保存，永久使用"的目标（孙林嘉，2016）。

3.2.3　学术会议

全国汉语方言学会年会由全国汉语方言学会主办，每两年一届，从1981年起至今已举办18届，是我国汉语方言学界最为重要的学术交流平台。其他影响较大的汉语方言学术会议还有：官话方言国际学术研讨会、国际粤方言研讨会、国际闽方言研讨会、国际吴方言学术研讨会、晋方言国际学术研讨会、西北方言与民俗国际学术研讨会等。

为配合语保工程的实施，自2014年起，北京语言大学发起举办"中国语言资源国际学术研讨会"。会议每年举办一次，由北京语言大学联合国内外其他高校共同主办，由中国语言资源保护研究中心承办，会议议题围绕"语言资源调查研究的理念、方法与技术"展开。

3.3 开展国家层面的语言资源普查工作

汉语方言普查。1956年3月，高等教育部和教育部发布《关于汉语方言普查工作的指示》，两三年内共调查了1849个县市的方言，出版了300余种各地人学习普通话手册，为国家推广普通话提供了重要学术基础。

中国语言文字使用情况调查。1999年，教育部等11部委联合开展了"中国语言文字使用情况调查"，目的是了解我国国民使用语言文字的实际情况、习惯和态度。2006年出版《中国语言文字使用情况调查资料》。

中国语言资源有声数据库建设。国家语言文字工作委员会（简称"国家语委"）于2008年启动有声库建设，按照科学、统一的规划，调查收集当代汉语方言、少数民族语言和带有地方特色的普通话的实态、有声语料，并进行科学整理、加工和有效保存（李宇明，2010）。江苏、北京、上海已完成调查工作，福建、广西、河北、湖北、辽宁、山东等省区也已展开调查。

中国语言资源保护工程。2015年5月，教育部、国家语委发布《关于启动中国语言资源保护工程的通知》，决定在全国范围开展以语言资源调查、保存、展示和开发利用等为核心的重大语言文化工程。无论是从层次、规模还是经费投入来看，语保工程都可以说是全世界最大的语言资源保护工程。（曹志耘，2105；田立新，2015；王莉宁，2015）

3.4 代表性项目和成果

几十年来，汉语方言研究取得了巨大成就，大量的汉语方言资源得以保存（钱曾怡，1998；金有景、金欣欣，2002；詹伯慧，2009；张振兴等，2014），限于篇幅，我们这里只重点介绍一些标志性的项目和成果。

3.4.1 地图集

中国语言地图集，"六五"国家社科重点项目，成果为《中国语言地图集》。首次用彩色地图的形式总结了几十年来中国语言调查研究的成果，反映了中国各种语言分布情况。

中国濒危语言方言调查研究与新编《中国语言地图集》，社科院2001年重大项目，成果有《中国语言地图集（第2版）》《军话研究》等。《中国语言地图集（第2版）》全面表现了中国的汉语方言和各少数民族语言、方言最新的地理分布和分区分类情况。

汉语方言地图集，教育部"十五"规划项目，成果为《汉语方言地图集》。该项目实地调查了全国汉语地区930个地点，绘制了汉语方言语音、词汇、语法特征地图510幅。《汉语方言地图集》是世界上第一部在统一的实地调查的基础上编制的、全面反映20世纪汉语方言基本面貌的原创性语言特征地图集（曹志耘，2008）。

3.4.2 方言词典

《现代汉语方言大词典》，"八五"国家社科规划项目成果，包括分地区方言词典42卷及综合本《现代汉语方言大词典》6卷。这一词典的特点主要有：以实地调查所得的第一手材料为基础，调查的范围和规模宏大，编写人员的专业素质高（詹伯慧，2009）。

《汉语方言大词典》，主要收录见于现代作品中的方言词语，酌收古代小说、诗歌、戏曲中出现且现在口语里还在使用的方言词语等。

另外还有不少地区性或单点方言词典，如《闽南方言大词典》《东北方言词典》《四川方言词典》《陕西方言词典》《北京方言词典》《北京土语词典》《南通方言词典》《昆明方言词典》《广州话方言词典》《成都方言词典》，等等。

3.4.3 方言文化典藏

中国方言民俗图典系列，2010年国家出版基金资助项目。该项目采用图文结合的方式，编写出版分地区方言民俗图典，以反映中国方言民俗的概貌。第一辑10卷已出版。

中国方言文化典藏，2011年教育部哲学社会科学研究重大课题攻关项目。该项目按照统一规划，采用科学方法和现代化技术手段，调查收集实态的中国方言文化资料，经整理、加工，建设中国方言文化典藏多媒体资料库，编写出版中国方言文化典藏系列图册。

3.4.4 其他重要项目及成果

汉语方言重点调查，"七五"国家社科重点项目，成果有张振兴（1992）《漳平方言研究》、贺巍（1993）《洛阳方言研究》、钱曾怡（1993）《博山方言研究》等9种。

北方话词汇调查，"七五"国家社科重点项目，成果为陈章太、李行健主编（1996）《普通话基础方言基本词汇集》5卷。

现代汉语方言音库，"九五"国家社科重点项目，成果为侯精一主编（2003）《现代汉语方言音库》，包括40地汉语方言音档。

另外，还有一些省份陆续编辑出版了方言志丛书，如钱曾怡主编"山东方言志丛书"、温端政主编"山西省方言志丛书"、邢向东主编"陕西方言重点调查研究丛书"等。

张振兴等（2014）的《中国分省区汉语方言文献目录（稿）》收录截至2010年除西藏外33个省区市的10类方言文献目录，约32,000个条目，为语言资源保护的文献汇聚工作提供了重要参考。

❹ 余论

综上可见，我们的语言资源保护在理念上越来越自觉，主要体现在语言保护的科学性、系统性、社会化、多元化等定位上；在行动上越来越"接地气"，从高校和科研机构的象牙塔走进语言使用者的人群。中国语言资源保护工作有坚实的学术基础，有政府的大力支持，有越来越广泛的社会影响。语保工程的启动实施，更是为中国语言资源保护注入了生机和活力，使中国的语保事业有了更加光明的前景。

在今后的语言资源保护工作中，我们认为尚需做好以下几点：

第一，就语言保护的对象来说，应进一步加大宣传，纠正错误认识，让社会大众清楚地认识到，不是只有濒危的语言、方言才需要保护，也不是只有少数民族语言才需要保护；语言保护的对象应该更加宽泛，不仅包括语言本体，还应包括语言文化、语言使用等诸多方面。

第二，就语言保护的措施来说，应进一步加快技术研发，在现有技术手段的基础上，开发更加便捷、高效、智能化程度更高的语料采集、加工软件；在语言文化采集、保存的同时，做好与语言保护相契合的方言规划、语言规划和语言立法工作（李宇明，2008；雷红波，2012）。

第三，就语言保护的主体来说，政府应发挥更大作用，动员各级相关行政部门投入更多的力量参与到语保的实施、管理工作中来；语言学者应树立"为社会"的思想观念；媒体和教育需多管齐下，为语保工作营造积极的社会氛围；在加大宣传、引导的同时，还应谨防方言情感发展成为方言主义（曹志耘，2006；雷红波，2012），避免语保工作偏离方向。

参考文献

❑ 曹志耘，2006，汉语方言：一体化还是多样性？《语言教学与研究》（1）：1-6。

❑ 曹志耘，2008，《汉语方言地图集》前言。《语言教学与研究》（2）：1-8。

❑ 曹志耘，2009，论语言保存。《语言教学与研究》（1）：1-8。

❑ 曹志耘，2010，关于建设汉语方言博物馆的设想。《语文研究》（2）：6-9。

❑ 曹志耘，2015，中国语言资源保护工程的定位、目标与任务。《语言文字应用》（4）：10-17。

❑ 陈章太，2008，论语言资源。《语言文字应用》（1）：9-14。

❑ 陈章太、李行健主编，1996，《普通话基础方言基本词汇集》。北京：语文出版社。

❑ 戴庆厦，2014，"科学保护各民族语言文字"研究的理论方法思考。《民族翻译》（1）：12-18。

❑ 戴庆厦，2016，语言保护的再认识，载《语言资源》第一辑。北京：商务印书馆。

❑ 范俊军，2006，少数民族语言危机与语言人权问题。《贵州民族研究》（2）：51-55。

❑ 方小兵，2013，语言保护的三大着眼点：资源、生态与权利。《民族翻译》（4）：18-23。

❑ 贺巍，1993，《洛阳方言研究》。北京：中国社会科学出版社。

❑ 侯精一 主编，2003，《现代汉语方言音库》。上海：上海教育出版社／上海教育音像出版社。

❑ 金有景、金欣欣，2002，20世纪汉语方言研究述评。《南阳师范学院学报》（社会科学版）（1）：91-100。

❑ 雷红波，2012，方言保护与语言规划。《中国社会语言学》（1）：36-44。

❑ 李宇明，2008，当今人类三大语言问题。《云南师范大学学报》（哲学社会科学版）（4）：21-26。

❑ 李宇明，2010，论中国语言资源有声数据库的建设。《中国语文》（4）：356-363。

❑ 李宇明，2012，科学保护各民族语言文字。《语言文字应用》（2）：13-15。

❑ 李宇明，2016，文化视角下的语言资源保护。载《语言资源》第一辑。北京：商务印书馆（待刊）。

❑ 吕叔湘，1979，方言研究的迫切性。《厦门日报》6月24日。

❑ 钱曾怡，1998，世纪之交汉语方言学的回顾与展望。《方言》（4）：243-246；又载钱曾怡，2002，《汉语方言研究的方法与实践》：27-35。北京：商务印书馆。

❑ 钱曾怡，1993，《博山方言研究》。北京：中国社会科学出版社。

❑ 邱质朴，1981，试论语言资源的开发——兼论汉语面向世界问题。《语言教学与研究》（3）：111-123。

❑ 邱质朴，2000，应用语言学的新概念。《镇江师专学报》（社会科学版）（3）：62-68。

❑ 瞿霭堂，2010，民族语言文字与非物质文化遗产的保护。《民族翻译》（4）：7-14。

❑ 孙宏开，2006，中国少数民族语言活力排序研究。《广西民族大学学报》（哲学社会科学版）（5）：6-10。

❑ 孙林嘉，2016，中国方言文化典藏多媒体资料库的设计与构建。载《语言资源》第一辑。北京：商务印书馆。

❑ 田立新，2015，中国语言资源保护工程的缘起及意义。《语言文字应用》（4）：2-9。

❑ 王莉宁，2015，中国语言资源保护工程的实施策略与方法。《语言文字应用》（4）：18-26。

❑ 徐大明，2009，国家语言资源发展战略研究。载张普、王铁锟主编，《中国语言资源论丛》（一）：18-31。北京：商务印书馆。

❑ 詹伯慧，2009，汉语方言研究30年。《云南师范大学学报》（哲学社会科学版）（2）：38-45。

❑ 张伯江，1995，语言研究所四十五年。《中国语文》（6）：464-472。

❑ 张普，2007，论国家语言资源。载嘎日迪等主编，《民族语言文字信息技术研究——第十一届全国民族语言文字信息学术研讨会论文集》：204-216。北京：西苑出版社。

❑ 张振兴，1992，《漳平方言研究》。北京：中国社会科学出版社。

❑ 张振兴、李琦、聂建民辑录，2014，《中国分省区汉语方言文献目录（稿）》。北京：中国社会科学出版社。

❑ 周庆生，2016，语言保护论纲。《新疆师范大学学报》（哲学社会科学版）（2）：126-131。

Concepts and Practices of Language Resource Protection in China: Viewed from the Perspective of Chinese Dialects

Abstract: From the perspective of Chinese dialect protection, this paper summarizes the concepts of language resource protection in China and their development. The existing situation of language resource protection practices and the achievements of language resource protection in China in the past decades are discussed. It is shown that as conceptual awareness of language resource protection increased, related practices have become more and more systematic, diversified, involving the efforts and serving the needs of various social groups. The practices of Chinese language resource protection have also become more and more suited to the context. Grounded in the actual situation, a collaborative work pattern involving the government, the professionals and the public has been gradually formed. Moreover, the launch of the Project of Chinese Language Resource Protection has injected new vigor and vitality into language resource protection in China.

Key words: language resources; language protection; The Project of Chinese Language Resource Protection; concept and practice

（责任编辑：高一虹）

中国语言资源多样性及其创新与保护规划

中国社会科学院　黄　行*

[提　要]　中国是世界上保持语言多样性最丰富的国家之一，由于政策、体制层面及本体规范等方面的原因，我国少数民族语言的使用活力总体上正在发生显著的下降。国家在保护和保障少数民族使用和发展本民族语言权利方面推出了一系列语言规划和保护工程。其中创新性语言规划包括：创制改革民族文字、确定标准语、传统文字拉丁转写、术语规范化、信息处理用民族语文规范标准建设；保护性语言规划包括：语言资源有声数据库与中国语言资源保护工程和非物质文化遗产保护工程。

[关键词]　语言多样性；语言资源；语言规划

❶ 中国语言文字的多样性

中国是世界上保持语言多样性最丰富的国家之一，分布着300余种分属东方的汉藏语系，西方的印欧语系，北方的阿尔泰语系和南方的南亚语系、南岛语系的语言，中国语言的地域和语系分布之广，大概在世界上也是绝无仅有的。

表1　世界1亿人口以上国家的人口与语言数量 (Lewis, Gary, & Charles, 2016)

编号	国家	人口数	语言数	语言数量排序
1	中国	1,367,485,000	300+	4
2	印度	1,295,292,000	461	3
3	美国	321,369,000	230	7
4	印度尼西亚	255,462,000	719	1

* 作者简介：黄行，中国社会科学院民族学与人类学研究所研究员。研究方向：少数民族语言。Email：huangxing@cass.org.cn。通信地址：100081北京中关村南大街27号。

编号	国家	人口数	语言数	语言数量排序
5	巴西	204,260,000	236	6
6	巴基斯坦	188,925,000	73	9
7	尼日利亚	181,562,000	527	2
8	孟加拉国	160,996,000	41	10
9	俄罗斯	143,507,000	108	8
10	日本	126,920,000	15	11
11	墨西哥	121,737,000	287	5
	合计	4,367,515,000	≈2700	

我国语言极其复杂的多样性还表现在，从古至今各民族语言曾经使用过70多种不同字符体系的文字，它们当中有些和人类最古老的文字渊源关系密切，主要是受西域宗教文化传播影响进入我国的。中国的古代和现代少数民族文字可以归纳为以下几类：

1. 汉字系文字：契丹字（10—13世纪）、女真文（12—13世纪）、西夏文（11—13世纪）、朝鲜文（15世纪至今）、古壮字、布依字、古白字、方块苗字、瑶字等；

2. 印度系文字：佉卢文（Kharosthi，2世纪）、焉耆–龟兹文（记录古代吐火罗语Tocharian，3—9世纪）、于阗文（记录古代塞语Sakan，5—11世纪）、藏文（7世纪至今）、八思巴文（13—14世纪）、西双版纳傣文（约13世纪至今）、德宏傣文（约14世纪至今）等；

3. 粟特系文字：粟特文（2—3世纪）、回鹘文（8—15世纪）、蒙古文（13世纪至今）、托忒式蒙古文（Todo Mongolian，17世纪至今）、满文（16—20世纪）、锡伯文（1947年在满文基础上改造而成）；

4. 阿拉伯系文字：察合台文（13—20世纪）、维吾尔文、哈萨克文、柯尔克孜文等；

5. 自源文字：古彝文、东巴文、哥巴文、沙巴文、玛丽玛萨文、汪忍波文（傈僳族音节文字）、水书等；

6. 拉丁字母文字：近现代以来，西方传教士来华创制的少数民族文字，和1949年以后中国政府帮助创制的少数民族文字都使用拉丁字母。

❷ 中国少数民族语言多样性的保持与变化

由于工业化、现代化和市场经济进程相对比较迟缓和滞后，中国各少数民族语言文字仍保持一定的多样性原生态面貌。

但是受以下三个方面因素的影响，我国少数民族语言的使用活力总体上正在发生显著的下降，以致一些语言已经趋于濒危。

2.1 国家通用语言的推广

我国60年来全方位地大力推广国家通用语言（普通话）的国家语言政策和规划，促进了国家语言文字的统一规范，但客观上也致使主体语言之外的诸多语言和方言的功能不断降低和缺失。

我国《宪法》及相关法律历来都规定"国家推广普通话，推行规范汉字"，这是一项基本国策。2001年颁布的《国家通用语言文字法》又将汉语普通话提升为"国家通用语言"，因此推广和普及国家通用语言文字就从汉语方言地区扩大到包括少数民族地区的全国范围，也就是说，普通话和规范汉字实际上已经成为我国各民族之间共同的族际语言文字。根据《国家中长期语言文字事业改革和发展规划纲要》的要求，到2020年，少数民族双语教师需要达到国家通用语言文字教学要求，接受完成过义务教育（一般指初中毕业）的少数民族学生也应该能够熟练掌握国家通用语言文字。因此国家通用语言文字的推广将在民族语言使用地区继续加强。

2.2 经济体制转轨

我国近20年来已经基本完成从计划经济向市场经济体制的转轨，经济体制转轨凸显了少数民族语言在市场效率方面的劣势。市场经济的普遍特点就是比较追求效率而可能忽视公平或平等，但是在事实上少数民族和主体民族在获得效率的规则和起点方面是极其不平等的。以国家语言社会生活为例，我国绝大多数经济、社会、科学技术方面的知识信息是靠汉语文产生、传播和运用的，因此社会交际效率最高的语言工具无疑是国家通用语言文字，少数民族语文处于绝对的弱势和劣势。而信息技术、互联网等现代通信技术的发展，又进一步加大了汉语文和民族语文之间的差距，因此一些少数民族语言文字的使用人口越来越少，使用功能越来越弱，有些甚至趋于濒危。在这个意义上，少数民族也应依法享有和行使各项国家制订的倾斜性民族语言政策，以使少数民族在民族区域自治、母语文化传承和语言群体认同等方面获得与"社会公平"有关的语言权利。

2.3 现代语言规范化资质

目前对语言多样性资源保护，以及对世界性的濒危语言现象抢救的呼吁，都比较强调语言使用发展的外部社会条件，而较少关注语言内部的资质和规范。语言的资质和规范是有其明显时代性特点的，封闭社会和开放社会、传统社会和现代社会、自然经济和市场经济等不同的社会状态，语言适应社会交际的资质和规范是不同的。

规范的语言资质标准对于现代社会语言的保持与发展是至关重要的。具体来说，现代规范化语言应该形成以下资质，才能具有适应现代社会语言使用和发展应具备的条件：（1）超方言的标准语；（2）通用的文字和书面语系统；（3）语音、语法、词汇等本体规范；（4）共同的社会交际行为规范；（5）共同的心理认同态度；（6）适应电脑网络等新媒体的能力；（7）成熟的母语教育体系；（8）成熟的传统文化传承载体；（9）纳入政府的语言地位规划。我国少数民族语言总体的规范化程度很低，是在现代社会使用发展受到局限的重要因素。

❸ 少数民族语言创新规划

中国政府在保护和保障少数民族使用和发展本民族语言权利方面，制订和实施了一系列语言创新规划。

3.1 创制改革少数民族文字

中国历史上历来只通用汉字和数量不多的传统民族文字。绝大多数民族语言是没有文字和书面语的，这种情况的语言在现代社会是难以保持和发展的。因此新中国成立以后政府最早开展的民族语言规划之一，即为无文字或原有文字不完备的民族语言创制和改革文字。

20世纪50年代，我国政府确定了为少数民族创制改革文字的民族语言规划任务。在1956—1958年全国少数民族语言普查的基础上，根据国务院为少数民族创制改革文字文件《关于各少数民族创立和改革文字方案的批准程序和实验推行分工的通知》（1956）要求，先后帮助12个没有文字的民族创制了15种拉丁字母形式的文字，改革和改进了6种原有民族文字；还创制了基于拉丁字母的新维吾尔文（1959）、新哈萨克文（1959），但是80年代新疆取消新维吾尔文、新哈萨克文，回复阿拉伯字母的老文字。

创制改革少数民族文字的规范体现在1957年国务院批准的《关于少数民族文字方案中设计字母的几项原则》中，其中原则1："应该以拉丁字母为基础"，原则2："尽可能用《汉语拼音方案》里相应读音的字母"，反映了《汉语拼音方案》对少数民族文字创制和改革的重要指导作用，以及国家语言文字规划的统一性和规范性。此外，规范原则还包括为特定少数民族语言确定标准音方言，方言分歧过大语言可以分别设计方言文字，如4种苗语方言文字和2种哈尼语方言文字。

3.2 制订标准语

除了民族语言普遍缺少文字和书面语外，我国少数民族语言另一特色就是方言变体多、差异大，因此至少在全民族地区通用传统文字的蒙古语、藏语、维吾尔语、哈萨克语、朝鲜语，存在在众多方言之上制订和推行标准语的需要。

1980年内蒙古自治区政府批准《关于确立蒙古语基础方言、标准音和试行蒙古语音标的请示报告》，决定以中部方言（内蒙古方言）为中国蒙古语的基础方言，以锡林郭勒盟正蓝旗为代表的察哈尔土语为标准音。

2005年国家语言文字工作委员会（简称"国家语委"）成立《藏语标准语方案》项目课题组，形成了较具广泛性、可行性和可操作性的《藏语标准语方案》，该《方案》提出"藏语标准语以拉萨书面语音为标准音，以卫藏方言为基础方言，以典范的藏文传统文法为语法规则"的定义。尽管"藏语标准语"还未形成正式方案，实际上已开始在教育、新闻媒体和信息等很多领域发挥作用。

维吾尔语分中心、和田、罗布三个方言，其标准语以中心方言为基础，以伊犁、吐鲁番–乌鲁木齐语音为标准音。

3.3 传统民族文字拉丁转写

我国传统少数民族文字系属纷繁、类型多样，但是都属于非通用文字，因此就存在与国际通用的拉丁字母文字进行字符和编码相互转换的问题，其功能和目的为：（1）非通用文字的通用化；（2）本地文字的国际化；（3）计算机、网络语言文字的信息化；（4）语言之间的信息交换；（5）特定社会领域（如护照、身份证等）的应用；（6）传统文化的记录、典藏与传承。目前我国的蒙古文、藏文、维吾尔文、哈萨克文、朝鲜文等都已制订了传统文字的拉丁转写规范。

3.4 术语规范化

制订和规范少数民族语言名词术语，对于少数民族地区的政务、教育、新闻出版、科技、商业等活动具有重要作用，对民族地区的信息化和现代化也具有重要意义。1985年成立了"全国术语标准化技术委员会"，主要开展中国汉语科技术语的标准化工作。1995年该委员会设立了"少数民族术语标准化特别分委员会"，同时先后成立了"全国蒙古语术语标准化工作委员会""藏语术语标准化工作委员会""中国朝鲜语术语标准化工作委员会"等民族语言的术语标准化技术委员会。这些民族语言术语标准化技术委员会对相关语种制订名词术语审订原则和方法、建立名词术语数据库，并定期发布审订的科技名词术语。

3.5 信息处理用民族语言文字规范标准建设

制订信息处理用民族语言文字规范标准，如蒙古语、维吾尔语、哈萨克语语料库建设与语料标注规范，面向信息处理的蒙古语词语规范、藏语词类标记规范和藏文自动切分标注系统等。在民族语文信息处理工作方面，制定信息处理用民族语言文字规范标准。民族语言文字信息化主要涉及的是蒙、藏、维、哈、柯、朝、彝、傣等传统通用民族语言文字（李宇明主编，2011）。

国家重大科技工程"中华字库"，工程的目的是要建立全部汉字及少数民族文字的编码和主要字体字符库，重点研发文字的编码体系、输入、输出、存储、传输以及兼容等关键技术。

❹ 少数民族语言保护规划

语言保护有狭义和广义之分。狭义的语言保护是指"通过各种有效的政策、措施、手段，保持语言、方言的活力，使其得以持续生存和发展，尤其是要避免弱势和濒危的语言、方言衰亡"，上述民族语言创新规划某种意义上即包含了狭义的"语言保护"；广义的语言保护，"既包括保护，也包括保存"，语言保存特指"把语言、方言的实际面貌记录下来，并进行长期、有效的保存和展示"（曹志耘，2016：31）。侧重民族语言资源保存的语言保护规划主要包括以下两项重大工程。

4.1 语言资源有声数据库与中国语言资源保护工程

国家语委于2008年启动"中国语言资源有声数据库建设"工程。工程依照统一规范，采集当代中国语言的汉语方言、地方普通话以及少数民族语言和方言等有声资料，并进行科学整理和加工，长期保存，以便将来深入研究和有效地开发利用。2015年在"中国语言资源有声数据库建设"的基础上，又开展了规模更大以及更加可持续增长的、多媒体语言资源库形式的"中国语言资源保护工程"。该工程的民族语言部分，涉及400多个语言、方言点的调查资料，以及语言志、语言文化典藏、语言地图集和语言资料开发服务等成果形式（田立新，2016；曹志耘，2016）。

4.2　非物质文化遗产保护工程

《中华人民共和国非物质文化遗产法》所称非物质文化遗产，是指各族人民世代相传并视为其文化遗产组成部分的各种传统文化表现形式，以及与传统文化表现形式相关的实物和场所。例如在国务院批准、文化部确定的我国第一批518项国家级非物质文化遗产名录中，与语言文字直接或间接相关的民间文学（31项）、民间音乐（72项）、传统戏剧（92项）、曲艺（46项）、传统医药（9项）、民俗（70项）门类的非遗，即占到总数的60%以上。

根据国际共识（例如联合国教科文组织通过的《保护非物质文化遗产公约》），语言遗产也是非物质文化遗产的重要组成部分，非物质文化遗产的定义将语言，尤其是处在消亡危险中的传统语言，作为其中的重要组成部分。所以，作为非物质文化载体的语言文字和非物质文化遗产本身是同等重要的（孙宏开，2011）。

❺ 余论

尽管我国在少数民族语言资源的创新和保护规划方面，取得了令人瞩目的成就，但是一些重要的语言规划在具体实施中仍会存在或遇到比较复杂的情况和问题。

例如少数民族文字创制和改革。我国20世纪50年代开展的大规模为少数民族创制和改革文字的运动，显然是受苏联少数民族语言政策的影响，但是没有苏联进行得彻底，许多少数民族的文字问题并没有解决。已经创制或改革的少数民族文字虽然也取得了一定的成就，但是并没有达到预期的试验推行效果，其中重要原因之一就是这些少数民族语言没有确立标准语的基础方言，以致新文字的推行范围受到较大的限制。

又如民族语言名词术语审定与规范（黄行，2015）。我国名词术语规范的国家标准实际上主要是基于汉语制订的，而汉语名词术语审订原则和方法又很大程度上参照了术语规范的国际标准。这种做法的效果无疑可以促进国家通用语言的推广和各民族语言之间的信息交换；但是术语规范化在提高语言信息交换效率的同时，也会对语言多样性的保持和语言的自主创新产生消极影响，因此语言规范和语言创新是需要平衡与协调的两种语言发展过程中同等重要的目标和趋势。

再如民族语言标准语的制订。大多数少数民族语言都未形成基于权威方言的标准语，这是制约民族语言保护和发展的一个关键因素。现实中的标准语"采用的基本上都是权威地域方言加权威社会方言的'双重参照系'"（李宇明，2005：3），而目前藏语的三个方言均尚未取得权威的地域方言和社会方言的地位，限制了藏语标准语的制订与推广。

此外，由于我国一些跨境分布的少数民族语言在国外为国家语言，如朝鲜语、哈萨克语、蒙古语，因此其标准语的规范既要考虑我国的语言状况与规划，也会受到境外主体语言的影响和制约。

参考文献

❏ Lewis, M.P., Gary F.S., and Charles D.F. (eds.), 2016. *Ethnologue: Languages of the World* (Nineteenth edition). Dallas, Texas: SIL International.

❏ 曹志耘，2016，中国语言资源保护工程的定位、目标与任务。载教育部语言文字信息管理司组编，《中国语言生活状况报告（2016）》：31-36。北京：商务印书馆。

❏ 黄行，2015，少数民族语言文字规范化问题。第九届全国语言文字应用学术研讨会，2015年10月16-18日，湖北黄石。

❏ 李宇明，2005，《权威方言在语言规范中的地位》补。《语言文字应用》（3）：2-6。

❏ 李宇明主编，2011，《中国语言生活绿皮书：中国少数民族语言文字规范化信息化报告》。北京：民族出版社。

❏ 孙宏开，2011，语言濒危与非物质文化遗产保护。《云南师范大学学报》（2）：1-7。

❏ 田立新，2016，中国语言资源保护工程的缘起及意义。载教育部语言文字信息管理司组编，《中国语言生活状况报告（2016）》：25-30。北京：商务印书馆。

Chinese Language Diversity and Its Innovative and Protective Planning

Abstract: Although China is one of the richest countries in linguistic diversity, due to the factors of language policy and normalization, the vitality of China's minority languages is undergoing a serious decline in general. In recent years, China has developed a series of language planning and language-related projects to protect ethnic minorities and guarantee the rights to use them, and has achieved much progress in the following fields: the creation and reformation of the writing systems of certain minority languages, the identification and promotion of the standard variety of each ethnic language, the standardization of Latin transliteration of non-Latin writing scripts, the standardization of terminology, the construction of information processing in ethnic languages, the program of language resources with sound databases, and other non-material cultural heritage protection project in minority languages.

Key words: linguistic diversity; language resources; language planning

（责任编辑：高一虹）

欧美濒危语言研究及其对中国语保工作的启示

玉溪师范学院　许鲜明　陈　勰　白碧波*

[提　要]　欧美语言资源保护始于濒危语言研究。20世纪90年代欧美国家开始在世界范围内开展濒危语言调查、记录工作，国外学者从语言的调查、识别到记录、描写，经历了一个濒危语言调查、研究、实践，相关理论方法探讨、创新的过程。进入21世纪，科学技术飞速发展，耳听手记、书面记录的传统方法已不能适应现代社会的需要，濒危语言保存研究逐渐向语言数位典藏发展。本文通过对欧美濒危语言研究背景、现状、特点的梳理，简述其对中国语言资源保护工作的重要启示。

[关键词]　濒危语言；语言保护；语言典藏

❶ 背景

随着世界语言濒危现象的加剧，20世纪60年代以来，欧美国家日益关注濒危语言。1991年美国《语言学》发表论文讨论濒危语言问题。1992年在加拿大魁北克举行的第15届国际语言学家大会上，提出了"语言多样性是人类最重要的遗产。每一种语言都蕴藏着一个民族独特的文化智慧。任何一种语言的消亡将是整个人类的损失"（De Graaf, 2003：1）的观点。1993年联合国教科文组织正式出面，组成濒危语言国际专家组，通过《濒危语言方案》《处在消亡危险中的语言红皮书》，设立全球性

*　作者简介：许鲜明，玉溪师范学院云南濒危语言研究中心教授。研究方向：濒危语言记录、研究与典藏，少数民族语言文化研究。Email: xxming110@aliyun.com。通信地址：653100 云南省玉溪市红塔区星云路17号B3幢301室。
陈勰，玉溪帅范学院讲师。研究方向：双语教育比较研究，濒危语言记录、研究与典藏。Email：chenxie@yxnu.com。通信地址：653100 云南省玉溪市红塔区星云路17号A1幢202室。
白碧波，玉溪师范学院云南濒危语言研究中心教授。研究方向：少数民族语言记录、描写与研究，濒危语言记录与研究。Email：baibibo@hotmail.com。通信地址：653100 云南省玉溪市红塔区星云路17号B3幢301室。
本文得到社会科学基金重大项目"数位典藏理论探讨和软件平台建设及其实践语言研究"资助，批准号：14ZDB156。课题负责人：徐世璇。

的濒危语言保护项目（David, 2003）。之后，英国、法国、荷兰、美国等反应积极，先后在本国建立了"濒危语言基金会"，鼓励语言学工作者调查、识别、记录、描写濒危语言。联合国教科文组织专家组认为：识别、确认、记录和建立濒危语言档案对濒危语言保护工作十分必要（Koichiro, 2003）。期间，调查、识别、确认濒危语言是语言资源保护的工作重点。1996年联合国教科文组织将已调查、识别、确认的全球濒危语言信息汇编成语言地图，出版了《世界处于消亡危险中的语言地图集》，引起了各国学者的广泛关注（Koichiro, 2003）。这是当今监控世界语言多样性的重要依据。面对濒危语言识别、确认中遇到的诸多问题，2000年在德国科隆召开的濒危语言大会上提出了划分濒危语言的七个等级：安全的语言、稳定但受到威胁的语言、受到侵蚀的语言、濒临危险的语言、严重危险的语言、濒临灭绝的语言、灭绝的语言（De Graaf, 2003）。濒危语言七个等级的提出，为各国学者识别、判断语言濒危程度提供了理论参考。2001年在联合国教科文组织第31届会议上一致通过了《教科文组织世界文化多样性宣言》《行动计划要点》等纲领性文件，确认了生物多样性、文化多样性和语言多样性的关系，指出：人类语言遗产是文化多样性的重要组成部分和载体，强调成员国要与语言族群携起手来，把捍卫人类文化多样性作为最重要的任务之一，要支持用人类最多的语言表达、创造和传播。保护生物多样性需要与保护语言多样性保持平衡（Koichiro, 2003）。美国《文明》《展望》《国家地理》《科学美国人》等杂志也陆续刊登了讨论濒危语言生态问题的论文，提出了保护自然生态与语言生态环境的重要性（David, 2003）。2003年在联合国教科文组织总部巴黎召开的濒危语言大会上，提出了《保护非物质文化遗产公约》《关于普及网络空间及提倡和使用多语言的建议书》（Koichiro, 2003）。2002年在巴西召开的里约热内卢会议、意大利召开的都灵会议上，濒危语言、语言生态保护问题均成为大会讨论的热点。

进入21世纪，科学技术的飞速发展，计算机和通信技术（ICTs）的普及，人类记载语言的介质从钢丝录音机、摄影摄像机，发展到了当今广泛使用的数码录音机、摄像机、照相机和计算机。互联网的普及，维持语言多样性的工具也取得了长足的进步。濒危语言保护研究也从传统的耳听手记、书面记录描写逐渐转向数位典藏，即采用现代科技手段，如数码录音机、摄像机、照相机，扫描仪等进行声像数据采集，利用语言编辑软件，如ELAN、Toolbox、FLEx、WeSay等，通过计算机进行声像数据和文本同步标注诠释，加上元数据（metadata），即"数据的数据"，如数据背景、内容、属性等简介，实现数位存储、传输和共享。

2003年英国伦敦大学亚非学院（SOAS）启动了面向全球招标的Hans Rausing濒危语言典藏项目（Endangered Languages Documentation Program，简称ELDP），旨在利用高科技手段，典藏全球极度濒危语言，而且陆续出版了Peter K. Austin编辑的《语言典藏与描写》(*Language Documentation and Description*)系列丛书（1—13册）（2003—2014），从濒危语言概念界定到技术规范、调查记录、研究方法、典藏手段等，著述了濒危语言资源保护的创新路径，为全球语言资源保护典藏提供了重要的理论和实践参考。夏威夷大学出版的《语言典藏与保存》(*Language Documentation and Archives*)，描述了濒危语言数字化处理过程中的实践规范、技术标准和理论体系。

在唤起公众语言保护意识方面，欧美一些电台曾制作过一些以语言消亡为主题的节目，来引导公众认识语言濒危对人类可持续发展的威胁。如英国广播公司播出了《失去的语言》系列报道，英国电视台摄制的专题纪录片《远去的巴别塔》《威尔士语的故事》等。他们认为在人类语言文化多样性受到严重威胁的今天，有必要使语言危机问题家喻户晓（David, 2003）。2014年联合国教科文组织在巴黎召开专家组会议提出，濒危语言使用者需要特殊关注。语言是受益者确保持续发展的关键资产（De Graaf, 2014）。Nevine Tewfik和Tjeerd de Graaf起草《联合国教科文组织：世界语言地图行动计划建议书》，讨论建立有效语言监控工具的概念框架。通过信息通信技术的有效应用，推广网络中的多语言文化，以推动世界语言多样性的保护（De Graaf, 2014）。2016年联合国教科文组织"全球说"的"世界语言地图"合作伙伴关系发布会暨"语言与发展"圆桌会议①在北京召开，新版"世界语言地图"的修订正式启动。

❷ 现状

如前所述，欧美语言资源保护始于濒危语言研究。英国伦敦大学亚非学院汉斯·罗森濒危语言典藏项目，是面向全球开放，旨在利用高科技手段，如数码录音机、摄像机、照相机、扫描仪等工具，采录、标注、典藏全球极度濒危语言资源的国际性大型专项课题。它是当今世界上参与规模最大、涉及人员范围最广、语种采录数量最多、存储内容最丰富的语言资源保护工程之一。到2014年，已典藏非洲语言52种、亚洲语言63种、澳洲语言51种、欧洲语言7种、美国语言63种、北美语言21种；正在采录整理的语言40余种，所典藏的语言数量已达300余种。内容涵盖口语、民歌、祭祀、手势、民族植物等，覆盖了五大洲的濒危语言（Mandana, 2014）。其特点是：采集全球范围内人口较少的极度濒危语言；开放记录典藏能全面反映族群语言生活的母语精髓；音视频语料利用语言软件标注编辑；最终成果是可听、可视、可携带的数字化产品。以笔者承担的"中国云南濒危撒都语言文化记录"为例，完成了用ELAN标注的音频语料16:13:20（wav-elan-eaf.格式，13.9GB），用EDIUS标注的视频文件14:22:51（mpg.格式，198.7GB），元数据200多条（Word或PDF格式，49MB），用Corel videostudio-mpg编辑的照片2000多幅，用toolbox编辑的电子词典6000多词，记录长篇语料80多篇（200多万字）。内容包括词汇、句子、历史传说、轶人趣事、神话故事、生活经历、传统知识、生产生活、动植物知识、食药文化等。所有音、视频有声语料按音波断句，7层标注：序号、国际音标、拼写方案、汉语字译、英文字译、汉语意译、英文意译。字面记录、转写、标注和翻译一一对

---

① 笔者2016年7月8日在北京参加了联合国教科文组织与"全球说""世界语言地图"合作伙伴关系发布会暨"语言与发展"圆桌会议，从中获得的信息。

应。为保留原始本真的信息，原汁原味发音人的语言风格，故事开头均有自我介绍：姓名、年龄、地点等。讲述中也有一些句义不连贯、不完整，甚至出现口误、故事情节、逻辑关系偏差的现象。项目评审专家认为：这才是真实反映语言实际的语料，可容忍和接受。

以美洲为代表的美国夏威夷大学全国外语资源中心，记录典藏了环太平洋岛屿的几种小族群的语言。美国阿拉斯加大学建立的语言档案馆，典藏了当地一些土著族群的语言文化，如祭祀、民歌、舞蹈、历史传说等。美国《国家地理》杂志支持的有声字典计划"不朽的声音"，记录典藏了一些当地濒临消亡的语言。俄勒冈州塞勒姆濒危语言研究所语言学家K. David Harrison和Gregory Anderson建立的在线字典，保存了8种极度濒危语言的词汇，收录了3.2万余个词汇、2.4万余段音频资料。美国得克萨斯州阿灵顿大学语言学家Colleen Fitzgerald领衔的濒危语言研究所，将一系列濒危语言有声字典整理在一起。她说：这是一项非常耗时耗力的工作，但可借助得克萨斯州达拉斯世界少数民族语言研究院（SIL）和荷兰麦克斯普朗克心理语言研究所等开发的一系列软件，如Toolbox、FLEx、WeSay等直接调用Praat、ELAN，把文件浏览、检索功能与语音实验、标注功能结合起来，来简化这项工作（许鲜明、白碧波，2015）。总之，在美国濒危语言记录、研究、典藏已成为多所大学、研究机构、原住民社区、科学基金会、语言学工作者的联合行动（许鲜明，白碧波，2014），如美国加利福尼亚大学圣塔芭芭拉分校、美国国家科学基金会、美国国家人文基金会濒危语言典藏项目部、濒危语言活态研究院、俄勒冈大学研究生院、拉姆齐加州印第安研究院、北得克萨斯州大学、纽约州立大学研究基金会、世界少数民族语文研究院及尼泊尔语言调查部、国际教育研究院、科罗拉多大学波尔得分校、弗吉尼亚大学、美国堪萨斯大学等，他们的工作都是相互学习、取长补短、联合开展的。学术交流、技术培训、校际合作、校企合作、网络共享已进入常态化。从整体看，美国是参与单位、人数最多，软件开发技术实力最强，技术应用最广、最熟练，承担ELDP项目最多，建语言博物馆最多的国家之一。K. David Harrison说：世界各国的濒危语言研究群体正利用数字技术拯救濒危语言。音、视频资料中的主人公也许是最后一批说这些濒危语言的人（许鲜明、白碧波，2015）。毋庸置疑，维持语言文化多样性已成为各国语言资源保护群体的工作目标。

❸ 特点

从欧美语言资源保护的背景、现状，可以看出欧美语言资源保护具有以下几个显著的特点。

3.1　精准保护

2003年联合国教科文组织干事松浦晃一郎在联合国教科文组织濒危语言国际专家会议上指出：要想为所有的语言生存和进一步发展创造最佳条件不大现实。显然，语言的保护、推广和现代化需要大量的资金。因为在短期内要实施一项少数民族濒危语言政策，进行保护典藏所需经费是很高的。这笔资金却足以让政府部门退却（Koichiro, 2003）。针对各国投入语言资源保护经费的严重不足，英国、法国、荷兰、美国、澳大利亚等，对语言资源保护采取的一贯原则是"精准保护"，即精准识别语言濒危程度，精准投入有限资金抢救濒临消亡的语言，精准采集濒危语言信息资料，精准标注语音语义。如英国伦敦大学亚非学院濒危语言管理基金、欧洲濒危语言基金会、美国国家科学基金会、美国国家人文基金会濒危语言典藏项目部、濒危语言活态研究院等，其立项的语言中，几乎都是人口很少的极度濒危语言。

3.2 诚信管理

欧美濒危语言项目，有的面向本国招标，有的面向全球招标。无论是面向本国招标的项目，还是面向全球招标的项目，基本上都实行诚信管理。诚信管理涉及项目管理方和执行方。换言之，双方都要诚实守信。管理方通过《项目指南》详细描述项目申报条件、资助对象、任务要求、设备使用、成果形式等。投标方根据《项目指南》认真陈述各项内容。一旦中标双方签订协议，项目实施完全靠诚信约束。项目执行期间管理方不会随意改变《项目指南》中的内容，执行方也必须完成投标书中的承诺。平时的工作都建立在相互信任的基础上展开。各尽职责，管理方需监控好项目进展，执行方需按计划完成好当年的任务，通过年度评审。诚信管理建立在严格的评审机制和诚信声誉制度之上，例如英国伦敦大学的ELDP项目对子课题申报立项程序有严格的规章制度，由专门的审查委员会进行无记名投票。申请者需要两位在本专业领域有一定资历的专家推荐。如果得到项目但不守诚信完成项目，不仅有损本人的学术诚信，也影响到推荐专家的信誉。

3.3 跟进培训

濒危语言典藏是一个跨学科的系统工作。除了具有语言学专业知识外，还需要熟练掌握多项相关现代技术。因此，每个子课题启动前执行者均要经过至少10天的技术培训。笔者2010年10月参加了这样的项目培训。2014年6月参加了美国阿灵顿得克萨斯大学CoLang 2014暑期培训。2015年3月参加了美国火奴鲁鲁夏威夷大学的"第四届语言典藏与保护国际学术研讨会"，从中了解到，欧美濒危语言资源保护工作的开展是无缝衔接的，培训工作是及时跟进的，培训内容是具体有用的，如项目要求、操作流程、软件使用、典藏格式等。此外，为储备濒危语言保护典藏后备人才，欧美高校、研究机构等，还针对高校学生、项目申报者、语言学工作者、社区母语人，定期或不定期地进行暑期培训。类似的培训一般时间为6周，分两个时段。前两周进行语言典藏技能强化训练，后四周进行田野实训，包括有声语料采录、记音、标注、转写等实践活动。如美国的The InField 2008、2010，CoLang 2012、2014、2016等，突出学习、营造、联络、操作等主题（许鲜明、白碧波，2015），参与者受益匪浅。

3.4 典藏精品

ELDP数据库管理专家Thomas Owen Smith说：濒危语言保护要典藏精品。精品如何创造，有三个重要条件：一是录音质量，二是音像效果，三是标注的准确性。录音质量要靠专业录音设备。为此，ELDP项目必须使用指定的专业设备，如索尼SONY HDR-CX580E 32GB、索尼SONY VCL-HGE08B广角镜、铁三角Audio Technica AT8022、罗德RODE NTG-2指向性采访话筒、铁三角领夹式AT9903单声道、索尼SONY UWP-V2手持式无线话筒、铁三角Audio Technica AT8531/AT803、铁三角BPF-LAV、铁三角ATH-M40fs、Handy Recorder H4next 200M等，严禁使用录音笔、家庭DV、电脑外置声卡或电脑配话筒采录语料。他强调：如果不按规定的设备摄录，那么我们今天花了大量人力、物力、财力记录的语料，几年后就会像看黑白电影、听卡盘一样失真变样。语言资料的保存要达到500年不失真、不变样的质量，我们今天的工作才有意义，才有价值。音像效果要靠技术和环境。摄录者要熟练掌握各种技术、方法，选择良好的录音环境，才能控制背景噪音达到精品效果。Mandana Seyfeddinipur说：濒危语言采集难度大，标注难度也大。只要能引出母语精髓，可以尝试各种各样的方法。Peter K. Austin说：也许几年后有的语言已不存在。因此，所有的语料必须准确标注、翻译、诠释方能入库，不能再把语言难点留给子孙后代。②

❹ 启示

随着全球濒危语言保护工作的迅速推进，保护语言文化多样性已成为共识。中国针对现代背景下汉语方言和少数民族语言迅速衰变的严峻形势，2008年启动了"中国语言资源有声数据库建设"项目，以保存中国各县域的语言实态（包括方言和地方普通话）。李宇明（2010）在《论中国语言资源有声数据库的建设》一文中指出：用现代信息技术将我国语言的现实状况采录下来，建成可满足社会多方需求、可不断维护更新的有声数据库，是利在当代、惠及后人的事业。2015年，在有声数据库建设项目的基础上启动实施了"中国语言资源保护工程"，标志着中国语言资源保护在更大范围、以更大的力度实施和展开。这是党中央落实"科学保护各民族语言文字"的重要举措。2015年笔者参加了语保工程的子课题"濒危语言调查·撒都语"和"南方民族语言调查·哈尼语哈雅方言"的调查、摄录、典藏工作。欧美濒危语言研究对中国语保工作的主要启示如下：

1. 精准识别、确认、记录和建立濒危语言档案对中国语言资源保护十分重要。中国是一个语言大国。中国的语言经几代语言学工作者的调查研究，主线清晰。但时至今日，中国具体有多少种语言？哪些是方言，哪些是土语？哪些少数民族语言、方言或土语处于衰退状态？哪些显露濒危特征？哪些正在走向消亡的边缘？哪些因地理环境、经济状况、教育发展的不同，语言使用现状、濒危程度存在哪些差异？中国的"一族多语、一语多族"之间的语言关系如何？众多状况尚不精准掌握，从

---

② 本小节中的专家所言，是笔者2010年9月29日—10月10日参加英国伦敦大学亚非学院项目培训时获得的信息。

而导致中国语言资源保护的针对性不是很强，指向性不是很准，语料采录不是很精。因此，加强中国少数民族语言使用现状调查，摸清人口数量、语言分布、濒危程度已迫在眉睫。这有助于各级政府、语言学工作者精准有序地保护语言资源，提高人力、物力、财力的使用效率。据国家语言舆情报告，美国的小语种储量有259种，中国的小语种储量只有58种，远远滞后（许德金，2015）。中国的语言除了记录描写的语言或方言外，还有许多小语种，如搓梭（1村，149人，母语熟练人数66人），本人（2村，386人，母语熟练人数70余人），饶扩（2村，878人，母语熟练人数200余人）等。③这些语言或方言正朝着消亡的道路上发展。一旦死亡，花再多的钱也无法救活。

2. 保证语料的高质量是语保工程的生命线。语言保护重在留存真实可靠的语言资料。因此，坚持语保工作的高标准和语保成果的高质量是语保工程的重点任务。保证语料质量涉及课题管理、实施的各个方面。除了制定严格的规章制度之外，课题的各级管理和子课题执行人员坚守学术诚信、认真负责地完成所承担的工作也是必不可少的基本条件。目前学术诚信缺失客观存在，这不仅反映在学界诚信意识和管理机制的薄弱，也折射出其背后的社会环境和浮躁风气。对于语保这样的全国性大型工程，重视学术规范，制定评审标准，强化诚信意识，实行严格管理，是确保工作质量的重要条件。例如，在收集语言资料的阶段，其质量保证必须从三个方面落实，首先采录设备要达到典藏质量标准，其次摄录效果要严格把关，第三语料调查、记录和标注要准确无误。不达标的数据一律不能验收入库。

3. 学科建设、人才培养和团队建设要与语保人才需要紧密结合。"中国语言资源有声数据库建设"项目采录对象是"一县一点"的"典型"语言——汉语方言。"中国语言资源保护工程"从汉语方言扩展到了中国少数民族语言和濒危语言。从目前的情况看，学科建设、技术培训、团队建设、人才培养与项目实施尚不匹配，专业人才十分匮乏。此外，中国语言资源保护工作应跟进国外理念，学习先进的技术和方法。他山之石可以攻玉，国外发展成熟的软件应该学习采用。在语料标注中，如果使用 ELAN 软件，可省时省力，提高工作效率，保证语料质量，同时也能促进与国际学术界的接轨。

4. 有声语言以生理电信号（脑电、声门阻抗信号等）和物理视频（图像）音频（声波）信号方式存储，除保留发声、基频、振幅、音高、韵律等生理、物理信息之外，还承载着独特的社会文化信息。因此，语言的音像保存不仅对发音、声学的生理、物理研究，对语言认知、编码、语音识别、合成等研究极为重要。语音之外的信息对语言演变、口头传统、族群历史、传统文化等研究也必不可少。这就要求语言保护的内容不仅仅限于语音，同时包括语言使用的习惯、特点、场景，如手势动作、习惯表情、生活情景等。因此对语言的采录，不应一味地追求"标准"的发音和姿态，而应在保证部分高质量语音和规范语言的同时，不排除自然语言的运用，

---

③ 笔者田野调查中获得的数据。

保留语言使用的习惯、场景，对特殊事物介绍时的展示和有些口头传统的吟诵等，亦即除了"标准"的语言外，还应该包括活态的语言。

5. 语言是体现人类文化多样性的一面镜子。个体语言的重要意义在于呈现了多样性文化。任何一种语言都是人类特有的表达系统，既有共性又有其个性特色。语言承载着一个族群远古的记忆，蕴含着一个族群对天文地理、生态环境、生产生活、农业技术、族群历史、民间文学、动植物、食药知识等的认知成果，是一个民族的活历史，代表一个民族的智慧。其承载的知识可能是打开未来基本问题之钥匙。如果一种语言死亡了，就意味着人类又缺少了一种理解语言结构模式和功能，丢失了世界多样性生态系统的证据。因此，所典藏的语言应留存其自身特点，而不能用同一个过于生硬的框架去套。此外语言作为一个表达系统具有自足性和完整性，在汉语极大地影响民族语言的当今时代，很多语言中的汉语借词已经成为表达系统不可缺少的重要组成成分。如果将汉语借词排除在外，无疑将影响一种语言系统的完整性。对一些结构差异大的语言、语言活力程度不同的语言，调查时需要区别对待。

参考文献

❑ Austin, P. K. 2003-2014. *Language Documentation and Description* (Volume 1-13). London: School of Oriental and African Study.

❑ Crystal, D. 2003. Crossing the great divide: Language endangerment and public awareness. Keynote speech at the International Expert Meeting on Endangered Languages, UNESCO. 10th March, 2003, Paris.

❑ De Graaf, T. 2003. Language vitality and endangerment. UNRSCO AD Hoc Expert Group on Endangered Languages. Paper presented at the International Expert Meeting on the UNESCO Programme Aimed at the Safeguarding of Endangered Languages, 10-12 March, 2003, Paris.

❑ De Graaf, T. 2014. Final recommendations for the Action Plan of UNESCO's World Atlas of Languages. Speech at the International Expert Meeting on Improving Access to Multilingual Cyberspace, 28-29 October, 2014, UNESCO's Headquarters, Paris.

❑ Koichiro, M. 2003. Director-General of the UNESCO's speech, International Expert Meeting on the UNESCO Programme Aimed at the Safeguarding of Endangered Languages, 10th March, 2003, Paris.

❑ Seyfeddinipur, M. 2014. Hans Rausing Endangered Languages Documentation Project (HRELP). Paper presented at the 4th Conference on Heritage Maintenance for Endangered Languages in Yunnan, 21-22 October, 2014, Yuxi.

❑ 李宇明，2010，论中国语言资源有声数据库的建设。《中国语文》(4)：356-363。

❑ 许德金，2015，多语人才培养的规格与标准。"第一届西部边疆民族地区多语文化教育发展学术研讨会"上的发言。2015年7月，云南德宏。

❑ 许鲜明、白碧波，2014，英美濒危语言研究对中国有何借鉴意义。《中国社会科学报》8月22日第A06版。

❑ 许鲜明、白碧波，2015，美国语言协作研究研习会及其对我国濒危语言研究的启示。《西北民族大学学报》(1)：91-94。

Endangered Language Research by European and American Institutions and Its Implications for the Safeguarding of Chinese Language Resources

Abstract: The safeguarding of language resources on the European and American continents was initiated with the research on endangered languages. In the 1990s, European and American institutions and individual researchers started worldwide to survey and record endangered languages. They investigated, identified, recorded and described endangered languages and started to apply theories and innovation technologies. From the beginning of the new millennium, the traditional methods of interviewing and listening to the informants and manual transcriptions are no more in accordance with the needs and possibilities of modern society. The rapid development of scientific and technological instrumentation adds to the preservation of endangered languages and the development of their resources into digital archives. This paper is intended to depict the background, current situation and characteristics of endangered language research by European and American scholars. This is expected to provide implications for the safeguarding of Chinese language resources.

Key words: endangered languages; language protection; language documentation

（责任编辑：高一虹）

大规模语音语料库的采集、处理和研究

美国宾夕法尼亚大学　袁家宏*

［提　要］　信息技术和大数据的发展为语言学研究和语言资源保护提供了一个新的思路：语言材料的采集、处理和研究彼此分离，由不同的人在不同的时间实施并共享。本文以大规模语料库语音学为例，阐述语音的采集、处理和研究中的问题和方法，希望对语言资源保护工作能有所启发。本文还介绍了使用大规模语料库进行语音研究的最重要的工具——强制对齐，并以汉语普通话中的停顿和停填顿充词为例，阐述如何运用大规模语音语料库和强制对齐进行语音学研究。

［关键词］　大语料库语音学；强制对齐；停顿；停顿填充词

❶ 引言

语言资源保护的核心问题之一是如何对语言资源进行存档。从纸笔调查到建立有声数据库，传统的语言资源存档对语言材料的采集具有很强的系统性和针对性，比如利用汉语方言调查字表等。在这些传统的方法中，对语言资源的处理（例如语音转写和翻译等）和研究是与采集语言材料融为一体的。信息技术和大数据的发展则为语言资源保护提供了另外一个思路，那就是利用海量的语言材料对语言的真实面貌进行全景存档。在这一新的思路中，语言材料的采集、处理和研究可以是分离的，由不同的人在不同的时间实施并共享。这也是大规模语料库语音学的核心所在。本文将以大规模语料库语音学为例，阐述语音的采集、处理和研究中的问题和方法，希望对语言资源保护工作能有所启发。

---

*　作者简介：袁家宏，美国宾夕法尼亚大学语言资源联盟副主任，博士。研究方向：大语料库语音学、语音识别，以及语音技术在语言学研究中的应用。Email: jiahong@ldc.upenn.edu。通信地址：3601 Market Street, Suite 810, Philadelphia, PA 19104, USA.

❷ 大规模语料库语音学的历史背景

20世纪50年代，在二战期间发明的语图仪开始应用于科学研究。语图仪的应用和声学语音学的发展使语音学进入了一个黄金时代。语音学因此从"口耳之学"演变成以科学实验和定量分析为基础的现代科学。这一时期的语音学研究的典型代表是Peterson和Barney于1952年发表的对英语元音的研究（Peterson & Barney, 1952）。这项研究所分析的声音样本大概有30分钟。

70年代以后，计算机开始应用于语音研究。计算机的应用使语音资源的存储和共享，以及语音的定量分析方便了很多。随着语音合成和识别技术的发展，一些稍具规模的语音语料库逐渐被建立和发表。其中最有影响力的当属TIMIT语料库（Garofolo, et al., 1993）。该语料库建立于90年代初，包含300多分钟的语音样本。TIMIT不仅在语音工程领域被广泛使用，在语音学研究中也得到了很好的利用。

近二三十年来，随着计算机和网络的迅速发展，大规模语料库被广泛应用于语言工程技术的研究和开发。以收集、共享和规范语言资源为主要任务的各类机构也应运而生。其中成立于1992年的语言资源联盟（LDC）最具权威性。LDC现在每年发表大约30个语料库，其发表的经过转写的英语电话会谈录音已经超过300,000分钟。另外，存在于各类媒体上的海量语音材料，诸如口述历史、有声书籍、广播电视等，也为大数据时代的语音研究提供了丰富的资源。利用大规模语料库进行语音学研究，我们不仅可以对以往基于少量语音材料得出的结论重新进行检验，更为我们探索语音在社会、历史、语言、文化等各个层面的表现和关联提供了基础。

利用语音语料库进行语音学研究的关键是对声音文件进行转写和标记语音单位的边界，但绝大多数已发表的语音语料库不包含音素的边界标记。这是因为尽管文字和词层面的转写相对容易实现，音素层面的边界标记却特别费时费力。据统计，人工标记一个小时的语音需要花费上百个小时甚至更多时间（Leung & Zue, 1984）。因此，直到近几年前，已发表的大规模语音语料库大都服务和应用于语音工程界，在语音学的研究中应用很少。这种状况在最近几年开始发生变化。由于自动语音边界标记的技术逐渐被语音学界接受和掌握，越来越多的语音学研究开始应用已发表的大规模语音语料库。2011年在宾夕法尼亚大学（简称宾大）举办的关于使用大规模语音语料库进行语音学研究的工具和方法的国际学术研讨会，是这一转变的一个标志。

❸ 语音材料的采集：真实生活中的海量语音

真实生活中的语音是语音学研究和语言资源保护的最重要的对象，也是大规模语音语料库最直接的资源。在使用真实生活中的语音建立大规模语料库方面，英国国家语料库（http://www.natcorp.ox.ac.uk）和美国最高法院案例档案库（http://www.

oyez.org）是两个典型的代表。前者是到现实生活中录音，后者则是利用已有的录音材料。

英国国家语料库包含一亿词的书面语和口语样本。其中口语部分约占10%，由将近1500个小时的录音转写生成。这些录音是在20世纪90年代初采集的，涵盖了当时英国日常生活中语言交流的各个方面，包括会议录音、广播访谈、口述历史和日常生活交流等。参与此项目的志愿者们随身携带一种在当时广泛使用的袖珍磁带录音机，录下他们90分钟时间的真实生活，有家庭成员的对话、和陌生人打招呼、和宠物说话，甚至还有打鼾声、鸟叫声，等等。几年前，语言资源联盟和牛津大学语音实验室以及英国国家图书馆合作，对英国国家语料库的录音进行处理和发表。除了对录音进行数字化和语音边界标记，还有一项重要的工作是匿名化，以保护志愿者的隐私。

美国最高法院案例档案库收集了自1955年以来美国最高法院所有案例的录音和转写，包括口头辩论和法院意见。该档案共有约14,000个小时的语音和6,600万转写词，是目前已经发表的最大规模的语音语料库。尽管这些语音档案不是为语言学研究和语言资源保护的目的而收集的，它们却忠实记录了60多年的时间里美国英语在最高法院这一特定环境中的真实形态，并且还在持续更新中。语言资源联盟自2005年以来参与该档案的整理工作，主要负责发音人自动识别和语音分段，并在此基础上开发了目前被广泛使用的英语语音自动分段软件 ——"宾大语音强制对齐（P2FA）"（Yuan & Liberman, 2008）。

随着信息技术和社交网络的快速发展，不论是采集现实生活中的海量语音，还是共享不同领域的语音材料，都变得越来越容易。基于智能手机的语音采集软件也开始在语言资源保护中得以应用，特别是针对那些资源缺乏的语言（Bird, et al., 2014; de Vries, et al., 2014）。语音材料的采集不再是建立大规模语音语料库的瓶颈，而且可以和语音转写、翻译、语音边界标记等工作分离开来。

❹ 语音材料的处理：自动语音边界标记

目前实现自动语音边界标记的最有效工具是强制对齐（Forced Alignment）（Wightman & Talkin, 1997）。强制对齐技术产生于自动语音识别，顾名思义，它是通过对语音信号和语音信号的转写的对齐来标记语音边界。对要进行语音边界标记的语音句或语音段落，我们首先要进行词的转写。词转写再通过发音词典或者发音规则生成音素转写，音素边界的确认则通过声学模型的匹配来实现。

目前最常用的声学模型是隐马尔可夫模型（Hidden Markov Model），每个语音单位包含3—5个从左向右单向连接的隐含状态（包含未知参数的统计模型）链。各个状态的未知参数和状态之间连接的概率需要从大量的训练数据中学习得到。在强制对齐中，每个语音信号被分析为帧序列。每帧时长一般为25毫秒，各帧间隔为5毫秒或10毫秒。然后对每帧提取声学参数（一般为MFCC或PLP）。通过对比这些声学参数和各个语音单位的声学模型，我们就可以得到每个音素（包括音素中的各个状态）的边界。

不同于自动语音识别，在强制对齐中音素的排列是已知的，计算机算法只需要确定在帧序列中各个音素中的状态的起始和结束的位置。因此，强制对齐比自动语音识别具有更强的鲁棒性（robustness）。例如，我们曾经实验用英语的声学模型来对瑞典语进行强制对齐，结果令人满意。利用TIMIT进行测试，目前的强制对齐技术已经基本达到和人工标记相当的水平：90%以上的边界的时间差在20毫秒以内（Hosom, 2009）。为进一步提高强制对齐的准确率，许多学者对声学特征和声学模型进行改进并对系统性偏差进行统计修正。我们在声学模型中加入了只包含一个隐含状态的音素边界模型，取得了很好的效果（Yuan, et al., 2014）。

强制对齐的准确性依赖于语音转写的质量。由于用于强制对齐的音素序列由词转写生成，任何转写中的错误、遗漏或添加都会造成错误的边界标记。对自发性语音（如电话交谈、采访录音等）而言，准确的词转写一般不容易实现。这是因为在自发性语音中存在着大量的非流利现象，比如重复和大量使用停顿填充词呃、嗯等。这些非流利现象在转写中很容易被忽略。那么，在词转写不准确或不完整的时候，我们如何利用强制对齐呢？这方面已有的研究大都是把强制对齐和自动语音识别结合起来。另一个值得注意的研究方向是，如果我们能够从强制对齐的结果中自动检测出哪些部分很可能是错误的，我们就可以只利用那些有把握是正确的强制对齐来进行语音学研究。

强制对齐作为自动语音边界标记的工具，为我们使用成千上万个小时的语音材料进行语音学研究提供了可能。不但如此，强制对齐还可以被用来作为语音学研究的一种方法。语音学研究的一大挑战是连续语流中的各种语音变化。这些变化有可能是受前后语音环境或者语义和韵律的影响，也可能代表了说话者的某种社会属性或者生理或心理状态。同一个词在不同的语流中可以有不同的语音表现。如果一个词在发音词典中有多种语音形式，强制对齐会选择在给定的声学模型下，哪一种语音形式更加符合实际的发音，并且能量化各个语音形式的可能性。因此我们可以利用强制对齐实现自动识别和测量连续语流中的语音变化，这为语音学研究开辟了一个新的方法（Yuan & Liberman, 2011）。

下面以汉语普通话中的停顿和停顿填充词为例，让我们来看一下如何运用大规模语音语料库和强制对齐进行语音学研究。

❺ 研究举例：普通话中的停顿和停顿填充词

停顿是人类语音的一个重要组成部分。语言学中一般把停顿分为无声停顿和有声停顿。有声停顿也叫填充停顿，是指被特定的"词"填充的停顿。停顿填充词主要有两类：一类是含有鼻音，比如英语中的*um*；另一类是不含鼻音，比如英语中的*uh*。文献中有很多关于停顿和停顿填充词的研究（Clark & Fox Tree, 2002），大部分是基于研究者自己收集和标注的语音材料。由于这类研究主要关注的是语言学的和社会性的各种因素如何影响停顿（指无声停顿，下同）和停顿填充词的使用，利用大规模语料库是必要的也是最有效的方法。

相比于英语，对汉语的停顿和停顿填充词的研究比较少。对于如何转写汉语停顿填充词也没有公认的标准，常见的转写包括嗯、唔、呃、啊、哦等。下面我们将利用普通话水平测试语料库来研究普通话中的停顿和停顿填充词（Yuan, et al., 2016）。

5.1 普通话水平测试语料库

普通话水平测试是考察普通话使用的规范程度和熟练程度的口语考试。该测试分为四个部分：读100个单音节词；读50个双音节词；朗读400字短文；给定话题的自由说话3至4分钟。评定的普通话水平等级分为三级六等，即一、二、三级，每个级别再分出甲乙两个等次。根据规定，国家级广播电视台的播音员普通话水平应达到一级甲等；中小学教师的普通话水平不低于二级乙等，其中语文教师不低于二级甲等；高等学校的教师和国家公务员不低于三级甲等。

我们所用的语料库来自于北京师范大学2011年普通话水平测试的自由说话部分。该语料库共包含267个应试者的大约15个小时的语音。下表是应试者的性别和普通话水平等级（人工评定）的统计情况：

表1　发音人的性别和普通话水平统计（单位：人）

	一级乙等	二级甲等	二级乙等	三级甲等	合计
男	10	31	30	18	89
女	63	80	34	1	178
合计	73	111	64	19	267

我们请专业的速记人员对录音进行了词转写，然后仔细检查并改正了转写中错误的地方，包括对停顿填充词的转写。从通常使用的转写普通话停顿填充词的用字来看，普通话的停顿填充词主要有以下几种形式：元音/a/（啊）、元音/e/（呃）、元音/o/（哦）、元音/e/加上鼻音/n/（嗯），以及元音/e/加上鼻音/m/（唔）。在实际的转写过程中，我们发现停顿填充词中元音和鼻辅音的具体音质听辨起来比较困难。所以参照英语的研究，我们在转写中只区分了两类普通话停顿填充词：*en*代表有鼻音；*e*代表无鼻音。

5.2 利用强制对齐来确定停顿和停顿填充词

前面讲过，强制对齐可以被用来自动识别连续语流中的语音变化。在这里，我们应用强制对齐来确定停顿填充词中的元音和鼻辅音的具体音质。首先，在发音词典中对转写的两类停顿填充词分别列出可能的几种读音，代表元音和鼻辅音音质的变化。具体来说，*e*包括三种读音：/a/、/e/、/o/；*en*包括五种读音：/e/+/m/（（/e/后接

/m/）、/e/+/n/（/e/后接/n/）、/en/、/m/、/n/。由于它们都是普通话中常见的语音单位，我们使用的强制对齐系统已经包含了这些读音的声学模型。对于任何一个转写的停顿填充词，强制对齐会从所列出的几种读音中选择最为接近实际发音的那个。下表列出了利用强制对齐对普通话停顿填充词的具体读音进行归类的结果，表中的数字代表在我们的语料中出现的次数：

表2　强制对齐对停顿填充词 *e* 和 *en* 读音的归类

	/a/	/e/	/o/
e (1192)	41	1065	86

	/e/+/m/	/e/+/n/	/en/	/m/	/n/
en (1866)	367	134	1126	174	65

我们可以看到，普通话停顿填充词中最常见的元音是/e/，这一点和英语类似；而和英语不同的是，最常见的鼻音是/n/而非/m/，这很可能是因为汉语中没有/m/韵尾（尽管单纯从音系学的角度我们无法解释英语中的鼻音停顿填充词是 *um* 而不是 *un*）。从上表的结果我们可以看出，对普通话停顿填充词的声学特征我们还需要做进一步的研究。下面，我们只分析在转写中区分的两种停顿填充词：无鼻音的 *e* 和有鼻音的 *en*。

在词转写中一般不标注停顿的位置。而且，如果停顿的时长很短，靠耳朵听辨出来是极其困难的。在强制对齐中，停顿有一个特殊的声学模型，使它可以在隐马尔可夫链中被直接略过。这样，在强制对齐的结果中停顿可以时长为零。有了这样一个特殊的声学模型，我们可以在转写的每两个词之间插入一个停顿符号，然后用强制对齐来确定哪些词中间有真正（时长大于零）的停顿。

强制对齐在确定停顿填充词的具体音质和停顿的位置的同时，也标记了它们起始和结束的时间。有了边界的标记，我们就可以进一步提取时长、基频、共振峰等等语音学中常用的声学特征。

5.3　性别和普通话水平对停顿和停顿填充词使用的影响

我们首先来看一下停顿和停顿填充词的使用频率。下表列出了它们在语料库中出现的次数和相对频率（相对于出现的词的总数）。表中的黑斜体代表混合效应逻辑回归的统计分析显示使用频率有显著差异。

表3　停顿和停顿填充词的出现次数和相对频率

	性别		普通话水平			
	女	男	一级乙等	二级甲等	二级乙等	三级甲等
e	671	521	384	403	352	53
en	1287	579	568	655	478	165
停顿	17828	9057	7231	11165	6591	1898
总词数	68331	31881	29514	42461	22695	5542
en/(*e*+*en*)	*0.657*	*0.526*	0.403	0.381	0.424	0.243
e/ 总词数	*0.010*	*0.016*	0.013	0.010	0.016	0.010
en/ 总词数	0.019	0.018	0.019	0.015	0.021	0.030
(*e*+*en*)/ 总词数	0.029	0.035	0.032	0.025	0.037	0.039
停顿/ 总词数	*0.261*	*0.284*	*0.245*	*0.263*	*0.290*	*0.343*

　　我们可以看到，男性比女性更加频繁地使用*e*，但男女对*en*的使用频率却基本相同。这样，从鼻音填充词在所有停顿填充词中的比例来看，女性更高。这一结果和英语及其他日尔曼语类似（Wieling, et al., forthcoming）。有意思的是，尽管普通话水平影响停顿出现的频率——水平越低，停顿出现的频率越高——其对停顿填充词的使用频率却基本没有影响。另外，男性使用停顿的频率要高于女性。

　　接下来我们来看一下停顿和停顿填充词的时长。下表列出的是平均时长，表中的黑斜体代表混合效应线性回归的统计分析显示时长有显著差异。

表4　停顿、停顿填充词、以及音节的平均时长（单位：秒）

	性别		普通话水平			
	女	男	一级乙等	二级甲等	二级乙等	三级甲等
e	0.237	0.241	0.240	0.239	0.244	*0.203*
en	*0.282*	*0.223*	0.273	0.263	0.284	*0.176*
停顿	*0.511*	*0.615*	*0.487*	*0.531*	*0.582*	*0.734*
音节	*0.200*	*0.185*	0.195	0.194	0.196	0.195

　　从所有音节的平均时长来看，男性要低于女性。这表明男性说话的速度更快。但同时，男性用更长的时间停顿。普通话水平越低，则停顿的时间越长。女性的鼻

音填充词要比男性长，但对于非鼻音的填充词的时长，男女却没有区别。比较令人费解的是，普通话水平等级较低的人（三级甲等）比其他人的停顿填充词的时长要短。

❻ 结论

20世纪在语音学研究领域发生了两次革命：一次是50年代语图仪的出现，另一次是70年代计算机的应用。在大数据时代的今天，语音学研究正在经历着一场新的革命：从单一数据集的采集和分析到利用已经发表的大规模语音语料库。在大规模语料库语音学中，语言材料的采集、处理和研究是分离的，由不同的人在不同的时间实施并共享。这也为语言资源保护提供了一个新的思路。本文以大规模语料库语音学为例，阐述语音的采集、处理和研究中的问题和方法，并介绍目前实现自动语音边界标记的最有效工具 —— 强制对齐，希望对语言资源保护工作能有所启发。

我们对普通话的停顿和停顿填充词研究揭示出三个有趣的现象：（1）男性的说话速度比女性快，但是相比于女性，男性使用更多的和更长时间的停顿；（2）普通话水平越低，停顿出现的频率就越高，时长也越长；（3）普通话水平不影响停顿填充词的使用频率，但是，普通话水平等级较低的人（三级甲等）比其他人的停顿填充词的时长要短。

参考文献

❏ Bird, S., Hanke, F. R., Adams, O. and Lee, H. 2014. Aikuma: A mobile App for collaborative language documentation. *Proceedings of the 2014 Workshop on the Use of Computational Methods in the Study of Endangered Languages*. 1-5.

❏ Clark H. H. and Fox Tree J. E. 2002. Using *uh* and *um* in spontaneous speaking. *Cognition* 84:73-111.

❏ De Vries, N. J., Davel, M. H., Badenhorst, J., Basson, W. D., de Wet, F., Barnard, E., de Waal, A. 2014. A smartphone-based ASR data collection tool for under-resourced languages. *Speech Communication* 56:119-131.

❏ Garofolo, J., Lamel, L., Fisher, W., Fiscus, J., Pallett, D., Dahlgren, N. and Zue, V. 1993. *TIMIT Acoustic-Phonetic Continuous Speech Corpus LDC93S1*. Web Download. Philadelphia: Linguistic Data Consortium.

❏ Hosom, J. P. 2009. Speaker-independent phoneme alignment using transition-dependent states. *Speech Communication* 51:352-368.

❏ Leung, H. and Zue, V. 1984. A procedure for automatic alignment of phonetic transcription with continuous speech. *Proceedings of ICASSP 1984*. 73-76.

❏ Peterson, G. and Barney, H. 1952. Control methods used in a study of the vowels. *Journal of the Acoustical Society of America* 24:175-184.

❏ Wieling, M., Grieve, J., Bouma, G., Fruehwald, J., Coleman, J. and Liberman, M. Variation and change in the use of hesitation markers in Germanic languages. To appear in *Language Dynamics and Change*.

❏ Wightman, C. and Talkin, D. 1997. The aligner: Text to speech alignment using Markov Models. In J. van Santen, R. Sproat, J. Olive, and J. Hirschberg (ed.), *Progress in Speech Synthesis*. New York: Springer Verlag. 313-323.

❏ Yuan, J. and Liberman, M. 2008. Speaker identification on the SCOTUS corpus, *Proceedings of Acoustics 2008*. 5687-5690.

❏ Yuan, J. and Liberman, M. 2011. /l/ variation in American English: A corpus approach. *Journal of Speech Sciences* 1(2):35-46.

❏ Yuan, J., Ryant, N. and Liberman, M. 2014. Automatic phonetic segmentation in Mandarin Chinese: boundary models, glottal features and tone. *Proceedings of ICASSP 2014*. 2539-2543.

❏ Yuan, J., Xu, X., Lai, W. and Liberman, M. 2016. Pauses and pause fillers in Mandarin monologue speech: The effects of sex and proficiency. *Proceedings of Speech Prosody 2016*. 1167-1170.

Very Large Speech Corpora: Collection, Processing and Research

Abstract: Today, advances in information technology and big data are promising a new revolution in both linguistic research and language preservation and documentation: a movement from utilizing small, individual datasets to very-large-scale corpora, and in which the collection, processing, and research of linguistic data are separated and independent from each other. Using large-scale phonetics research as an example, this paper demonstrates the separation of data collection, processing, and analysis. It also introduces forced alignment as both a tool for automatic phonetic segmentation and a method for identification of variation in speech. Finally, some interesting effects of sex and proficiency on the use of pauses and pause fillers in Mandarin Chinese are reported, which are discovered from the analysis of a speech corpus from *Putonghua Shuiping Ceshi*.

Key words: large-scale phonetics; forced alignment; pauses; pause fillers

（责任编辑：高一虹）

语言学理论研究

Menzerath-Altmann 定律：理论贡献与局限

语义特征选择的系统性变化
　　——**Ruqaiya Hasan** 对语义变异研究的贡献

新中国语言学词典的历史和进展

近十年来华语研究的理论探索与应用进展

Menzerath–Altmann定律：
理论贡献与局限

帕拉茨基大学 Denisa Schusterova　Tereza Motalova

北京外国语大学　王馥芳*

[提　要]　Menzerath–Altmann定律是20世纪世界上重要的基础性语言定律。本文主要在介绍该计量语言学定律的基础上，探讨该定律的理论贡献，并指出其理论局限。首先，本文聚焦于计量语言学的介绍。其次，我们介绍该定律的理论背景和主要内容。接下来，我们论述了Menzerath–Altmann定律的研究现状。最后，本文揭示其主要的理论贡献和理论局限性。

[关键词]　计量语言学；Menzerath–Altmann定律；语言单位；语言结构；语言成分

❶ 引言

很长一段时间以来，在索绪尔的结构主义语言学思想的影响下，语言被认为是一个由一些独立的、互相毫无联系的语言单位组成的静止系统。因此，语言学者倾向于对个体语言现象隔离地进行描述性研究。计量语言学方法，尤其是Menzerath–Altmann定律介绍了一种新的、把语言单位看成一个整体的研究方法。计量语言学本质上是一种力图把语言学研究科学化的学术努力。尤其是德国语言学家Gabriel Altmann更试图把语言学看成是一个科学专业，他尤其重视通过数学方法来进行语言

*　作者简介：Denisa Schusterova，帕拉茨基大学普通语言学系博士生。研究方向：计量语言学。Email：schusterovad@gmail.com，通信地址：Department of General Linguistics, Palacky University Olomouc, Krizkovskeho 14, Olomouc 771 47, Czech Republic.
Tereza Motalova，帕拉茨基大学普通语言学系博士生。研究方向：计量语言学。Email：tereza.motalova@gmail.com，通信地址：Department of General Linguistics, Palacky University Olomouc, Krizkovskeho 14, Olomouc 771 47, Czech Republic.
王馥芳，北京外国语大学外国语言研究所教授，博士生导师。研究方向：认知语言学和词典学。Email：wangfufang2013@126.com，通信地址：100089 北京市海淀区西三环北路2号 北京外国语大学外国语言研究所。

学的调查和研究，他所揭示的语言学与数学之间的联系使我们可以运用新的计量研究方法来研究语言。

作为一个新的语言学分支学科和一种新的语言研究方法，计量语言学和结构主义语言学之间的差异是多维的：（1）就语言观而言，前者认为语言的本质是定量特征，而后者认为语言的本质是结构特征；（2）就方法论而言，前者主要使用统计方法发现和提出语言定律假设，而后者主要采用代数、集合、逻辑等科学方法精确分析和描述可观察语料的客观性以及体系性；（3）就学科特点和本质而言，前者是定性的；而后者是定量的。作为计量语言学研究的一个范例，Menzerath–Altmann定律是20世纪世界上重要的基础性语言定律。20世纪现代语言学的发展受到某些重要人物的影响。Ferdinand de Saussure是现代语言学的奠基人。他的著作《普通语言学教程》在很大程度上形塑了现代语言学的形式。虽然索绪尔奠定了共时语言学方法的基础，但是在20世纪的前三分之一时间内，语言学家依然倾向进行在19世纪受到语言学家欢迎的历时语言学研究。20世纪30至50年代，语言学的主流研究框架是结构主义语言学。从20世纪60年代开始，Noam Chomsky创立的生成语法成为语言学研究主流（详见Koerner & Asher, 1995：221-222）。"在索绪尔之后，现代语言学的早期兴趣主要在语言结构方面……遗憾的是，对结构的过分强调导致了研究者将语言看做是一种静止的系统，系统中那些无法纳入结构的内容则几乎被完全抛弃。为了弥补这个缺陷，有必要在语言研究中将数学的定量与定性方法结合起来使用"（刘海涛，2012：179）。Menzerath–Altmann定律的提出，本质上就是为了弥补结构主义语言学过于注重对语言结构作静态描述的缺憾。Menzerath–Altmann定律被看做是语言感知发展的里程碑，且它为新的计量语言学分支学科的出现做出了贡献。本文主要在介绍Menzerath–Altmann定律提出的理论背景和主要内容的基础上，探讨其主要的理论贡献和理论局限性。

❷ 计量语言学

计量语言学是数理语言学的一个分支。数理语言学是在20世纪50、60年代出现的。数理语言学的正式诞生被视为是在挪威奥斯陆举行的第八届国际语言学大会上（Comité International Permanent des Linguistes，CIPL）（Cerny, 1996：248；Havranek & Horalek, 1958：47-52）。虽然数理语言学的来源追溯到20世纪后半期，但是有些数学方法早在19世纪末就被应用于语言学研究。那时，语言学者们不但开始探讨在语言学研究中使用计量方法的可能性，而且开始把计量方法付诸实践。更为重要的是，彼时数学研究本身开始思考语言问题。因为这些数学方法在特征上与定量方法有关，所以现在它们被看做是计量语言学的发端。

有关计量语言学最重要的概念之一是频率。首先，科学家为了各种各样的目的探索语音的频率。比如，在速记法领域，当Samuel Morse创造摩尔斯电码的时候，他将最简单的符号和使用频率最高的字母配对。反之，他将最复杂的符号和使用频率最低的字母配对。后来各种语言的频率词典开始出现。

20世纪，一个美国语言学家和心理学家George Kingsley Zipf 为计量语言学的发展做出了贡献。"1935年……G. K. Zipf有关语言统计的著作出版，标志着一个新的语言学分支学科和一种新的语言研究方法的诞生。G. K. Zipf认为，利用统计方法可以定量研究语言中的各种现象，这样语言学便可成为一门精确科学"（刘海涛，2012：180）。

20世纪50年代与60年代，在德国和东欧出现了不少开始使用数学方法做语言研究的学者。如今，这个领域中的大部分学者仍然主要来自德国、奥地利及东欧国家。其中最著名的是德国波鸿大学的 G. Altmann教授。他在计量语言学的诸多领域均有重要贡献，他是重要的计量语言学家，是现代计量语言学的奠基人之一。

从90年代开始，计量语言学发展很快，科学家进行了大量计量语言实验与研究，也取得了大量研究成果。国际计量语言学学会（International Quantitative Linguistics Association，IQLA）成立于1994年，而且出版了专门的学术期刊《计量语言学期刊》（*Journal of Quantitative Linguistics*）。[1]而且，从1991年开始，IQLA每三年举办一次国际计量语言学会议（QUALICO）。

通过运用各种计量方法，计量语言学旨在揭示语言现象之间的关系："国外语言学家已对多种语言进行了多层次、全方位的计量研究，发现了许多语言系统的结构和演化规律"（刘海涛，2012：181）。应当注意的是，"计量语言学的目的不是获取计量数据或者计量公式等。这些方法都是我们的知识工具或者是对知识的控制手段。从语言学的角度来看，必须为获取的计量数据、归类、公式等进行语言学的解释"（Tesitelova，1987：9）。

❸ Menzerath-Altmann 定律提出的理论背景与主要内容

Menzerath-Altmann 定律的理论背景是以语言学研究科学化为基础的。一般来说，任何学科的理论都由三部分组成：概念、常规与假设。计量语言学强调的是科学的目的不仅在于对各种各样的语言现象进行描述，科学的目的主要是提出基于可验证的普遍假设基础之上的理论（详见Wimmer，2003：13-17）。

Paul Menzerath是 Menzerath-Altmann 定律的主要创立者之一。1928年，这位德国的语言学家发现某些词与音节之间存在一种反比例关系。具体来说，根据德语词的分析结果，他发现一个词所包括的音节数量增加，那么它的音节的平均长度变短。Paul Menzerath的发现很长时间没有受到别的语言学家的注意。换句话说，很长时间Paul Menzerath 的思想是被忽视的（详见Altmann，1980；Andres et al.，2012a；Hrebicek，2002；Hrebicek，2007；Hrebicek，2008）。

---

[1] Background of the Association. © 2008-2012. In: *IQLA - International Quantitative Linguistics Association.* 该文可从http://www.iqla.org/ 查到(2015年5月5日在线查阅)。

20世纪80年代，一位叫 Gabriel Altmann 的语言学家发表了一篇描述Menzerath定律的论文（Altmann，1980）。基于 Paul Menzerath 的研究，Gabriel Altmann 介绍了两个新的概念，即作为一个语言整体的"语言结构（construct）"和作为整体的一部分的"语言成分（部件、部分；constituent）"。语言结构指的是在较高语言层次上的一个语言单位，而其成分指的是在距离最近的较低语言层次上的一个语言单位。这意味着每个语言单位代表着一个指向更低语言层次上的语言结构。同时，语言单位也指向更高语言层次上的一个语言成分。Gabriel Altmann做了诸多实验，以便在不同语言类型与不同语言层次上运用Menzerath定律来验证语言结构与部件之间长度的反比例关系，且他证实了这种关系的存在。基于这些实验，他更精确地假设："一种语言结构越长，则构成它的成分越短"（Altmann，1980：124）。他通过这些普通语言概念（即语言结构与成分）将Menzerath的发现归纳成为一条语言定律。他主张将该定律称作Menzerath定律。Gabriel Altmann把该定律用数学公式表示如下：

$$y = A \cdot x^{-b}$$

x是在其总的成分数量中测量得到的结构长度，y是其所有成分的平均长度，这一平均长度是在距离最近的较低语言层次上的语言单位之中被测量出来的，A与b都是真实参数。其完整形式如下（除了A与b参数之外，式中的c也是真实参数）：

$$y = A \cdot x^{-b} \cdot e^{cx}$$

Menzerath–Altmann定律的方法论最近得到改造，更强调研究数学计算公式的应用。除了以上提出的两个数学计算公式之外，计量语言学家还建议运用别的公式。事实上，分析的结果取决于所使用的具体计算公式，而且使用不同的公式分析结果会产生不同的变化（Andres et al.，2012b；Andres et al.，2014）。

语言结构长度是在其成分总量中测量出来的，它总是由整数表示的。反之，成分长度是在其平均值中测量出来的，绝大多数成分长度是由小数表示的。根据以上提出的公式，当成分的长度减少的时候，结构的长度增长。换句话说，Menzerath–Altmann定律是一种幂律（详见Hrebicek，2007：84）。

为了证明Menzerath–Altmann定律的合法性，b参数应该是正数与实数。如果将b参数的功能用图形表征出来，它就意味着曲线呈现下降倾向且具有凸度（见图1与图2；图1代表通过对现代汉语书面语进行的计量语言分析的数据。图2代表通过对现代汉语口语进行的计量语言分析的数据）。"A参数决定y轴线上曲线的移动，并且可以被理解为曲线的'起始值'"（Kelih，2010：71）。关于c参数，它总是由负数表示的。所有参数的值都是通过运用统计软件得到的。

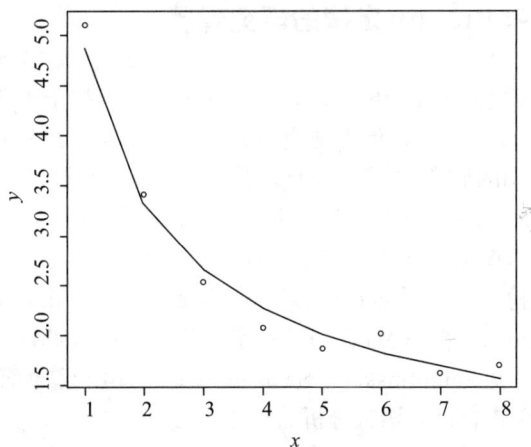

图1　曲线下降与凸度趋势的例子
（表示由 Menzerath–Altmann 定律确定的结构长度 x 与成分长度 y 之间的相互关系）(Motalova & Matouskova，2014：124)

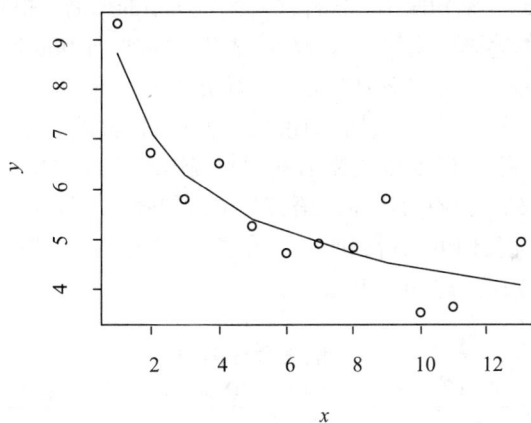

图2　曲线下降与凸度趋势的例子
（表示由 Menzerath–Altmann 定律确定的结构长度 x 与成分长度 y 之间的相互关系）(Scigulinska & Schusterova，2014：61)

为了强调 Gabriel Altmann 对这一理论的贡献，现代科学家将这个语言定律称为 Menzerath–Altmann 定律。（关于这一定律的更多信息详见 Altmann，1980；Andres et al.，2012a；Hrebicek，1997；Hrebicek，2002；Hrebicek，2007；Hrebicek，2008；Kelih，2010）。

❹ Menzerath–Altmann 定律的研究现状

长期以来，大多数Menzerath–Altmann 定律的研究聚焦于印欧语系。比如说针对斯拉夫语族之间的研究主要聚焦于捷克语、波兰语、塞尔维亚语、克罗地亚语等；针对日耳曼语族之间的研究主要聚焦于英语、德语等；而针对印欧语系之间的研究则主要聚焦于希腊语。除了印欧语系之外，语言学家也运用 Menzerath–Altmann 定律来研习土耳其语、印度尼西亚语、汉语与日语。关于汉语，研究者通过Menzerath–Altmann定律已经检验汉语是否符合该定律。Hartmut Bohn（1998）试图通过运用 Menzerath–Altmann 定律来验证汉语与汉字。此外，别的研究者试图通过实验的方式对现代汉语口语（见Scigulinska & Schusterova, 2014）和书面语（见Motalova & Matouskova, 2014）进行计量语言分析。

Motalova 等（2013）、Motalova和Matouskova（2014）的实验旨在研究现代汉语的计量分析，尤其是各种文体中（即报纸、文学、艺术、科学等文体）简体字的计量分析。上述计量分析的目的是通过Menzerath–Altmann定律（MAL）来检验所选文本是否符合该定律。基于字形与句法，确定下列的语言单位：笔画、部件、字、字块/句块（parcelate）、复句段落。部件被看作是所谓的孤岛，换句话说，是由一个、两个或者两个以上的笔画构成的可以分离的成分。字块/句块是通过某些标点符号如句号、问号、感叹号、逗号、分号与冒号来确定的语言单位（比如下列的句子由六个字块/句块组织而成："/此次参加荐书的，/包括高校教授，/文学评论家，/出版社高级编辑，/媒体记者，/以及本报读书副刊的编辑。/"；王吉全、陈苑，2016，在线[②]）。复句是被下列标点符号限定的语言单位：句号、问号与感叹号。通过连接两个邻近的语言单位，我们可以得到四个语言层次，即：字与部件，字块/句块与字，复句与字块/句块，段落与复句（见表1）。

表1　语言层次与语言单位
Motalova 等（2013）、Motalova和Matouskova（2013，2014）

语言层次4：	
x_4	字 是以部件的数量为衡量单位
y_4	部件 是以笔画的平均数量为衡量单位
语言层次 3：	
x_3	字块/句块 是以字的数量为衡量单位

---

② 王吉全、陈苑，2016，[书香春节]推荐《妹娃要过河》：向美的追求不可阻挡。《人民日报》。该文网络出处：http://culture.people.com.cn/n1/2016/0209/c1013-28117851.html（2015年2月9日在线查阅）。

（续表）

y_3	字 是以部件的平均数量为衡量单位
	语言层次 2：
x_2	复句 是以字块/句块的数量为衡量单位
y_2	字块/句块 是以字的平均数量为衡量单位
	语言层次 1：
x_1	段落 是以复句的数量为衡量单位
y_1	复句 是以字块/句块的平均数量为衡量单位

该实验的假设是：如果现代汉语的语言单位是按照字形标准确定的，那么在相对应的语言层次上，它们之间存在反比例关系，并且这些关系可以通过 MAL 来验证。

我们来介绍最值得关注的研究结果。关于字块/句块与字这个语言层次，实验证明 MAL 无效，或者说我们得到的结果与 MAL 的数学模型之间的相符度很低。这种现象可能是由某些因素引起的。其中，确定和定义"部件"的方式、方式的多样化以及因某些特定语言单位缺失而导致的语言层次缺失（这个语言单位高于字并小于字块/句块，即汉语的词）是最主要的因素。

关于段落与复句这个语言层次，基于对科学文章之分析得到的结果与 MAL 的数学模型之间的相符度是最高的；基于对博客文章之分析得到的结果与 MAL 的数学模型之间的相符是最低的；而在其他样本的分析中，我们得到 MAL 无效的结论。这种不同的结果可能是由标点符号引起的，因为标点符号受到了西式的标点符号影响。直到 20 世纪，标点符号才开始在中国文本中使用。

根据上述的结果，我们打算进行进一步实验。根据对部件的不同定义，字块与字、字与比字高的语言单位的相互关系会产生不同变化，因此，我们建议应用不同的方法把字分割到部件，再运用 MAL 的方法证实它们。我们在几乎所有的示例文本都发现了 MAL 的不充分性，这可能是由于标点符号的分割引起的。应该注意的是，中文文本里使用的标点符号受了西方的影响，因其在中国并不具备悠久的历史。因此，后续研究会继续观察标点符号的发展怎么影响了样本的切分。

Schusterova 等（2013）、Scigulinska 和 Schusterova（2014）的实验旨在研究现代汉语口语的计量分析，尤其是两个音乐家之间对话（即一个流行歌手与一个说唱歌手的谈吐）的计量分析。上述计量分析的目的是通过 Menzerath-Altmann 定律（MAL）来检验所选样本是否符合该定律。在语音与句法标准的基础上，确定下列的语言单位：音素、音节、重音单位（stress unit）、陈述（statement）和话语（utterance）。

通过连接两个邻近的语言单位，我们可以得到三个语言层次，即：音节与重音单位、重音单位与陈述、陈述与话语（见表2）。

表2　语言层次与语言单位
Schusterova 等（2013）、Scigulinska 和 Schusterova（2013，2014）

语言层次1：	
x_1	话语 是以陈述（statement）的数量为衡量单位
y_1	陈述（statement） 是以重音单位（stress unit）的平均数量为衡量单位
语言层次2：	
x_2	陈述（statement） 是以重音单位（stress unit）的数量为衡量单位
y_2	重音单位（stress unit） 是以音节的平均数量为衡量单位
语言层次3：	
x_3	重音单位（stress unit） 是以音节的数量为衡量单位
y_3	音节 是以音素的平均数量为衡量单位

该实验的假设是：如果现代汉语口语的语言单位是按照语音与句法确定的，那么在相对应的语言层次上，它们之间存在反比例关系，并且这些关系可以通过MAL来验证。

我们来介绍最值得关注的研究结果。关于语言层次音节与重音单位（stress unit），两个样本的分析得到的结果与MAL的数学模型之间的相符度是最高的。引起这种现象的原因可能是：汉语是种音节语言。

关于所使用的样本的种类，计量语言学家选择各种各样的文本。除了散文以外，诗歌也是研究对象之一。Menzerath-Altmann 定律不仅使用母语文本，而且它也使用译文作为分析样本。除此之外，转写后的口语文本也经常被用于Menzerath-Altmann定律研究。甚至电影也可以被用于进行Menzerath-Altmann定律语言研究。

对于Menzerath-Altmann定律的研究，研究者一般采取以下步骤：第一，先为样本的选择确定标准；第二，选取适当的样本；第三，确定语言单位和语言层次并提供相应的定义；第四，样本的切分与量化；第五，运用统计方法来测试模型的可靠性；第六，对数据进行解读（Andres et al., 2012a）。

⑤ Menzerath–Altmann 定律的主要理论贡献

Menzerath–Altmann 定律确认语言是由各种相互关系构成的系统，并且它证实通过数学与语言学之间的联系可以发现语言规律性。Menzerath–Altmann 定律是为证明语言单位之间长度的反比例关系提出的。该定律的一个主要理论贡献是：可以通过计量方式验证各个语言层次上所给定的语言单位的定义是否精确。

目前，语言学者们试图从语音学、构词学、语法学、语义学、语用学、词汇学、文字学、话语语言学等不同的学科出发来界定语言单位的定义。计量语言学家则试图通过运用 Menzerath–Altmann 定律来验证他们所给出的各种定义是否精确：计量语言学家通过把 Menzerath–Altmann 定律应用于不同的语言层次、不同的语言方面以及不同类型的语言样本来验证语言单位之间的关系是否符合该定律。如果在某些层次得到的数据符合Menzerath–Altmann 定律，则意味着所给定的有关语言单位的定义是充分的。但如果在某些层次得到的数据不符合 Menzerath–Altmann 定律，这种情况指向的是语言单位的定义不充分。

我们举一个例子来说明 Menzerath–Altmann 定律的运用。Andres 等（2012a）运用Menzerath–Altmann 定律来验证下列语言单位之间长度的反比例关系：语义结构（semantic constructs）、句子/单句（sentences/clauses）、词（words）、音节（syllables）、音素（phonemes）。在由词与音节构成的最低的语言层次上，可以说明如何通过Menzerath–Altmann定律使"词"的定义更为精确化。结构是在其总的音节数量中测量得到词的长度，成分是在其平均的音素数量中测量得到音节的长度。这意味着一个词越长，其音节越短。关于词的界定，Andres 等（2012a）选择两种方式。第一种方式是通过正字法分隔空间（orthographic space）来区分每个语词（见表3）。第二种方式是将合成词看做一个词（见表4）。不管其正字法如何，凡是具有语词的语法修饰语功能的词都被算作是相应语词形式的各个部分。因此，修饰中心词的介词与下一个单词形式（无论下一个单词是否中心词）一起算作是一个语言单位。上述方法是否有效可以通过Menzerath–Altmann定律得到验证。关于第一种方式，实验证明Menzerath–Altmann定律无效（见图3）；关于第二种方式，实验证明Menzerath–Altmann定律有效（见图4）。按照验证得到的结果，捷克语的介词似乎不是独立的词（Andres et al., 2012a）。

表3　第一种词的切分方式

例子	切分	词的数量
v čem（汉语：里面，英语："in what"）	♦v♦čem♦	2
ve vesnici（汉语：在农村，英语："in the village"）	♦ve♦vesnici♦	2

表4　第二种词的切分方式

例子	切分	词的数量
v čem（汉语：里面，英语："in what"）	◆včem◆	1
ve vesnici（汉语：在农村，英语："in the village"）	◆vevesnici◆	1

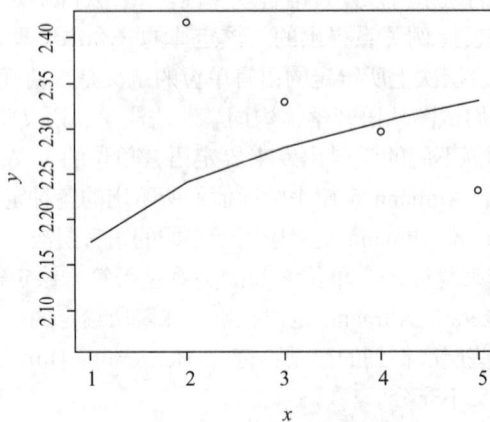

图3　曲线上升与凹度趋势
（根据通过第一种切分方式所获得的数据表示由 Menzerath–Altmann 定律确定的
词长度 x 与音节长度 y 之间的相互关系）（Andres et al., 2012a：6）

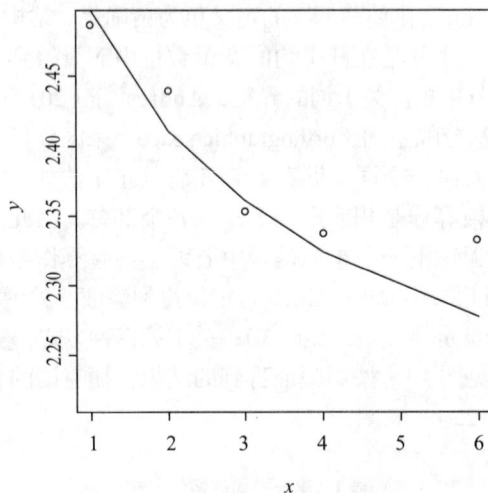

图4　曲线下降与凸度趋势
（根据通过第二种切分方式所获得的数据表示由 Menzerath–Altmann 定律确定的
词长度 x 与音节长度 y 之间的相互关系）（Andres et al., 2012a：8）

　　虽然 Menzerath–Altmann 定律有助于更准确地确定和定义语言单位，但是某些研究已经证明了该定律的多种不同数学模型的运用可能会对研究结果产生不利影响。例如，Andres 等（2012b）与（2014）的研究显示，在一个研究中，运用该定律的不同数学模型可能导致研究结果差异巨大。Andres 等（2014）决定分析 E. A. Poe 的诗歌《乌鸦》。根据得到的研究结果，该定律的完整数学公式的相关图表经常不符合曲线下降与凸度趋势。研究者假定这种现象可能和参数 c 的不恰当执行（正如上文所述，该定律的每个公式使用不同的参数）有关（详见 Andres et al., 2014 : 21）。因此，除了不充分的语言单位的定义，Menzerath–Altmann 定律的不同数学模型也可能导致其在不同的语言层次上无效。

　　除了有助于验证语言单位的定义是否精确之外，Menzerath–Altmann 定律有望可以用于验证作者与作品之间的著作权属或者用于研究有关语言紊乱症的问题（比如说失语症）。关于验证作者与作品之间的著作权属，我们提出一个叫 D 数值的语义程度（degree of semanticity）概念。D 数值可以被理解为 b 参数算术平均值的倒数（$b > 0$）。

　　D 数值的数学公式表示如下：

$$D = \frac{3}{b_1 + b_2 + b_3}$$

　　公式中的 b_1, b_2, b_3 都是关于相关语言层次（例如 1 表示 语义结构 vs. 小句；2 表示 小句 vs. 词；3 表示 词 vs. 音节）的真实参数。

　　语言学实验显示，基于小说和报纸文本计算得到的 D 数值比基于诗歌文本得到的 D 数值高。且基于介绍章节计算得到的 D 数值比基于正文章节所得到的 D 数值高。不幸的是，D 数值对某个特定样本的切分方式过于敏感。或换个说法，某个特定样本的切分方式对 D 数值有很大影响（详见 Andres, 2014 ; Andres et al., 2014）。关于失语症，通过对健康的说话者与有语言紊乱的说话者所产出的语料样本进行分析并比较由此得到的研究结果，将可以确定用于分析失语症者所产出的文本的算法（algorithm）（Jasickova et al., 2013 : 24）。

❻ Menzerath–Altmann 定律的局限性

　　Menzerath–Altmann 定律有一些理论缺陷：

　　第一，目前，被用于 Menzerath–Altmann 定律的数学模型不止一个，且这些模型的普遍适用性并未得到广泛验证。计量语言学者试图发现：在各种不同的数学模型中，哪些模型对 Menzerath–Altmann 定律是最适合的。数学模型的使用影响研究数据，它们所导致的不同结果和得出的不同结论容易引起研究分歧（Andres, 2014 ;

Andres et al., 2012b ; Andres et al., 2014)。

第二，目前，该定律的应用大多局限于印欧语系。为了证实该定律的普遍性，应该研究各种各样的语系与语言。

第三，大部分相关研究中，样本的切分与量化是手工进行的，这是需要耗费大量时间的工作。因为研究者花了特别多的时间来实现样本切分与量化，所以到目前为止，该领域的学者所取得的相关研究数据与研究成果不多。虽然目前某些切分、量化软件已经存在或者正处于开发或者发展阶段，但是它们不具有普遍适用性。主要原因在于语言的多样性，比如在把汉字分割到部件这方面，现有的软件就不太适用，就需要开发符合汉语成分特点的软件。

最后，另一个理论缺陷是：有关各个层次上的语言单位的定义不够充分。这个问题的较好解决，需要计量语言学者和其他语言学者通力合作。

❼ 结论

Paul Menzerath(1928) 的观察（即某些词的长度与音节发音长度之间存在一种反比例关系）很久以来被其他语言学家忽视。直到20世纪80年代Gabriel Altmann才注意到他的研究成果，并且把他的观察提升为语言定律。虽然已经过了几十年，但是运用Menzerath–Altmann定律的语言研究目前仍处于初期阶段，这意味着科学家们仍然在不断地改进该定律的方法论。在未来的发展中，不但将有更多的语言被用于Menzerath–Altmann定律的研究，而且，样本总量也会大大增加。

参考文献

❏ Altmann, G. 1980. Prolegomena to Menzerath's law. *Glottometrika* 2:124-129.

❏ Andres, J. 2014. The Moran-Hutchinson formula in terms of Menzerath-Altmann's law and Zipf-Mandelbrot's law. In A. Gabriel & R. Čech (eds), *Empirical Approaches to Text and Language Analysis*. Lüdenscheid: RAM-Verlag. 29-44.

❏ Andres, J., Benešová, M., Kubáček, L., & Vrbková, J. 2012a. Methodological note on the fractal analysis of texts. *Journal of Quantitative Linguistics* 19(1): 1-31.

❏ Andres, J., Benešová, M., Chvosteková, M., & Fišerová, E. 2012b. Optimization of parameters in the Menzerath-Altmann law. *Acta Universitatis Palackianae Olomucensis. Facultas Rerum Naturalium. Mathematica* 51(1): 5-27.

❏ Andres, J., Benešová, M., Chvosteková, M., & Fišerová, E. 2014. Optimization of parameters in the Menzerath-Altmann law, II. *Acta Universitatis Palackianae Olomucensis. Facultas Rerum Naturalium. Mathematica* 53(2): 5-28.

❏ Hartmut, B. 1998. Quantitative Untersuchungen der modernen chinesischen Sprache und Schrift. Hamburg: Kovač.

❏ Cerny, J. 1996. *History of Linguistics*. Olomouc: Votobia.

❏ Havranek, B. & Horalek, K. 1958. The eight international congress of linguists in Oslo. *Slovo a slovesnost* 19(1): 47-52. 该文网络出处：http://sas.ujc.cas.cz/archiv. php?art=923 (2015年5月7日在线查阅；捷克语).

❏ Hrebicek, L. 1997. *Lectures on Text Theory*. Prague: Academy of Sciences of the Czech Republic.

❏ Hrebicek, L. 2002. *Stories about Linguistic Experiments with Text*. Prague: Academia.

❏ Hrebicek, L. 2007. Semantic slaps in text structures. *Slovo a slovesnost* 68(2): 83-90 (捷克语).

❏ Hrebicek, L. 2008. Philology versus linguistics: Text constructs higher than sentences. *Vesmir* 87: 488-49. 该文网络出处：http://www.vesmir.cz/clanek/filologie-versus-lingvistika (2015年5月3日在线查阅；捷克语).

❏ Jasickova, A., Benešová, M., & Faltýnek, D. 2013. An Application of the Menzerath-Altmann Law to a Sample Produced by an Aphasic Patient. *Czech and Slovak Linguistic Review* 2013/2: 5-27.

❏ Kelih, E. 2010. Parameter-Interpretation of Menzerath's Law: Evidence from Serbian. In Grzybek, P., Kelih, E., & Mačutek, J. *Text and Language: Structures, Functions, Interrelations, Quantitative Perspectives*. Wien: Praesens. 71-78.

❏ Koerner, E. F. K. & Asher, R. E. 1995. *Concise History of the Language Sciences: From the Sumerians to the Cognitivists*. Cambridge: Cambridge University Press.

❏ Motalova, T., Spáčilová, L., Benešová, M., & Kučera, O. 2013. An Application of the Menzerath-Altmann Law to Contemporary Written Chinese. *Czech and Slovak Linguistic Review* 2013(1): 22-63.

❏ Motalova, T. & Matouskova, L. 2014. *An Application of the Menzerath-Altmann Law to Contemporary Written Chinese*. Olomouc: Palacky University.

❏ Schusterova, D., Ščigulinska, J., Benešová, M., Faltýnek, D., & Kučera, O. 2013. An Application of the Menzerath-Altmann Law to Contemporary Spoken Chinese. *Czech and Slovak Linguistic Review* 2013(1): 54-73.

❏ Scigulinska, J. & Schusterova, D. 2014. *An Application of the Menzerath-Altmann Law to Contemporary Spoken Chinese*. Olomouc: Palacky University.

❏ Tesitelova, M. 1987. *Quantitative Linguistics*. Prague: SPN.

❏ Wimmer, G. 2003. *Introduction to the Text Analysis*. Bratislava: Veda.

❏ 刘海涛、黄伟，2012，计量语言学的现状、理论与方法。《浙江大学学报》（人文社会科学版）(2): 178-192。该文网络出处：http://www.journals.zju.edu.cn/soc/CN/abstract/abstract10497.shtml (2015年4月6日在线查阅).

Menzerath–Altmann Law: Contributions and Limitations of the Theory

Abstract: The Menzerath–Altmann law represents one of the most fundamental and important language laws of the world in the 20th century. Based on a brief introdution to this quantitative language law, the present paper explores both its theoretical contributions and limitations. The first part is devoted to providing basic information about a linguistic discipline to which the law belongs, i.e., quantitative linguistics. The subsequent part presents the theoretical foundation and the main content of the Menzerath–Altmann law. The current research situation in this field is also discussed. The last part of the paper reveals the main theoretical contributions of the law as well as its theoretical shortcomings.

Key words: quantitative linguistics; Menzerath–Altmann law; language unit; language construct; language constituent

（责任编辑：苏祺）

语义特征选择的系统性变化
——Ruqaiya Hasan 对语义变异研究的贡献

北京大学　高彦梅[*]

[提　要]　　自从20世纪60年代以来，社会语言学有关语言变异的研究较多关注语音
变异和句法变异，较少关注语义变异[①]（semantic variation）。针对这一问
题，Hasan在20世纪80年代对不同社会阶层的母子和幼儿园教师的语义
取向进行了实证研究。Hasan在语义变异研究领域的主要贡献体现在三个
大的方面：(1)语义取向差异的确定和语义网络的提出；(2)确定了语境
在社会和语言之间的定位；(3)提出了社会语言学整体观。Hasan的研究
为后来教育语言学、语篇语义学、语类理论、个体化研究的发展奠定了基
础，也为社会语言学对语义变异研究提供了切实可行的分析框架。

[关键词]　　语义变异；语义取向；语义网络；语境；社会阶层

❶ 引言

　　Hasan(1931—2015)是系统功能语言学家，同时也是社会语言学家。她将系统功
能语言学的语言观和系统、缜密、细致的语言描述引入到社会话语分析，通过观察
和描述语义特征的系统性差异揭示不同社会阶层在社会化过程中的意义建构、个体
化发展和理性演进。她多年来基于对真实日常交流语言研究所得出的发现已经成为
系统功能语言学后期理论的基础，如Christie（1999）等倡导的教育语言学、Martin
和Rose（2003, 2008）的语篇语义学、语类研究等。Hasan在语义变异方面的主要贡
献集中体现在她对系统性语义变异的观察、语义网络的描述、语境界面的确定和社
会语言学整体观的提出。这一顺序体现了Hasan的社会语言学整体观的形成过程，其
内在逻辑是：语义变异体现了语境即语域三变量，而三个变量又将社会与语言功能

---

*　　作者简介：高彦梅，北京大学外国语学院语言所副教授、博士。研究方向：系统功能语言学、语义
学、外语教育。Email: ymgao2013@126.com。通信地址：100871 北京大学外国语学院语言所。

①　　文中对于语言变体相关术语的翻译，采用祝畹瑾（2013）术语表中的译法，这里的semantic variation
译成"语义变异"，下文中的variant译成"变式"。

连接起来。本文的结构安排将按照这一顺序展开。

❷ 语义变异观察与研究

Hasan对语义变异研究的起点最早应该追溯到她在20世纪60—70年代参与的两个纳菲尔德研究项目。第一个是利兹大学的纳菲尔德外国语和教学资源项目（Nuffield Foreign Languages and Teaching Materials Project），她负责儿童语言调查。第二个项目是伦敦大学教育学院Bernstein所在的社会学研究所的纳菲尔德研究项目，在这个项目中她负责对来自不同社会背景的小学低年级学生口述故事的研究。到20世纪80年代她在澳大利亚麦考莱大学主持了一项针对日常对话与学习方式之间关系的调查。项目名称是"母亲与幼儿日常话语在构建学习方式中的作用：阶段Ⅰ和阶段Ⅱ"。该研究得到了澳大利亚研究基金和麦考莱大学研究基金的支持（1983—1986）。

2.1 语义变异观察

语义变异这个术语最早是Weiner和Labov（1983）提出的。在提出这一概念的时候两位学者明确摒弃了语义层面的结构变异（structural heterogeneity）–语义变异作为社会语言学概念的可能性，仅将其限定于年龄因素的一个附加因素（Hasan, 2009）。通过早期对儿童语言的调查、对小学低年级学生口述故事连贯性的研究以及20世纪80年代主持的对日常话语的研究，Hasan强烈地感觉到系统性语义变异的存在。参考Bernstein（1971）的"语码取向"(code orientation)，Hasan使用了一个自己的术语"语义取向"（semantic orientation）。在她的语料②中，有这样的例子：

[1] Mother: (1) Karen, come on into bed please... (2) quick... (3) come on (4) you've gotta go to school tomorrow Karen (5) now move!... (6) into bed!

母亲：(1)卡伦到床上来……(2)快……(3)快点(4)你明天要上学 卡伦(5)快(6)到床上！

Karen: (7) Mum! (CALLING ATTENTION)

卡伦：(7)嗯！（引起注意）

Mother: (8) you won't be up in time to go to school (9) if you don't go into bed...

母亲：(8)你会起不来(无法)去上学(9)如果你不上床睡觉……

(Hasan, 2009: 156)

[2] Mother: (1) Karen do as you—(SLAPS CHILD) (2) put your legs down (3) or I'm going outside right this moment without a kiss (4) now put your legs down (ANGRY VOICE)

母亲：(1)卡伦做你该做的(打孩子)(2)把腿放下去(3)不然我睡之前就不亲

---

② 在语料转写过程中，Hasan和她的团队使用了自己的标注规范，例如：对话中的(1)(2)(3)等代表例子中的信息(message)，基本对应一个小句；(ANGRY VOICE)括号内的大写字母表示基于录音的场景描述，包括语言和非语言证据，如生气、尖叫、咯咯笑等等；省略号代表停顿时间较长等。

你(4)快把腿放下去（愤怒的声音）

(Hasan, 2009: 157)

上述两个对话都是母亲在哄孩子上床睡觉。在第一个对话中，母亲要求（1、2、3、5、6）女儿快点上床睡觉。为了说明自己的要求的合理性，母亲给出了理由解释(4)。在对话[2]中，母亲选择的言语行为也是要求——命令(1、2、4)，为了证明这一要求的合理性，母亲使用了威胁（3）。两个例子中都包含这样的语步：命令/要求、解释理由。在第一个例子中，母亲对自己的要求给出的解释具有[内在理由]这一语义属性：因为通常情况下人们都认为早睡和早起之间具有非偶然性的内在联系，属于合理理由。在第二个例子中，母亲对自己的要求给出的解释的语义属性是[威胁]：在孩子把腿从毯子下面拿开与母亲离开房间之前不亲吻孩子之间没有内在联系。母亲给出的解释属于外在理由，与自己的要求之间没有必然联系。两组对话的语义取向之间存在对立性差异：内在理由和外在理由，或说逻辑/理性理由与非理性理由（如威胁、收买、诉诸权威）之间的对立。上述两种语境都属于"对要求听者采取某一行为给出合理性解释(rationalization)。对于这样的语境，英语中存在一个语义变式集合：

(if you do such-and-so)（如果你这样做就会）
a: you'll get very tired（你就会特别累）[理由]
b: I won't give you good-night kiss（我睡之前就不亲你）[威胁]
c: you can have some sweets later（以后你就能吃到糖）[拉拢/贿赂]

(参见Hasan, 2009: 156-7)

从这里可以看出，一个"合理说明"的行为，可以由多个不同语义变式来表达：[理由]、[威胁]、[拉拢]。在此基础上，Hasan指出：如果一个语义变式的选择与某些言者的特定社会环境因素之间存在非任意性相关关系，就没有必要否认语义变异存在这一事实了 (Hasan, 2009: 88)。例如来自某个阶层的母亲一致性地以较高频率选择a或b或c，那么这就应该被看作是她们的一种语义取向。

2.2 语义变式选择与社会地位

Hasan（2009：145-146）关注的核心问题是：语义取向是否随社会阶层的不同而存在差异？她将Poulantzas提出的"生产要素与物品和劳动手段之间的关系"（Poulantzas, 1981:143）作为区分研究对象所属社会阶层的标准，将一个人在工作场所做出决定和将决定付诸实施的自由度作为家庭自主性的整体考量标准。因为在母亲不上班的社会群体中，孩子父亲在工作场所的自主程度代表了整个家庭的社会地位。在具体操作过程中，她向被试对（subject dyad，母子或母女）提问下面两个问题：（a）父亲（家里挣钱的人）是否可能做出与工作有关的决定？这些决定是否可能影响工作场所与工作实践有关的政策或其他人的行为？（b）父亲（家里挣钱的人）是否有可能将自己的决定转给工作场所的其他人去付诸实施？凡回答"没有"或"很少"的家庭，如市政卡车司机、合同制泥瓦匠等，属于低自主性职业家庭（lower-autonomy professional，简称LAP）；回答为"相当多"或"大量的"，如银行经理、医生或大学讲师，其家庭属于"高自主性职业家庭"（high-autonomy professional，简称HAP）。教育水平作为家庭的一个辅助属性。这样一来，研究中的LAP家庭都属于工人阶级，HAP等于中产阶级。为了避免语言、民族、宗教等其他因素对语义取向的影响，她对被试的选取条件聚焦在：父母均为澳大利亚出生、没有较长（半年以上）的海外生活经历、英语为母语。最终确定的24对母子被试均为澳大利亚白人。在这种情况下，社会阶层因素就成了影响语言使用的最突出因素。这24对母子平均分为两组，孩子男女比例相同。孩子的年龄在3岁六个月到6岁之间。数据收集在自然状态下进行，研究者将录音机交给母亲，指导她们在做饭或临睡前估计可能有与孩子对话的情况下，将录音机打开。最终研究者收集了约100个小时的录音。为了对比学前母亲与孩子的语义取向与幼儿园教育话语语义取向之间的关联，在研究第二阶段，项目组成员调查了学前幼儿园儿童和教师的话语。孩子群体是上述群体中的三分之一处于5岁到5岁半之间刚入幼儿园的孩子。对孩子的录音时间为入学最初四周和第一学年最后四周，每一阶段录音两次。教师的录音为教室话语。

2.3　语义网络

为了对母子对话的语义取向进行观察、描述和分析，Hasan（1983）参考系统语言学的系统建构模型（Halliday，1973），构建了自己的提问和回答两个语义系统网络。在系统功能语法框架中，语言被看作是一个由多个层次构成的系统，由内而外包括语音层、词汇语法层和语义层。外部层次代表更高级别的抽象层面，由内而外为实现关系：语义由词汇语法实现、词汇语法由语音和书写表达。同时，语言又被看作是一个巨大的系统选择网络：体现语言使用者在给定环境中所拥有的选择。每一个系统由处于聚合关系的一系列选择构成。每一个系统都有一个入列条件（entry condition，在图1中用小写字母表示）。在每一系统内部从左至右代表着进一步选择的潜势：系统中的每一个选择都会作为下一步选择的条件。处于系统右侧的选项代表着更精密的选择。

Hasan（1983）的提问和回答两个语义系统网络是以具体语境为基础的。Halliday（1973）建议：要建构语义网络，最好选取可以表征与某一具体语境相关的选择：这就意味着语义网络是依赖语境的——当语境不同，语义潜势也不同。Hasan 所收集的语料中24对母子互动的场景都是相似的：属于母亲照顾孩子日常起居；与孩子一起做事——玩积木、读书、做饭、清理房间等；或者母亲做事，孩子在旁边观察或参与。这些活动在具体形式上差异较大，但都属于母亲引导孩子学习如何做事、如何说话等社会化过程（socialization）。

同时，要对语义系统进行描述，需要列出该意义实现手段的词汇语法表达作为实现陈述（realizational statement）。由于母亲和学龄前儿童之间的交谈主要是问答形式：母亲提问，孩子回答；孩子提问，母亲回答。因此，以简化版的提问系统（图1）为例：该系统从属于Halliday的言语功能系统，是以交换角色和交换商品为条件的选择系统。

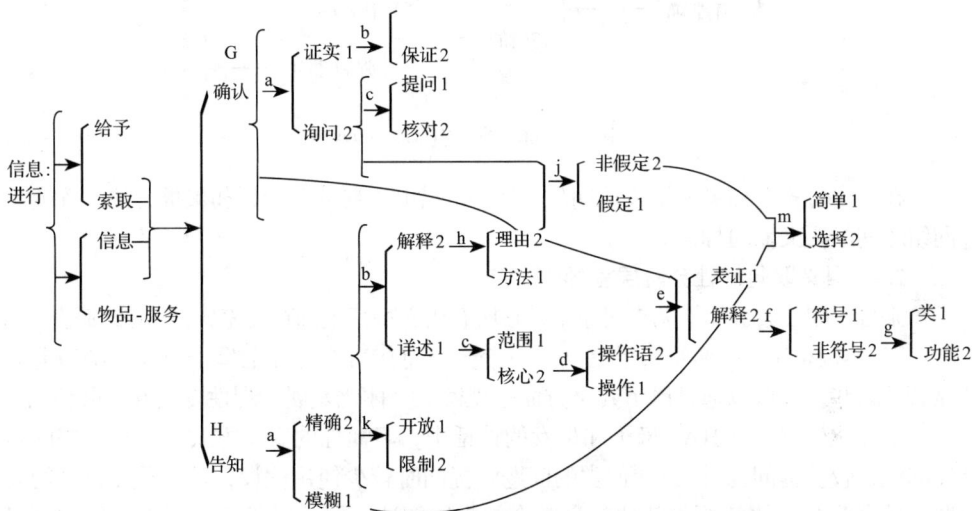

图1 提问系统中的[索取]+[信息]子系统(Hasan, 1983/2009: 97)

该系统包括两个大的子系统：交换角色（给予、索取）和交换的商品（信息、物品–服务）。母亲和孩子之间的信息交流属于两个大的子系统中的交叉选择：角色中的"索取"和商品中的"信息"，这两个选择成为下一步选择的条件：[确认](G)索取信息，还是[告知](H)信息。假设是[确认]索取信息，则可以进一步选择是1[证实]还是2[询问]。如果是[告知]信息，可以进一步选择是1[精确的开放式信息]，还是2[精确的限制信息]，对于后者还可以结合[非假定性][解释][理由]做进一步选择。对于每一个子系统中的每一个语义选择，Hasan在不同时期也尝试提供了具体的实现陈述。

以上述系统性归类为基础，Hasan调查母子对话过程中的语义选择取向。例如，孩子提问和母亲回答的语义特征丛包括：Q[repeat](问题[重复])、A[provide](回答[提供])、A[elaborated](回答[阐释])、Q[explain](问题[解释])、Q[confirm](问题[确认])、Q[prefaced] (问题[前奏])、Q[ask](问题[提问])、A[adequate](回答[充分])、A[assumptive](回答[假定])、Q[related](问题[相关])（Hasan, 2010: 156; 2009: 106-107）。

Hasan的回答系统，也采用了相同的构建模式。仅以[理由]为例，见图2。

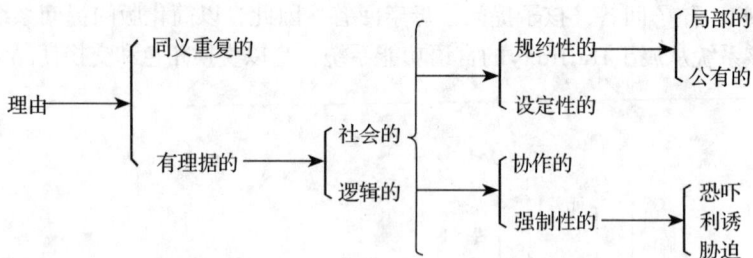

图2 [理由]系统(Hasan, 2009: 342)

在确定每一个信息的语义取向后，Hasan借助主要成分分析和聚类方法，探究不同组之间的语义取向异同。

2.4 语义取向的社会阶层差异

来自不同社会群体的调查对象不是在所有语义特征上都存在差异，Hasan调查的A [应答](responsive)在两组母子之间没有差异。但在其他特征上母子组和教师组差异显著。这些差异可以通过以下几个方面来观察：个体化发展、理性发展和人际协商。

个体化发展。在HAP母子和母女的谈话中，习惯性的意义方式为：母亲提问是非问题；较少提问为什么/如何类的问题；提问时较少使用假设；较少重复自己的问题；较多将自己的问题与其他信息结合起来以阐述主题；经常会在引入问题的同时提到某人的观点，将问题表述成一个说法或想法。而与她们相对的孩子，则经常提供充分的答案；可能会阐述自己的答案，因此会说出比需要回答的充分必要内容更多的内容(Hasan 2009: 113-114)。例如：

[3]   Kristy: (21) why in May?
    克里斯蒂：(21) 为什么是五月？
        Mother: (22) they're going to wait until the end of the school term
        母亲：(22)他们要等学期结束
        Kristy: (23) mm
    克里斯蒂：(23)嗯
        Mother: (24) because Cathy goes to school now (25) and then she will change to her new school after the holidays
        母亲：(24)因为凯西现在在上学(25)假期结束后要转到新学校
        Kristy: (26) mm
    克里斯蒂：(26)嗯
        Mother: (27) if they'd moved earlier (28) she'd go to the new school for a week or two (29) and then they'd have holidays you see (30) it would mess it up a bit for her
        母亲：(27)如果他们早搬家(28)她就要在新学校学习一到两周(29)然后就放假(30)这样她就比较麻烦

(Hasan, 2009：102)

这段对话前面的部分是母亲起始话题,请女儿提醒自己下午打电话给朋友,解释朋友要在五月份搬家。孩子好奇地询问为什么是五月,母亲则不厌其烦地用七个信息来解释为什么Cathy要等到五月份搬家(转学)。Hasan(2009: 226)的研究表明,与LAP组母亲相比,HAP组母亲提供的信息量更大,她们更鼓励孩子跟自己对话,更支持孩子构建自我形象。与此相对,在两组孩子之间,HAP组的孩子们的话语信息量也较大。可以说,通过这样的详尽、耐心的问答方式,母亲们在以自己的方式塑造着孩子们的语义取向,母亲与孩子之间的问题模式对孩子的个体成长至关重要。

理性发展。从文章开头的两个例子,我们已经注意到同一位母亲在不同时间会表现出不同的语义取向,这样的不同取向会在儿童个性发展中产生不同的影响。如果母亲一直采用例[1]的做法,那么孩子学到的就是理性的事物间关联,也会按照这样的推理模式探索其他事物间关系。但如果像例[2]的做法,孩子学到的就是母亲的控制力,知道很多事情没有内在联系。再看另一个例子:

[4] Mother: (1) put it up on the stove (2) and leave it there
      母亲: (1) 把它放到炉子上(2) 就放在那儿

     Karen: (3) why?
      卡伦: (3) 为什么?

     Mother: (4) 'cause
      母亲: (4) 因为

     Karen: (5) that's where it goes?
      卡伦: (5)它就是应该在那儿吧?

     Mother: (6) yeah
      母亲: (6)是

(Hasan, 2009: 337)

孩子从母亲强制性的讲道理习惯中已经学到了同义重复(5)的推理方式,因此开始尝试使用这一理由。虽然暂时不能在孩子的解释理由方式与未来的学校学习之间建立非常简单直接的一一对应关系,但可以想象,面对倾向于使用内在理由和理性解释的幼儿园老师,一个习惯于内在理由解释的孩子与一个习惯于外在理由模式的孩子,他们的适应程度是会有根本性差别的。这将在多大程度上影响孩子的教学发展,还有待更深入的跟踪观察去印证。

人际协商。Hasan(2009: 168)项目中对幼儿园教师的调查显示了教师与两组家长具有不同的语义取向。以个体化的构建为例,其中的变量包括:内在原因、儿童作为感知者、假设性、事实性、习惯性、可能性和必要性。从这一项调查得出的结论是:学校教师的特征值远远高于两组母亲合在一起的平均值。也就是说,学校教师的课堂话语语义模式与两组母亲的语义模式都不相同,但与HAP的接近程度高于与LAP组母亲的接近程度。幼儿园教师的语义取向包括：他们对日常经验中的实质性方面关注较少，对现象的解释关注较多；在提问环节中，他们不会预设共享必要前提或假定听话人早该知道；他们对自己的断言、问题、命令等都给出"理性的""符合逻辑的"理由；在课堂交流环节中，他们会表达同意、积极评价以及鼓励，使交流继续下去。在这一过程中，教师使用大量的人际资源，如情态、心理过程小句如do you think..., can you see... 等来启发学生探究现象。

进入教育体系之前，儿童通过与母亲和周围人进行交流，学习如何探究世界和建构自我。母亲与孩子之间的提问和回答不仅仅是一种学习语言的方式，更是帮助儿童建构作为社会行为者的途径。方琰（Hasan, 2011：v）总结指出："学前儿童和母亲的提问和回答方式对孩子的知识取向、性格特征的形成有重要的引导作用。"Hasan的研究通过分析语义特征等真实具体的证据，向大家展示了家庭学前教育对儿童语义取向的框定作用，以及这种早期语义取向形成对将来的学校学习——进入教育、社会和科学话语体系——可能产生的深远影响。

❸ 语境——作为社会与语义之间的界面

社会语言学关注的语音变异和句法变异属于相同语义常量的不同实现形式：语音变异属于对同一词汇语法常量的多个不同变式；句法变异属于对同一意义采用的不同句式结构表达，如省略系动词等（Romaine, 1984）。语义变异则属于更高一层的语境常量的多种不同实现方式。如前所述，Hasan所收集的语料的具体活动各异，如烤面包、做玉米饼、洗漱、读书、游戏等，但这些活动的物质情景场景都是相似的，可以笼统概括为：母亲照顾孩子；母子一起做事；母亲做家务，孩子来做事或观察（Hasan, 2009：93）。依据Hasan（1973）和Halliday & Hasan（1985）发展的语域理论，这些物质场景的语境可以进一步抽象概括为：语场（field）、语旨（tenor）和语式（mode）。

语场：
长期目标取向：进入表达存在、行为和言语的社会化方式。
短期目标取向：（随对话不同而变化）。
经验取向：（随对话不同而变化）。

语旨：
施事角色：（随对话不同而变化）。
社会关系：等级化：母亲为知晓者；孩子为初学者。
社会距离：接近最小。

语式：

语言角色：（随对话不同而变化）。

介入渠道：听觉加视觉接触。

交流媒介：口语和对话。

(Hasan, 2009: 95)

Hasan（2009:52）认为，要想对语言的三个层面的内部结构进行合理描述，语言学理论必须引入第四个层面，即语境层面。这一层面将符号与社会联系起来。系统功能语言学层次观中的语境涉及三个既相互关联又相互区别的因素：语场、语旨和语式。语场指社会行为；语旨指交流者之间的社会关系；语式指建立和维持接触的物质和符号模式。这三个矢量作用于言者，成为语言使用系统性变异的操纵原则(governing principle)。作为概念功能输出的语义和词汇语法就是实现语场的决定性活跃因素；作为人际意义输出的因素参与创造、维持和改变参与者关系；而语篇功能–谋篇意义和词汇语法会在实现语旨因素、维持话语连续性方面发挥作用。结合语义层的三个元功能，Hasan（2014：20）将语境与语言表达资源连接起来。三组对应关系如下：

参数	描述域	默认实现资源
语场	行动	概念资源
语旨	关系	人际资源
语式	接触	语篇资源

到2014年版的《韩礼德的功能语法导论》，Halliday & Matthiessen（2014：28）已经将语境层次添加到了语言层次的描述中，并尝试将语义看作是语境与词汇语法之间的关系界面：语义是生态社会环境和语言内部层面之间的界面，通过作为言者的接收器来将语境转换为意义，进而转化为词汇语法和语音/书写形式。

通过将语义变异与语境联系起来，Hasan（2009）又进一步提出了她的整体社会语言学思想——社会语言学整体观。

❹ 社会语言学整体观

在多年的研究中，Hasan（2009）注意到，作为独立学科的社会语言学缺乏一个整体性理论。社会语言学研究虽然涌现了各类不同的理论范式，如Bernstein（1971）的"语码理论"，Whorf（1956）的语言与思维等宏观理论，但理论与理论之间，解释不同现象的各个不同范式之间彼此缺乏相互关照。这一点迄今依然是社会语言学领域的共识。祝畹瑾（2013:28-48）将目前社会语言学领域对理论的认识归纳为三个取向，其中前两个为：（1）"社会语言学理论应当是正常的语言学理论"；（2）"社会语言学产生了若干个别的理论，但不可能产生统一的大理论"。

针对这一问题，在Hill（1985）呼吁"整体性社会语言学"（holistic sociolinguistics）的启发之下，从20世纪80年代起，Hasan开始探索整体社会语言学的理论框架和分析手段。直到2009年她的文集出版，她才把这样的理论框架完整地呈现出来。这一理论框架包括认识基础、语境界面和分析框架三个部分。

认识基础。社会语言学整体观的认识基础是语言与社会之间的交互性。其思想来源主要包括Saussure（1966）的语言和言语二分、伦敦学派的语境理论、Halliday和Hasan（1985）的语域理论、Bernstein（1971）的语码理论和Vygotsky（1962）的符号调节（semiotic mediation）理论等。社会语言学整体观主要主张包括：言语与语言同等重要，社会语言学重点关注言语；调查社会与符号之间的相互关联，揭示语言与社会的相互作用——语言如何塑造社会以及社会如何进入语言过程和系统（Hasan，2009: 41-65）；社会与语言是共生关系（cogenetic）；社会与语言之间通过语境相连接，社会被例示化为情景语境；语言与社会之间、语篇与语境之间是实现关系；语言属于系统，言语属于实例，言语为语言的实例；语言系统是动态的，随着言语在社会语境中的使用的变化，语言系统也在持续变化和更新；语言具有元功能本质；语境、意义和词汇语法之间是实现关系，后者实现前者，在不同层次之间存在元功能共鸣；语言的聚合组织通过组合结构得以实现（Hasan，2009: 37）。

语境界面。Hasan的社会语言学整体观将语境看作是社会与语言之间对接的界面：将处于社会一端的文化语境和处于语言一端的语义和词汇语法连接起来，通过实例化和实现化将社会与语言之间建立对接。Hasan采用了Halliday(1991)有关语言与社会关系的模型（图3）。

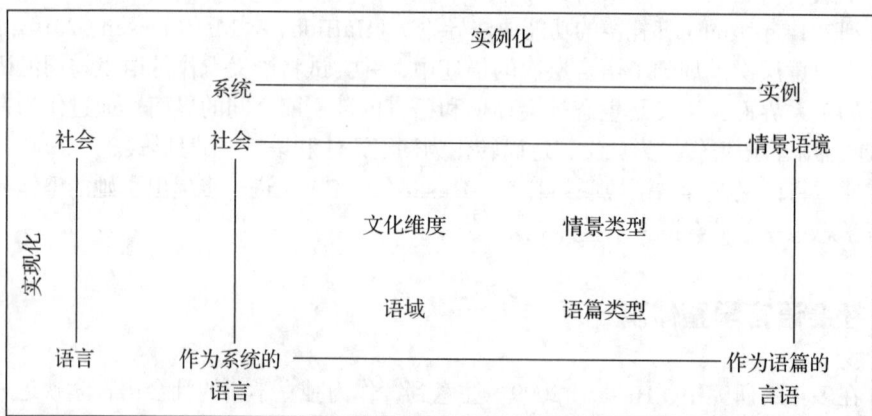

图3　语言与社会之间的关系：实例化和实现化（Halliday, 1991/2009: 275）

分析框架。Hasan认同Bernstein的语码取向和社会定位理论，将自己的社会语言学整体观的分析框架聚焦在语境中的言语（parole in context）的三个方面，即（1）作为社会主体的言者；（2）社会行为和（3）接触模式。其中第一个方面对应Halliday和Hasan (1985) 的语域理论中的第一个变量——语旨；第二个方面对应第二个变量——语场；第三个方面对应语域中的第三个变量——语式。在2014年的文章中，Hasan又对每一个语域变量的聚合表达系统进行了系统描述。我们以语场为例。语场变量的聚合语义网络包括三个子系统：行动、行动范围和行动实施。其中行动又可以细分为实际行动（practical）和概念化行动（conceptual）两个类别；行动范围包括三个子系统：自然（可感知的）/非现实（不可感知的），具体/普通，机构性/个体化；行动实施包括两个子系统：时空方位（有界/延续）和目标取向（即时/长远、明确/无意识、长久/变化）。语场网络系统转录如下，见图4。

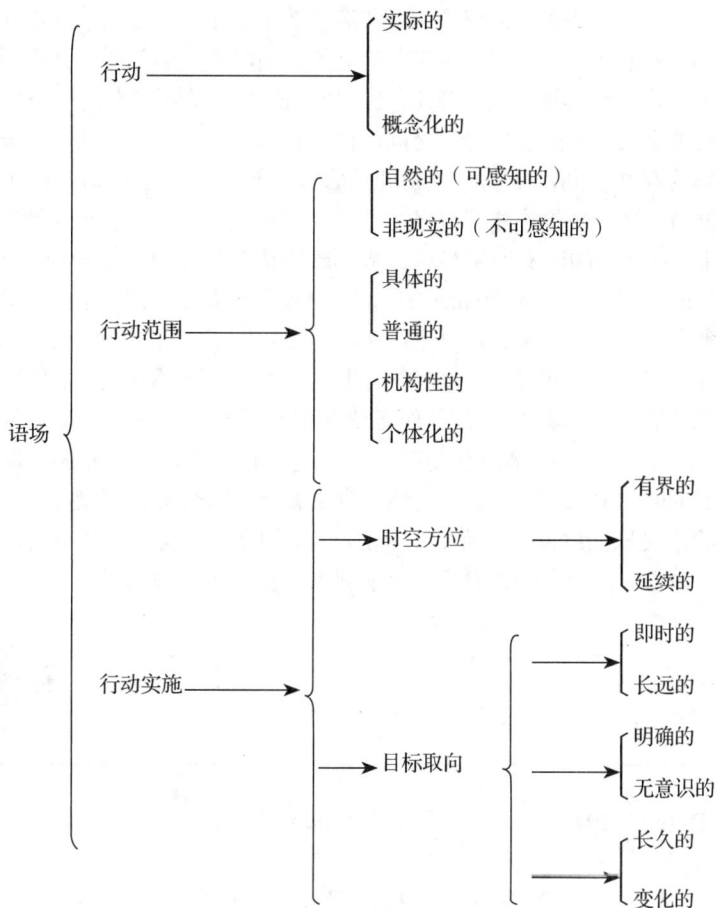

图4　Hasan的语场网络(2014: 23)

　　通过将语境具体化为语域变量，并将表达各个语域变量的聚合语义网络进行系统化描述，Hasan将看似无形的、随机的、随语境而变化的社会因素中的规律性呈现出来，将那些抽象的一致性的意义潜势与语言的语义资源之间建立关联，使我们能够从两个方向观察和把握社会与语言之间的关系。而这一思维模式正是Halliday(1973)多年来尝试建构的"语境–元功能共鸣"假说的体现。

❺ **结语**

如果我们把社会语言学研究对象之一的语言变体看作是从社会到语言的一个连续统，那么与多数社会语言学家不同的是：多数学者是靠近社会一端，重点关注社会因素对语言使用的影响，是什么造就了同一意义表达的不同形式差异；而Hasan则处于靠近语言的一端，探究作为意义构建体系的语言资源如何系统性地反映与言者有关的社会因素差异，是哪些系统性符号资源塑造了处于不同社会层面的言者。

Hasan对语义变异研究的贡献体现在三个较大领域之间的关联：社会通过情景语境与语言系统相连、语境变量体现为语义选择、语义选择体现为词汇语法和语音形式。通过深入研究来自不同阶层母子之间的语义选择，Hasan一方面以充分的证据验证了语义变异的存在，同时依据系统功能语言学理论框架系统性地提取出实现不同语境变量的语义网络，最终构建了自己的基于系统功能理论的社会语言研究整体观。

长期以来，Hasan的语义网络被广泛应用于话语分析和语义变异研究（Lukin et al., 2004; Lukin, 2012, 2013; Williams, 1998）。Hasan对语义变异、学前教育话语、语域和编码的研究成为Martin和Rose的语篇语义学、语类理论，尤其是Christie（1999）等倡导的教育语言学的坚实基础。通过揭示社会阶层与语义取向之间的联系，Hasan的一个长远期待就是：教师和教育工作者要仔细了解学生入学前的语言经验，在此基础上精心设计学校知识的呈现和传递方式以使所有受教育者都能够获取这些知识（Christie & Unsworth, 2005）。其中的隐含意义就是：学校教育有义务弥补孩子在入学前所发展的语义取向之间的差距，进而缩小社会阶层在教育体系中所体现的学习者接受能力的差距，使所有受教育者尽可能获取近似平等的成功机会。

参考文献

❏ Bernstein, B. (ed.). 1971. *Class, Codes and Control* Vol.1. London: Routledge & Kegan Paul.

❏ Christie, F. (ed.). 1999. *Pedagogy and the Shaping of Consciousness: Linguistic and Social Processes*. London and NY: Continuum.

❏ Christie, F. & L. Unsworth. 2005. Developing dimensions of an educational linguistics. In R. Hasan, et al (eds.), *Continuing Discourse on Language: A Functional Perspective*. London: Equinox. 217-250.

❏ Halliday, M.A.K. 1973. *Explorations in the Functions of Language*. London: Arnold.

❏ Halliday, M.A.K. 1991/2009. The notion of "context" in language education. In T. Le & M. McCausland (eds.), *Language Education: Interaction and Development, Proceedings of the International Conference*, Vietnam, April 1991. University of

Tasmania. 1-26. Reprinted in J. Webster (ed.), 2009. *Language and Education* Vol 9. London: Bloomsbury. 269-290.

❏ Halliday, M.A.K. & R. Hasan. 1985. *Language: Context and Text*. Burwood: Deaken University.

❏ Halliday, M.A.K. & C.M.I.M. Matthiessen. 2014. *Halliday's Introduction to Functional Grammar*. London: Routledge.

❏ Hasan, R. 1973. Code, register and social dialect. In B. Berstein (ed.), *Class, Code and Control. Vol. 2: Applied Studies towards a Sociology of Language*. London: Routledge & Kegan Paul. 253-292.

❏ Hasan, R. 1983. A semantic network for the analysis of message in everyday talk between mothers and their children. *Mimeo*. Sydney: Macquaire University.

❏ Hasan, R. 2009. *Semantic Variation: Meaning in Society and Sociolinguistics. Collected Works of Ruqaiya Hasan,* Vol. 2. J. Webster (ed.), London: Equinox.

❏ Hasan, R. 2014. Towards a paradigmatic description of context: Systems, metafunctions, and semantics. *Functional Linguistics* 2:1-54.

❏ Hill, J.H. 1985. Is a sociolinguistics possible? *Comparative Studies in Society and History* 27: 461-71.

❏ Lukin, A. 2012. Hasan's semantic networks as a tool in discourse analysis. *The 39th International Systemic Functional Congress*. Sydney, 16-20 July, 2012.

❏ Lukin, A. 2013. The meanings of war: From lexis to culture. *Journal of Language and Politics* 12: 424-444.

❏ Lukin, A. et al. 2004. Reporting war: A view from linguistics. *Pacific Journalism Review* 10: 58-74.

❏ Martin, J.R. & D. Rose. 2003. *Working with Discourse: Meaning Beyond Clause*. London: Continuum.

❏ Martin, J.R. & David Rose. 2008. *Genre Relations: Mapping Culture*. London & Oakville: Equinox. 2013. Beijing: Foreign Language Teaching and Research Press.

❏ Poulantzas, N. 1981. Social class and the state. In T. Bottomore (ed.), *Modern Interpretations of Marx*. London: Longman. 138-154.

❏ Romaine, S. 1984. On the problem of syntactic variation and pragmatic meaning in sociolinguistic theory. *Folia Lingüistica* XVIII. 409-437.

❏ de Saussure, F. 1966. *Course in General Linguistics*. Translated by W. Baskin. New York: McGraw-Hill.

❏ Vygotsky, L S. 1962. *Thought and Language*, edited and translated by Eugenia Hanfman and Gertrude Vakar. Cambridge, MA: M I T Press.

❏ Weiner, E.J. & W. Labov. 1983. Constraints on the agentless passive. *Journal of Linguistics* 19:29-58.

❏ Whorf, B. L. 1956. *Language, Thought, and Reality: Selected Writings of Benjamin Lee Whorf*, edited by J B Carroll. Cambridge, MA: The MIT Press.

❏ Williams, G. 1998. Children entering literacy worlds: Perspectives from the study of textual practices. In F. Christie & R. Mission (eds.) *Literacy and Schooling*. London: Routledge. 18-46.

❏ 方琰，2011，《韩茹凯应用语言学自选集》序。 北京：外语教学与研究出版社。 iv-vii。

❏ 祝畹瑾（主编），2013，《新编社会语言学概论》。北京：北京大学出版社。

Systematic Variation in the Selection of Semantic Features: Ruqaiya Hasan's Contributions to the Studies of Semantic Variation

Abstract: Since the 1960s, much more attention of sociolinguistics has been directed towards phonological and syntactic variations than towards semantic variation. To fill this gap, during the 1980s, Ruqaiya Hasan carried out an empirical research on semantic orientations of mother-child dyads and kindergarten teachers from different social backgrounds in Australia. Her major contributions include (1) identifying semantic variations and developing two semantic networks to describe them; (2) defining context as interface between society and language; (3) proposing a theory of integrated sociolinguistics. Hasan's work laid solid foundation for the development of educational linguistics, discourse semantics, genre relations and individuation studies. Her semantic networks have become feasible analytical frameworks for semantic variation studies.

Key words: semantic variation; semantic orientation; semantic network; context; social class

（责任编辑：胡旭辉）

新中国语言学词典的历史和进展

黑龙江大学　叶其松*

[提　要]　语言学词典是以语言学术语为描写对象的一种专门词典，语言学术语常被看成语言学元语言的组成部分。本文将新中国成立以来语言学词典的发展划分为三个历史时期：第一时期（20世纪50年代到60年代中期）、第二时期（20世纪70年代中期到80年代末）、第三时期（20世纪90年代至今）。本文从语言学史角度总结各时期语言学词典的发展特点和总体趋势，论述其类型体系，并对新时期我国语言学词典的发展进行简评。

[关键词]　语言学词典；语言学术语；元语言；语言学史

❶ 引言

　　语言学思想、知识的表达、传授或传播需要借助一套科学化的工具。这套工具的核心便是语言学术语（linguistic terminology）。一些语言学家认为，语言学及其分支学科的理论体系与其所使用的概念体系、术语体系之间存有某种关联和逻辑，比如王力（1996[1956]）、Звегинцев（1960；1964）、Якобсон（1985）、叶斯柏森（1988）。还有一些语言学家，如Ахманова（1966；1990）、Васильева（1997）、Trask（1999）、克里斯特尔（2000）等指出，语言学术语是语言学元语言的组成部分。因此，以语言学术语为描写对象的专门词典——语言学词典便与元语言研究挂起钩来。这类词典描写的对象主要包括：一是称谓语言学概念、思想、学说、理论、假设、规则、方法等的通名；二是与语言学学派、人物、著作、机构等有关的专名。学界素有推介语言学词典的传统，彭力（1962）、余士雄（1963）、方也（1978）、许国璋（1982）、景体渭、曹林（1987）、王宗炎（1988）、卫志强（1992）、河声（1992）、胡建华（1994）、王硕（1995）、陈满华（1996）、沈家煊（2001）、何宛屏（2001）、祝晓宏（2008）等对重要语言学词典进行推介或评论，Слюсарева、Макарова（1978）对1960—1975年国外语言学术语词典进行过概述。对于我国语言学词典的总体状况，尤其新中国成立以来语言学词典的发展脉络，学界尚未进行过系统梳理和总结。需要指出的是，本文讨论的主要对象是描写语言学术语的辞书类成果，基本不考虑附在专著之后的术语词表。

❷ 语言学词典的兴起

建立起一套完备的术语体系是学科走向成熟的标志之一。在现代语言学的诸多研究领域之中，语法研究是最早发展且形成体系的，因此语言学词典最早是从汇编语法术语开始的。19世纪下半叶，新语法学派代表人物 W. Streitberg 和 K. Brugmann 提出整理和汇编历史比较语法术语的想法，但这一想法并未付诸实施。编写语法词典的工作实际上始于20世纪以后。1909年，英国古典协会联合现代语言协会、英语协会等8个协会成立了一个联合委员会，该委员会于1911年发表过一份关于英语语法术语的报告。20世纪20年代以后，印欧语国家陆续编写描写语法学术语的专门词典，例如美国的《联合委员会语法术语报告》（1923年）、苏联学者 Дурново Н.Н. 编写的《语法词典》（1924年）等。

我国现代语言学术语体系是传统语文学和西方语言学交汇融合后逐步形成的。马建忠（2008[1898]：19）在《马氏文通》的开篇写道："凡立言，先正所用之名以定命义之所在者，曰界说。"他在书中专辟"正名"一卷，对20多个基本语法术语进行界说。王力（1996[1981]：315）说过："利用语法术语讲语法，是从《马氏文通》开始的。"胡壮麟（2000[1998]：306）也指出："这不仅仅是多几个语法术语少几个语法术语的问题，而是一个质的飞跃，虽然马建忠不是一个语言学家，他对语法术语已能从元语言的高度加以认识。"1927年，叶长青首次将传统语文学涉猎的文字、音韵等数百术语汇编为《文字学名词诠释》。但直到1949年以前，我国尚未出版一部以整个语言学术语体系为描写对象的词典（叶其松，2015）。

❸ 新中国语言学词典的历史分期

3.1 对分期的基本考虑

在考察研究时段内语言学词典发展的一般特点后，我们大体上分出三个时期：

第一时期（20世纪50年代到60年代中期）；

第二时期（20世纪70年代中期到80年代末）；

第三时期（20世纪90年代至今）。

新中国成立以后，语言学研究进入新时期，这是学界普遍接受的公论。赵振铎（2000：7）指出："新中国建立以后，语言研究得到了更大的发展，各个领域都取得了前所未有的成就，……它是中国语言学史的新时期。"据不完全统计，新中国成立以来，我国编写和出版各类语言学词典70余部。1954年到1965年出版的语言学词典共有10部左右。其中，5部是对《苏联百科全书》（第2版）一两个语言学条目的摘译，例如高名凯、彭楚南翻译的《语法·语言的语法构造》（1954年）、彭楚南翻译的《方言·方言学》（1954），真正意义上的语言学词典只有大约5部。而且，从20世纪60年代中期到70年代中期国内未出版这类词典。因此，可以将20世纪50年代到60年代中期视为新中国语言学词典发展的第一个时期。

如果把20世纪50年代到60年代初视作新中国语言学词典发展的肇始期，那么70年代中期到80年代末可以算作上升期。首先，与前一时期相比，第二时期出版的语言学词典数量明显增多，大约有17部。其次，语言学词典涉及的语言更为丰富。肇始期编写的语言学词典基本上是外汉，外语则以俄语为主。在第二阶段，外汉词典则以英汉词典为主，亦有俄汉、日汉词典问世，多语语言学词典涉及英、法、德、俄四种外语。这一时期还出版汉维/维汉、汉哈、汉蒙等汉语和少数民族语言对照的语言学词典。再次，集众多语言学家之力完成的《中国大百科全书·语言文字》反映这一时期语言学学科体系、术语体系的总体状况，是语言学词典走向成熟的一个标志。

20世纪90年代以后，语言学词典进入更为繁荣的时期。第一，语言学词典出版的数量显著增加，据粗略统计，超过50部。第二，随着语言学研究的深入，诸多语言学分支学科或领域的术语体系日趋完善，编写各自分支学科或领域的语言学词典成为这一时期的一大特点。第三，不同类型的语言学词典各有所长，互为补充，形成了一个较为完整的类型体系，对此下文将有详论。

需要强调的是，三个时期的划分不是基于汉语语言学史而做出的严格区分，三个时期之间的界限也不见得泾渭分明，这更像是带有一定操作性的划分，它能显现新中国成立后我国语言学词典发展的大致趋势。

3.2 第一时期（20世纪50年代到60年代中期）

如上文所说，20世纪50、60年代是结构主义语言学向生成语言学过渡的重要时期。世界语言学上述动向在我国学术界也有所体现，1963年第1期的《语言学资料》刊登过两篇介绍转换生成语法的文章。但生成语言学当时处在初创阶段，尚未形成完整的理论体系和术语体系。学界更多关注结构主义语言学的术语体系，1963年第6期的《语言学资料》曾刊发"描写语言学术语译名表"，其中收录美国描写语言学术语及其汉语译名170余条。

这一时期国内语言学理论受苏联语言学影响颇大。据贾洪伟（2010）的统计，从1950年到1960年期间，国内翻译的苏联语言学著作有40余部、论文60余篇。该时期所编写的语言学词典几乎都为俄汉或汉俄词典，其中有代表性的包括：彭楚南编写的《语言学名词》（第一辑）（1955年）和《俄汉对照语言学词汇》（1957年）、北京大学语言学教研室编写的《语言学名词解释》（1960年）和中国科学院语言研究所、北京大学中文系语言学教研室合编的《俄汉、汉俄对照语言学名词（初稿）》（1961年）。《语言学名词》（第一辑）是新中国第一部语言学词典，它由两部分组成：一是语言学上使用的术语解释，共42个术语，材料皆译自《苏联大百科全书》（第2版）。二是俄汉语言学小词条，主要是编者在翻译俄文语言学著作中积累起来的，共有417条术语，只有俄、汉术语对照，不附解释。

这些词典虽然类型上较为单一，内容不够完整，但其重要贡献体现为：首先，填补了我国语言学词典的空缺，或者说，语言学词典作为一个独立词典类型是在新中国以后出现的（叶其松，2015）。其次，对语言学术语的规范起到重要作用。在一个学科建立初期，新现象、新概念、新理论层出不穷，术语的使用极易混乱，这些词典有助于整理甚至规范语言学术语。再次，这些词典为今后编写同类词典提供资料、方法等方面的准备。需要特别指出，《语言学名词解释》（1960年）正是为以后编写《语言学词典》做准备的。最后，彭楚南、高名凯、岑麟祥、赵世开、叶蜚声、刘涌泉、高祖舜等一批语言学家关注并直接从事语言学词典工作，这对语言学术语体系的建立和发展是十分重要的。

3.3 第二时期（20世纪70年代中期到80年代末）

这一时期出版的语言学词典主要呈现以下特点：首先，我国语言学术语体系的总体框架初步形成。一个学科术语体系的结构应当与其理论体系的架构是相一致的。我国的语言学，一方面继承两千多年"小学"研究的传统，在音韵、文字、训诂等领域取得辉煌成就，另一方面从西方语言学中汲取营养，不断丰富自身的理论体系。以《辞海·语言文字分册》（1978年）、《中国大百科全书·语言文字》（1988年）等为代表的语言学词典充分考虑我国语言学古今传承和中外兼达的特点，合理、科学地建构语言学的理论体系，语言学、语音学、词汇学、语法学、修辞学、文字学、音韵学、训诂学等至今仍是我国语言学的重要分支。不仅如此，一些学者开始有意识地构建语言学子学科的理论体系和术语体系，《修辞学词典》（1987年）划分出修辞学理论、语言手段修辞、话语修辞、修辞方法、语体风格5大类，其下再分修辞学、修辞、言语修辞、语言修辞等14小类。

其次，对语言学新分支学科的术语格外关注。以应用语言学为例，尽管波兰语言学家博杜恩·德·库尔德内（Бодуэн де Куртенэ 2010[1904]）1904年已经提出这个术语，但它真正形成于20世纪50、60年代。1988年出版的《中国大百科全书·语言文字》将应用语言学作为一个独立分支列入，其中包括语言教学、实验语音学、数理语言学、计算语言学等。王宗炎依据《朗曼应用语言学词典》编写《英汉应用语言学词典》（1988年），所收条目以应用语言学为主，兼收普通语言学、语音学、语法学、词汇学、语义学等领域术语。

再次，重视语言学新术语的定名。这一时期，西方语言学与心理学、社会学、计算机科学、神经科学等学科的联系日益紧密，不仅出现了许多新概念、新术语，而且一些旧术语被赋予新的概念内涵。为新术语提供科学、恰当的译名成为所有语言学词典编者面临的任务。

又次，众多语言学家参与词典编写。前一时期已开始参加此类工作的学者，如赵世开、刘涌泉等积极开展双语、多语语言学词典编写工作，代表性成果包括：刘涌泉、赵世开的《英汉语言学词汇》（1979年）、刘涌泉的《多语对照语言学词汇（英法德俄汉）》（1988年）等。《中国大百科全书·语言文字》更是集全国学者之力完成的，它由王力、吕叔湘担任顾问，季羡林、周祖谟、许国璋、朱德熙、马学良、余敏、李荣、胡裕树、王宗炎等组成编辑委员会，270多位专家学者参与编写。

最后，少数民族语言的语言学词典编写步入轨道，出版《维汉·汉维语言学词汇》（1982年）、《汉哈语言学词典》（1984年）、《汉蒙对照名词术语丛书：语言学名词术语》（1987年）等。

3.4 第三时期（20世纪90年代至今）

这是我国语言学词典发展最为活跃的一个时期，出版各类语言学词典共50余部，涵盖语言学及其众多分支领域。

总的来说，不少词典带有"中国"字样，例如许嘉璐的《中国传统语言学辞典》（1990年）、陈海洋的《中国语言学大辞典》（1991年）、葛本仪的《实用中国语言学词典》（1992年）、唐作藩的《中国语言文字学大辞典》（2007年）等。学界开始总结我国语言学工作者的学术成绩，编写好几部中国语言学家词典。而且，《王力语言学词典》（1995年）以词典形式呈现王力先生的学术贡献，这在我国语言学史上尚属首次。这表明，我国语言学界不再跟在西方语言学之后亦步亦趋，开始探寻适合我国语言学发展的道路。

语言学词典重视对语言学术语体系的规范，其中以语言学名词审定委员会公布的《语言学名词》（2011年）为代表。在《大百科全书·语言文字》基础上，增加辞书学、计算语言学、社会语言学等，共包括13个分支，共收条目2,939个。

语言学词典的编写更加专业化。当下的语言学远不是一门单纯的科学，而是由众多分支和领域组成的学科"集群"，它们都在发展自身的术语体系。这一时期引进、翻译或编写了语音学与音位学、历史与比较语言学、语义学、翻译学、词典学、文化语言学、计算语言学、情报语言学、教育语言学等领域的语言学词典。

认知语言学是20世纪80年代以来西方语言学中最活跃的研究领域之一，已经形成自己的术语体系，代表性成果包括俄罗斯学者Кубрякова Е.С.领导编写的《认知术语简明词典》（1997年）。在我国，该领域的术语目前仍处在积累阶段，对一些重要概念的认识也还存在一些争议，编写词典的条件还不成熟。

❹ 语言学词典的类型体系

郑述谱、叶其松（2015）按照主题范围、条头类型、时间、用途、语种等8个参量建构术语词典的基本类型体系。从我国语言学词典的发展状况来看，其基本类型如下：

（1）按照主题范围的大小，语言学词典分为广博型和专题型两类。广博型语言学词典以整个语言学的术语体系为编写对象，涉及或尽可能涉及语言学的诸多分支或领域。专题型语言学词典面向的是语言学分支或领域、语言学流派或学派、语言学家的术语体系。

（2）从所收条目的类型上看，有些语言学词典只收以语言学术语为主的通名，有些则只收学派、人物、著作、机构等专名，其中主要是语言学家词典，如《中国语文学家辞典》（1986年）、《中国现代语言学家》（1989年）、《中国语言学人名大词典》（1998年）、《中国现代语言学家传略》（2004年）等。大多数语言学词典是通名和专名兼收的。

（3）从语言数量上看，包括单语、双语、多语三类语言学词典。单语语言学词典的条头和释义都是汉语，即用汉语来解释汉语；双语语言学词典则是汉语与外语（或外语与汉语）、汉语与少数民族语言对照的；多语语言学词典数量稀少，它或者是汉语与几种外语的对照，如《多语对照语言学词汇（英法德俄汉）》，或者是双语词典的叠加，如《英汉·俄汉现代语言学词汇》（2007年）。

（4）从释义性质来看，包括简释型和百科型两种。简释型语言学词典重在解释条头的含义，有时辅以例证；百科型语言学词典提供与条头相关的知识，除了释义、例证外，还配以学术背景介绍、概念内涵演化、与相关概念的辨析等。

（5）从功用上看，包括以描写为主和以规范为主两类。语言学词典中大多数是对术语的描写或整理为主旨，但也具有规约的作用。《语言学名词》是以规范为出发点的，但其规范性并不是强制的，如董锟（2010：8）所说："本次公布的语言学名词审定成果，应该说在很大程度上带有征求意见的性质，而不是刚性的规范。"

（6）从条目编排方式上看，包括音序、形序、义序三种。音序是按照条头的发音进行编排，形序是按照条头的词形，比如笔画数量和顺序进行编排，义序则是按照条头之间的语义关系进行编排。从构建术语体系的角度看，义序是最值得推荐但也是难度最高的一种编排方式。

❺ 评论

综上所述，对新中国语言学词典的发展做如下评论：

第一，Михальченко В.Ю.（2006：5）指出："一个学科领域的发展水平取决于其基础，即理论、概念机制和方法的状况。"其中，概念机制在语言层面呈现的结果是一套结构化的术语体系。一个学科术语的积累需要一个过程，其系统化更是逐步完成的，因此，语言学词典几乎成为推动语言学学科发展的基础性工作之一。同时，术语体系又不是一成不变的。诚如恩格斯（2009[1886]：32）所说："一门科学提出的每一种新见解都包含着这门科学的术语的革命。"20世纪语言学先后经历结构主义、生成主义和"人类中心主义"三次革命，每次革命都伴随着语言学术语的推陈出新。这种变化在我国语言学词典发展史上也有相当程度的体现。对1960年版的《语言学名词解释》和2011年版的《语言学名词》进行词目比对，我们发现：前者所收的545条术语中，仅有283条保留下来，而且留存的术语中很多意义已发生变化。这表明，新时期我国的语言学术语是不断发展和演进的，其体系性是动态的。

第二，语言学词典的发展轨迹折射新时期我国语言学的发展路径。新中国成立之初，我国语言学学科几乎套用苏联模式，语言学词典编纂是以译编为主，重点在于寻找译名，术语体系并未建构起来，语言学学科体系也未真正形成。第二时期，学术界在继续引进西方语言学理论的同时，开始尝试建立汉语语言学的学科和术语体系。1978年出版的《辞海·语言文字》中已经划分出语言学、语音学、词汇学、语法学、修辞学、文字学、音韵学、训诂学、中国语言学、世界语言、中国语言学家、中国语文著作、外国语言学家及语言学流派诸多部分，后来编写《大百科全书·语言文字》和《语言学名词》都以此为参照。20世纪90年代以来，语言学词典编者思考与汉语特点相适应的术语体系，这表明我国语言学学科体系日趋成熟。也就是说，套用、结合、求新是新中国语言学词典各个时期发展的基本趋势。

第三、语言学词典虽初现体系，但各类语言学词典发展极不均衡，某些重要类型上仍显不足甚至阙如。以主题范围为参照点，虽然出版了不少广博型语言学词典，但缺少一部以普通语言学理论为指导的多卷本大型百科词典。在专题型语言学词典中，训诂学、词汇学、句法学、语用学、文体学、功能语言学、篇章语言学、心理语言学、认知语言学、社会语言学等基本上处于空缺状态；《王力语言学词典》已编写出版，仍缺少描写吕叔湘术语体系的词典；尤其缺少反映中国语言学学派思想的词典。以条头类型为参照点，对语言学术语体系的内部结构和类型特点认识不足，尚未形成与语言学词典类型相适应的统一列条原则。以语种数量为参照点，编写出版的外汉语言学词典数量远超过汉外语言学词典，学术走出去的意识有待加强。外汉语言学词典对印欧语系的日耳曼语族（英语、德语）、斯拉夫语族（俄语）皆有所涉猎，但罗曼语族，诸如法语、西班牙语仍是空缺。在少数民族语言中，蒙语、哈萨克语、维吾尔语已编写出版，但汉满对照的语言学词典仍是空缺。以释义为参照点，对语言学词典中术语的释义类型关注不够，简单释义和百科释义的界限显得模糊。从功用上看，大部分语言学词典的功用定位模糊，对一些语言学术语的内涵界定不很清楚，一些术语用得比较混乱。以条目编排方式为参照点，按义序编排的语言学词典数量不多。从这个意义上说，新中国成立以来我国语言学词典的发展虽然取得了很大的成绩，但留下不少的"处女地"，仍然大有可为。

参考文献

❏ Trask, R.L. 1999. *Key Concept in Language and Linguistics*. London and New York: Routledge.

❏ Ахманова, О.С. 1966. *Словарь лингвистических терминов*. Москва: Советская энциклопедия.

❏ Ахманова, О.С. 1990. Лингвистическая терминология. в *Большой энциклопедический словарь·языкознание*. Москва: Большая Российская энциклопедия.

❏ Бодуэн де Куртенэ И.А. 1904. Языкознание. в 2010. *Языкознание и язык*. Москва: Издательство ЛКИ.

❏ Васильева, Н.В. 1997. Лингвистическая терминология. в *Русский язык·Энциклопедия*. Москва: Дрофа. Дурново, Н.Н. 2001. *Грамматический словарь (Грамматические и лингвистические термины)*, Москва: Флинта·Наука.

❏ Звегинцев, В.А. 1960. Предисловие к *Словарь лингвистических терминов* (*Lexique de la terminologie linguistique* par Marouzeau J.). Москва: Издательство иностранной литературы.

❏ Звегинцев, В.А. 1964. Предисловие к *Словарь Американской лингвистической терминологии* (*A glossary of American technical linguistic usage (1925-1950)* by Eric P. Hamp). Москва: Прогресс.

❏ Кубрякова, Е.С. и др, 1997. *Краткий словарь когнитивных терминов*. Москва: Филол. Ф-т МГУ М.В. Ломоносова.

❏ Михальченко, В.Ю. 2006. О принципах создания словаря социолингвистических терминов: к поставке проблемы. в *Словарь социолингвистических терминов*. Москва: Институт языкознания РАН.

❏ Якобсон, Р.О. 1985. О лингвистических аспектах перевода. В Якобсон Р. *Избранные работы*. Москва: Прогресс.

❏ 阿瓦涅索夫（Аванесов Р,И,）（著），彭楚南译，1954，《方言·方言学》。北京：人民出版社。

❏ 奥拓·叶斯柏森（Otto Jespersen）（著），何勇等（译），2009，《语法哲学》。北京：商务印书馆。

❏ 北京大学语言学教研室，1960，《语言学名词解释》。北京：商务印书馆。

❏ 北京语言学院《中国现代语言学家》编写组，1989，《中国现代语言学家》。石家庄：河北教育出版社。

❏ 陈高春，1986，《中国语文学家辞典》。郑州：河南人民出版社。

❏ 陈海洋，1991，《中国语言学大辞典》。南昌：江西教育出版社。

❏ 陈建初、吴泽顺，1998，《中国语言学人名大辞典》。长沙：岳麓书社。

❏ 陈满华，1996，评《中国语言学大词典》。《中国语文》（4）：314-319。

❏ 戴维·克里斯特尔（David Crystal）（编），沈家煊（译），2000，《现代语言学词典》。北京：商务印书馆。

❏ 董琨，2010，关于语言学名词审定的体会。《中国科技术语》（2）：7-8。

❏ 方也，1987，语言和语言学词典。《语言学动态》（1）：33。

❏ 冯春田、梁苑、杨淑敏，1995，《王力语言学词典》。济南：山东教育出版社。

❏ 复旦大学语言研究室，1978，《辞海·语言文字分册》。上海：上海辞书出版社。

❏ 葛本仪，1992，《实用中国语言学词典》。青岛：青岛出版社。

❏ 河声，1992，评《传统语言学词典》。《古汉语研究》（4）：11-13。

❏ 何宛屏，2001，《现代语言学词典》评介。《外语教学与研究》（4）：314-316。

❏ 胡建华，1994，《国际语言学百科词典》简介。《国外语言学》（2）：28-31。

❏ 胡壮麟，1998，反思与前瞻——纪念《马氏文通》发表100周年。2000年载《功能主义纵横谈》：303-314。北京：外语教学与研究出版社。

❏ 贾洪伟，2010，苏联语言学汉译历史分期。《中国俄语教学》（2）：71-74。

❏ 景体渭、曹林，1987，David Crystal:《语言学与语音学初级词典》。《语言学动态》（3）：118-119。

❏ 库兹涅佐夫（Кузьнецов П,С,）（著），高名凯、彭楚南（译），1954，《语法·语言的语法构造》。北京：人民出版社。

❏ 刘涌泉、赵世开，1979，《英汉语言学词汇》。北京：中国社会科学出版社。

❏ 刘涌泉，1988，《多语对照语言学词汇（英法德俄汉）》。北京：北京语言学院出版社。

❏ 马建忠，2008，《马氏文通》。北京：商务印书馆。

❏ 马坎，1984，《汉哈语言学词典》。北京：民族出版社。

❏ 彭楚南，1955，《语言学名词（第一辑）》。上海：东方书店。

❏ 彭楚南，1957，《俄汉对照语言学词汇》。上海：新知识出版社。

❏ 彭力，1962，国外出版的语言学术语词汇。《语言学资料》（10）：13-15。

❏ 沈家煊，2001，《现代语言学词典》评介。《外语教学与研究》（4）：314-316。

❏ 斯柳萨列娃（Слюсарева Н.А.），马卡洛娃（Макарова Г.Н.），1978，现代外国语言学术语词典概述（1960—1975）。《语言学动态》（4）：26-31。

❏ 松迪、拉西东日布、曹都，1987，《汉蒙对照名词术语丛书：语言学名词术语》。呼和浩特：内蒙古教育出版社。

❏ 唐作藩，2007，《中国语言文字学大辞典》。北京：中国大百科全书出版社。

❏ 王德春，1983，《修辞学词典》。杭州：浙江教育出版社。

❏ 王福详、吴汉樱，2008，《英汉·俄汉现代语言学词汇》。北京：外语教学与研究出版社。

❏ 王力，1956，语法体系和语法教学。1996年载《王力论语文教育》：88-96。郑州：河南教育出版社。

❏ 王力，1981，谈谈怎样读书。1996年载《王力论语文教育》：88-96。郑州：河南教育出版社。

❏ 王硕，1995，德国《语言学词典》评介。《国外语言学》（2）：33-35。

❏ 王宗炎，1988，评《朗曼应用语言学词典》。《国外语言学》（4）：166-169。

❏ 卫志强，1992，《语言学百科词典》评介。《国外语言学》（3）：13 16。

❏ 许国璋，1982，评《语言与语言学词典》。《辞书研究》（4）：121-126。

❏ 许嘉璐，1990，《中国传统语言学辞典》。石家庄：河北教育出版社。

❏ 叶长青，1927，《文字学名词诠释》。上海：上海群众图书公司。

❏ 叶其松，2015，《语言学名词》弥补辞书类型缺失。《中国社会科学报》，2015-8-

11（3）。

❑ 余士雄，1963，评《俄汉、汉俄对照语言学名词（初稿）》。《外语教学与研究》
（1）：64-67。

❑ 语言学名词审定委员会，2011，《语言学名词》。北京：商务印书馆。

❑ 赵振铎，2000，《中国语言学史》。石家庄：河北教育出版社。

❑ 郑述谱、叶其松，2015，《术语编纂论》。上海：上海辞书出版社。

❑ 中共中央马克思恩格斯列宁斯大林著作编译局译，2009，《马克思恩格斯文集》
（第五卷）。北京：人民出版社。

❑ 中国大百科全书出版社《语言文字》编辑委员会，1988，《中国大百科全书·语言
文字》。北京：中国大百科全书出版社。

❑ 中国科学院语言研究所、北京大学中文系语言学教研室，1961，《俄汉、汉俄对照
语言学名词（初稿）》。北京：科学出版社。

❑ 中国语言学会《中国现代语言学家传略》编写组，2004，《中国现代语言学家传
略》。石家庄：河北教育出版社。

❑ 中央民族学院少数民族语文系，1982，《维汉·汉维语言学词汇》。北京：中央民
族学院出版社。

❑ 祝晓宏，2008，《社会语言学词典》简介。《当代语言学》（4）：373-374。

A Historic Review of Dictionaries of Linguistics in P.R.C.

Abstract: Dictionaries of linguistics are a specialized type of dictionary, defining linguistic terminologies which are commonly taken as part of the metalanguage of linguistics. This paper divides the history of dictionaries of linguistics in the People's Republic of China into three periods — the first from the 1950s to the mid-1960s, the second from the mid-1970s to the end of 1980s, and the third from the 1990s up to the present. From a perspective of the history of linguistics, the paper sums up characteristics and the overall development tendency of linguistic dictionaries in each period, discusses the typological system of these dictionaries, and ends with brief comments on current situation of linguistic dictionaries in China.

Key words: dictionary of linguistics; linguistic terminology; metalanguage; history of linguistics

（责任编辑：郑萱）

近十年来华语研究的理论探索与应用进展

暨南大学　祝晓宏*

[提　要]　近十年来，华语研究在理论和应用层面取得不少成绩。境内外学者围绕着"华语"之名、全球华语社区、华语分圈、华语研究方法论、华文教学性质、华语规划等理论问题进行探索并逐步达成一些共识；在华语语料库建设及特征挖掘、词典编纂、华语生活调研、华语水平测试、华文教材编写等应用层面取得了一些进展。今后，亟需开展华语本体、华语传播、华语习得、华语接触等研究。

[关键词]　华语研究；理论；应用；近十年

❶ 华语研究的兴起

　　华语研究已经兴起，诞生了一批重要成果、项目和研究平台。例如，多地学者编撰的《全球华语词典》，邢福义主持的国家社科基金重大课题"全球华语语法研究"，华侨大学、暨南大学相继成立华文教育研究院，北京语言大学成立华文教育学院，教育部在暨南大学特设的海外华语研究中心和"海外华语及华文教学"硕士、博士方向以及《全球华语》杂志的创刊，等等。华语研究已发展成中国社会语言学特别是中国语言生活研究的重要一支（郭熙、祝晓宏，2016）。

　　自2006年始，《中国语言生活状况报告》会逐年发布海外华语传播、华文教育和港澳台语文状况。绿皮书的做法，实际上体现了学界认识上的推进：华语既是全球华人的沟通工具和认同凭借，也是重要的战略资源。若以郭熙（2006）《论华语研究》为标志，十年来，华语研究取得不少成绩，研究领域和格局都大大拓展，已升

*　作者简介：祝晓宏，暨南大学华文学院/海外华语研究中心讲师，博士。研究方向：海外华语、社会语言学、华文教育。Email:zhxhong@126.com。通信地址：510610 广州市天河区瘦狗岭377号暨南大学华文学院。
本项目得到国家语委重点项目、教育部青年基金项目、广东省高校优秀创新人才培养计划、暨南启明星计划资助，批准号ZDI125-37、12YJC740158、2012WYM_0019、15JNQM013。

入国家语言战略层面。学界针对"华语名称、全球华语社区、华语分圈、华语研究方法论、华文教学、华语规划"等理论问题进行了多方面探索，应用研究和实践方面也做了许多工作。下面拟从理论和应用两方面，对近十年来华语研究的进展做一个梳理。

❷ 华语研究的理论探索

2.1 "华语"之名的确立

孔子说："必也正名乎！"华语研究首先要回答的问题就是："华语"和"汉语"这两个名称到底有何不同？

汉语是汉民族的共同语。随着汉语在世界范围内的加速传播，汉语已不仅属于汉民族，也为中华各族、全球华人乃至世界人民所共有。在此背景下，学者们陆续提出"大汉语、大华语、整体汉语"等概念（赵金铭，2005；陆俭明，2005；王若江，2010；邢福义、汪国胜，2012）。相比之下，"华语"这一称呼具有很多优势：既有跨区域性，又有历史基础，更有现实的需求（陈重瑜，1986；郭熙，2004；庄妙菁，2005）。日本学者市川勘、小松岚（2008：3）认为，"华语"含义之意味深长，海涵地负。

"华语"名称的凸显，使其不再只是汉语的一种别称，需要从内涵上得到一个明确的界定。以下三个定义较有代表性：

（1）郭熙（2004：65）"华语是以现代汉语普通话为标准的华人共同语"。
（2）郭熙（2006：23）"华语是以普通话为核心的华人共同语"。
（3）郭熙（2010：39）"华语是以普通话为基础的华人共同语"。

定义（1）强调华语的标准应以普通话为准。在实践中，这个定义遇到了挑战。比如对海外华人的华语水平应该如何客观地评估，尤其是拿普通话测试标准来考核海外华文教师，就会使得很多教师难以达标，从学理上剥夺他们的教师资格。是固守既定的标准，还是实事求是地考虑当地情况？

郭熙（2006：23）认为："现在看来，把这个定义中的'标准'改成'核心'或许更合适"。意在强调普通话在华语区的核心地位，华语的标准仍应该紧紧围绕普通话这个核心。但是，这个定义同样失之过严，比如东南亚华语盛行的"一粒榴莲"要不要规范成"一个榴莲"，美国华语的"一面金牌"要不要规范成"一块金牌"？像这样的华语变异在海外比比皆是。比较而言，定义（3）具有一定的弹性，得到较多的认可，《全球华语词典》"华语"词条就采用这一表述。该定义既考虑到华语和普通话在共时层面上的一致关系，也充分考虑到海外各具特色的华语变体。不过，这个定义可能会使人误以为华语是在普通话的基础上发展出来的。所以，李宇明（2014：554）提出"华语是以普通话/国语为基础的华人共同语"，突出华语与国语的历史传承关系。

上述定义都是以普通话为参照系来界定华语。这样起码会带来两种结果：一是华语规范等同于普通话。如周清海（2008）指出新加坡华语不必有自身的标准，向普通话靠拢即可，戴昭铭（2013）则认为"华文教学当地化"（郭熙，2008：91）会破坏普通话的标准，扩大各地华语的歧异。二是华语教学等同于普通话教学。如华语语音教学则会继续教授本地社区并不存在的轻声、儿化。我们认为，对"华语"的界定能否避开普通话，避免以普通话为圭臬而带来一些纷争，周有光（1995：3）早就提出"华语是全世界华人的共同语"，其用意可谓长远。总之，继续思考"华语"的内涵，既有利于称谓，也有利于华语的健康发展。

2.2 "全球华语社区"的提出

徐大明、王晓梅（2009）在言语社区理论的基础上，提出"全球华语社区"这一新设想。该设想以认同和使用来给全球华语社区分层，社区核心是认同并使用华语的讲话人，认同华语并主要使用汉语方言的华人构成社区外围，其他对华语有不同程度认同的人构成其外延。这一设想类似于"想象的共同体"，需要大范围的实证调查予以证实。例如，杨荣华（2011）对英国华人社区结构模式的调查。

全球华语社区的价值在于，它打破了"华人社区＝华语社区"的迷思，有利于区分华语学习者和华语传承者，引导从华语本身来研究相关问题，"把华语研究纳入一个全新的理论视角下，使之更具理论色彩，同时也更具可操作性，是华语研究的又一进步"（刁晏斌，2012a：1）。

2.3 "华语三大同心圈"的划分

吴英成（2003）仿照Kachru世界英语三大同心圈理论，依据扩散的种类、华语在居留地的社会语言功能域、语言习得类型等因素，将全球华语划分为三大同心圈：内圈、中圈与外圈。内圈指以华语为母语或共同语的地区，包括中国内地和台湾，中圈是以华语作为共通语的海外华人地区，包括新加坡、马来西亚，外圈是以华语为外语的地区，主要是欧美、日韩等地区。

三大同心圈的划分，意义是多方面的。从本体角度而言，不同圈的华语属于不同变体，内圈主要是使用产生的变异，中圈还有规范产生的变异，外圈则主要是不完全习得产生的变异，不同类型的变异应区别对待，研究也需分清主次。比如邢福义、汪国胜（2012：1）提出"远近布局、主次兼顾"的全球华语语法研究思路。就应用层面而言，不同圈的华语规范也应分别对待。Chen（1999：48）指出内圈是"规范提供型"变体，规范应着眼于标准的制定，中圈是"规范发展型"变体，规范应考虑地区认同和未来发展，而外圈是"规范依赖型"变体，规范应向内圈靠拢。但在具体操作时，却还留有不少空间，例如新加坡虽属中圈，却有不少学者坚持规范标准应向普通话靠拢（周清海，2007；尚国文、赵守辉，2013）。

华语分圈对于华语教学、全球华人言语社区结构的研究都有参考价值。随着华语传播事业的发展，同心圈模式将会引发出更多的关于全球华语层次的讨论。

2.4 华语研究方法论的竞现

华语研究在注重事实描写的同时，也积极展开方法论的探讨。

郭熙（2006）提出华语视角下的中国语言规划有自己的特点和新任务。在此基础上，祝晓宏（2011）将"华语视角"引入微观层面，提出华语不仅是一个概念或研究对象，也可以是一个研究视角，即从全球华语的视野来看待普通话在内的各地华语。在华语视角下，一些常用词群获得个案式考察，如"插"类、"讲话"类语词的使用情况等（祝晓宏，2011；郭熙，2012）。有学者认为，华语视角的提出是对华语研究的一个重要贡献，将有关语言事实纳入华语视角下进行考察，可以扩大视野，获取新的研究课题（刁晏斌，2012b）。长远来看，华语视角对现代汉语研究可以发挥更大的价值。

其次，储泽祥（2011）提出在多样性基础上进行倾向性考察的语法研究思路。这一思路在两岸汉语语法对比研究中得到不少运用，如储泽祥、张琪（2013）、方清明（2014）等。此外，刁晏斌（2015a）指出过去"间接对比"思路下的语料选择有盲目性，容易漏掉一些语言点，应该有意识、有目的地选取能够形成"直接对比"的语料，提高对比的效率，他以乔布斯自传的两岸版本为例，展示了该思路的做法和前景。刁晏斌（2015b）还将对比项拓展到言语风格层面，深化了对比研究。

2.5 华文教学本质的廓清

长期以来，华文教学与对外汉语教学的关系纠缠不清。华文教学本质的廓清，是关乎本学科地位的大事。

事实上，要厘清华文教学的本质，关键要看教学对象是谁，华文学习目标是什么。在4,000万汉语学习者中，70%以上是华侨、华人。华人学习华文有方言背景、语言环境、心理亲近等优势，更重要的是，他们不仅是把华文作为一种工具学习，还会作为一种认同中华民族、中华文化乃至认同中国的符号资源加以传承。从这个意义上讲，华文教学带有很强的母语文教学属性。

李方（1998）认为海外华文教学是含有母语基因的非母语教学。李宇明（2009）认为海外华语教学属母语教学，是汉语教学，也是汉语国际教育最为重要的部分。这些看法都强调了华文教学的母语性质。在我们看来，这是华文教学区别于对外汉语教学的根本特点。当然，华文教学也不等于民族汉语教学。下表是对三者关系的一个归纳。

表1 华文教学、对外汉语教学和民族汉语教学的主要异同点

教学类型	性质	学习者	教学目标
华文教学	母语教学	海外华人	掌握交际语言，传承、认同中华文化
对外汉语教学	汉语作为第二语言或外语教学	非华人	掌握新的交际语言
民族汉语教学	国家通用语教学	非汉族同胞	掌握新的交际语言，认同国家

从上表来看，华文教学和对外汉语教学最根本的差异是，前者带有"文化认同、文化传承"的目标，而后者则不必有这样的负载。这两者的差异将决定华文教学的大纲、教法、教材乃至测试等一系列改变。

华文教学本质的廓清，意义有二：一是在理论上重视语言教学的认同性质，在战略上应重视面向华侨、华人的华文教学，使华文教学与对外汉语教学并驾齐驱，成为汉语国际传播的两翼。二是在实践层面应注重教材编写的多重认同处理（祝晓宏，2008），探索华裔生华语学习中的认同问题（周明朗，2014）。

2.6 华语规划理念的演进

语言规划曾在不同的国家或地区做出过贡献，也付出了不同的代价。比如，新加坡讲华语运动被认为是语言规划成功的典范，但其代价却是方言的没落和华语水平的滑落。

不同时代、不同国家的语言规划取决于不同的利益诉求，华语规划的理念随着利益目标的调整也在发生变化。过去为解决语言沟通问题，强调华语本体规划，于是规范的标准成为热点（周清海，2007；尚国文、赵守辉，2013）。最近认识到语言的资源属性，强调华语的地位规划、功能规划和声望规划。充分考虑语言规划的类型，完成从"问题"到"资源"、从管理到服务、从单一国家或地区到跨国、跨境以及从强制性"规范"到市场调节的"协调"转变，对于华语在所在国的维护、发展和传播具有重要的价值。

华语规划的提出，使我们认识到：华语不只是中国的资源，也是海外华人社会的重要资源。谁保护得好、开发得好，谁将在其中得利（郭熙，2009）。从跨国、跨境的角度考虑语言规划，努力开发和利用华语资源，是华语研究者的使命。

❸ 华语研究的应用进展

"华语"研究不仅开拓了新的研究领域和研究范围，也更新了汉语研究的视角和观念。华语既是一种研究视角，也是重要的语言资源和研究资源。在上述理论认识的推动下，境内外学者积极开发、建设各类华语研究资源、教学资源以及华语语言生活资源库等，应用型研究也相应取得不少进展。

3.1 华语语料库建设与事实挖掘

华语事实挖掘有赖于华语语料库开发的广度和深度。目前，使用最普遍的是"东南亚华文媒体语料库"、香港城市大学的LIVAC语料库和台湾政治大学的"汉语口语语料库"。东南亚华文媒体语料库由暨南大学海外华语研究中心研发。该语料库囊括新加坡、马来西亚和泰国9大主流华文媒体，时间跨度为2005—2008年，容量共3亿字。该语料库还内含用字、用语检索系统，可以检索任意汉字或词语在语料库中的使用情况。基于该语料库，已经发表了一些围绕"华语用字、特色词、字母词"等课题的研究报告和论文（刘华，2015）。

在华语口语语料库方面，台湾政治大学的"汉语口语语料库"以台湾华语口语为语料，按照语调单位转写，可免费使用。基于该语料库，出现了一批两岸华语口语特征比较的研究，并形成"定量对比"的研究趋势（方清明，2013、2014；李计伟，2014、2015等）。

在"全球华语语法研究"课题的带动下，中国的香港、台湾，马来西亚等地语法调查报告陆续出炉，《汉语学报》集中刊发了一批这方面的成果，新加坡华语语法专著应运而生（祝晓宏，2016）。这些成果深化了我们对华语本身的认识。

3.2 华语辞书编纂及相关研究

各地华语在词汇层面差异最大，研究最为丰富，编纂华语词典既有必要也有条件。标志性辞书是由国家语言文字工作委员会组织、多地学者共襄其事的《全球华语词典》，词典收录20世纪80年代以来不同华人社区特有词语约10,000条，是华语规划理念下的重要成果。针对《全球华语词典》编纂问题的讨论也有一些，如冯学峰（2011）、王世凯、方磊（2012）、刘晓梅（2013）、刁晏斌（2014）等。

其他区域性的华语辞书如《两岸现代汉语常用词典》（北京语言大学、中华语文研习所，2003）、《两岸常用词典》《两岸差异词词典》（李行健，2012、2014）、《两岸生活常用词汇对照手册》（两岸合编《中华语文词典》大陆编写组，2014）、《全球华语新词语词典》（邹嘉彦、游汝杰，2010）、《香港社区词词典》（田小琳，2009）、《时代新加坡特有词语词典》（汪惠迪，1999）等。

3.3 海外华人语言生活调查及华语保持研究

海外华人语言生活调查已成为中国语言生活状况研究的重要部分（郭熙、祝晓宏，2016）。目前的调查报告多集中于新加坡、马来西亚、泰国、缅甸等国，如李如龙（2000）、Xu 等（2005）、王会俊（2007）、罗福腾（2012）、鲜丽霞、李祖清（2014）等。

海外华语语言生活形态多样，还包括华语文字应用、语言态度、口语、华语景观等多方面的情况。其中，各地华语口语和华语景观是华语语言生活的重要形式，建设华语口语音频样本、华语景观资源库，将有利于掌握华语使用实态，进行更具针对性的华语规划（刘华、郭熙，2012）。

随着华语生活调查的推进，华语生态引发关注。新形势下海外华文教育的主体正在发生代际转移，更多华裔青少年群体的出现，使得华语保持问题愈加凸显。一般认为，移民第二、第三代逐步放弃母语，发生语言转移（language shift），转用主流语言以适应当地社会。海外华人如何维护自身母语，关乎华语前途。新西兰、澳大利亚、美国、马来西亚等国华人家庭的语言调查（于善江，2006；姜文英，2016；Zhang，2008；魏岩军、王建勤等，2012、2013；洪丽芬，2010；康晓娟，2015）都表明，父母的语言态度和选择是华语保持的关键。

我们认为，华语维护是非母语环境下的祖语传承，研究既要调查华裔群体的语言态度、语言使用，也要比较不同华人社会母语维护的情况。比如同是多语环境，华文教育在马来西亚和新加坡，却是两种处境，原因和教训何在，值得对比。

3.4 华文水平测试构建及实施

以HSK为代表的各种汉语考试，测试的都是母语为非汉语的学习者。数据显示，海外华裔人口占所在洲人口比例逐年递增（刘泽彭，2013），将这部分人混同于外国人，施以同样的测试，显然不合适；其次，HSK等考试都是第二语言测试，而华语之于海外华人并不都是第二语言，而且不少华人有汉字、方言或华语基础，像马来西亚华人华语水平还相当高；再次，汉字文化圈以及中华文化在海外华人社会的传承也决定了应该设计出一套能够区分不同性质学习者的测试系统。

华文教学的属性决定了不能以对外汉语教学的测试体系来测试华侨、华人子弟的华语水平，有必要构拟出一种新型的华文水平测试。王汉卫、杨万兵、黄海峰（2013）论证了华文水平测试系统的性质、结构和测试内容，包括词语、语法、汉字、写作、阅读能力大纲。目前相关试题已经研发出来，并陆续进入试测阶段。

华文水平测试系统的构建，将会更准确、有效地测试出华人的语言能力，反过来，华文水平测试在实践层面也要求研发华语能力标准，编制出华语语音、词汇、语法、文化等大纲，提高华文教学的效果。

3.5 华文教材编写

在华文教学认同理念下，各地着手编写面对不同对象、不同社会使用的华语教材。

例如《中文》（初中版）教材。这套教材也将华语观念贯彻到适应对象、教材选文、学习目标、教学理念、文化内涵、练习设计等方面。教材定位为非母语环境下的母语教学，主要是面向欧美华裔青少年学习华语而编写，充分考虑海外华侨华裔青少年的第一语言背景，加大读写练习量，增加中华传统文化含量。这套教材在华语教学当地化方面作出了积极的尝试。目前来看，这套教材的影响并不限于欧美，在东南亚华文教育体系中也颇受欢迎。

面向华裔的初、中级《华文》教材已出版试用稿，国别化教材如柬埔寨《华文》、澳大利亚《中文》教材等也在加紧编写。这些教材将有望缓解国内外华文学校缺乏针对性教材的窘境。

另外，华语师资培训步入正轨。暨南大学华文教育研究院2014年开发出"华文教师证书"，考试和培训工作在海外逐步展开，反响很好。这些工作都有力地促进华文教育事业向"标准化、规范化、专业化"的转型升级。

❹ 反思与愿景

华语研究是大有可为的领域。近年来各级课题规划中，华语研究均占有一席之地，越来越多的博士、硕士论文选题也开始以华语为研究对象。这些都从不同方面推动了学科发展。展望未来，如下一些方面亟待加强：

（1）华语本体研究。华语研究的根本取决于华语事实的发现与描写。邢福义（2005）对新加坡华语以"才"代"再"现象的描写可谓这方面的典范。华语研究仍需强化描写的深度和广度。目前，研究多聚焦华语中圈，外圈成果寥寥。在语音方面，我们也所知甚少。对于港台腔、马来腔华语究竟有哪些语音表现，还缺乏基本的描写。学界对于华语形成的认识也非常有限。邱克威（2014）对早期《叻报》词汇特点的分析表明，华语史的研究当大有可为。华语文体、语用研究也需展开（刁晏斌、邹贞，2014）。

（2）华语传播研究。郭熙、祝晓宏（2007）曾报告海外华语传播概况，并论证在《中国语言生活状况报告》中加入海外华语传播的原因。当前，华语传播仍面临渠道单一、英语竞争、汉字难学、学习者兴趣低、所在国语言政策不利等困难（郭熙，2013）。随着"一带一路"战略的推进，汉语传播有了新的机遇，有必要深入研究华语传播规律，包括华语区域传播的模式和策略。

（3）华语习得研究。海外华裔多有方言或华语背景，在血缘或文化上认同华族，华语能力的形成往往伴随着多语言能力的发展，这就使得华语习得的机制不同于一般母语文者和二语学习者。考察华人学习华语的过程、特点可以促进华语传承。

（4）华语接触研究。台湾华语和普通话词汇的互动趋势已经引起注意，例如李昱、施春宏（2011）、施春宏（2015）、刁晏斌，（2015c）。海外各华语区的互动以及华语和海外汉语方言、其他民族语言（洪丽芬，2007）的接触等议题都值得关注。

相对于汉语研究，华语研究还是一个新兴的学术领地，存在着许多未知的空间，我们期待着更多的同行能够关注华语问题。

参考文献

❏ Chen, P. 1999. *Modern Chinese: History and Sociolinguistics.* Cambridge: Cambridge University Press.

❏ Xu, D., Chew, Ch. H. & Chen, S. 2005. A *Survey of Language Use and Language Attitudes in the Singapore Chinese Community.* 南京：南京大学出版社。

❏ Zhang, D. 2008. *Between Two Generations: Language Maintenance and Acculturation among Chinese Immigrant Families.* Ei Paso,Texas：LFB Scholarly Publishing LLC.

❏ 北京语言大学、中华语文研习所，2012，《两岸现代汉语常用词典》。北京：北京语言大学出版社。

❏ 陈重瑜，1986，华语——华人的共同语。《语文建设通讯》（香港）（21）：7-14。

❏ 储泽祥，2011，在多样性基础上进行倾向性考察的语法研究思路。《华中师范大学学报》（人文社科版）（2）：90-94。

❏ 储泽祥、刘琪，2014，台湾汉语口语里"觉得说"的词汇化。《云南师范大学学报》（哲社版）（2）：41-48。

❏ 储泽祥、张琪，2013，海峡两岸"透过"用法的多样性与倾向性考察。《语言文字应用》（4）：70-79。

❏ 戴昭铭，2013，汉语国际教育中的规范冲突问题。《求是学刊》（2）：135-141。

❏ 刁晏斌，2012a，从"华人社区"到"全球华语社区"。《云南师范大学学报》（哲社版）（2）：1-5。

❏ 刁晏斌，2012b，两岸四地语言对比研究现状及思考。《汉语学习》（3）：95-103。

❏ 刁晏斌，2014，关于华语词典编纂问题的几点思考——读《全球华语词典》札记。《辞书研究》（6）：52-63。

❏ 刁晏斌，2015a，试论两岸语言"直接对比"研究。《北华大学学报》（社科版）（1）：4-10。

❏ 刁晏斌，2015b，台湾"国语"的生动表达形式及其特点。《云南师范大学学报》（哲社版）（3）：1-8。

❏ 刁晏斌，2015c，台湾"国语"词汇与大陆普通话趋同现象调查。《中国语文》（3）：278-285。

❏ 刁晏斌、邹贞，2014，基于计算的海峡两岸女性译名性别义溢出情况对比研究。《云南师范大学学报》（哲社版）（2）：31-40。

❏ 方清明，2013，基于口语库统计的两岸华语语气标记比较研究。《华文教学与研究》（3）：58-65。

❏ 方清明，2014，基于口语库统计的两岸华语指示标记比较研究。《语言科学》（2）：131-139。

❏ 冯学锋，2011，描写全球华语实态，突破语言规范观——《全球华语词典》述评。《国际汉语》（1）。

❏ 郭熙，2004，论"华语"。《暨南大学华文学院学报》（2）：56-65。

❏ 郭熙，2006，论华语研究。《语言文字应用》（2）：22-28。

❏ 郭熙，2008，关于华文教学当地化的若干问题。《世界汉语教学》（2）：91-100。

❏ 郭熙，2009，华语规划论略。《语言文字应用》（3）：45-52。

❏ 郭熙，2010，话说"华语"。《北华大学学报》（社科版）（1）：37-42。

❏ 郭熙，2012，华语视角下"讲话"类词群考察。《语言文字应用》（4）：2-9。

❏ 郭熙，2013，华语传播和传承：现状和困境。《世界华文教育》（1）：1-10。

❏ 郭熙、祝晓宏，2007，海外华语传播与《中国语言生活状况报告》。《语言文字应用》（1）：44-48。

❏ 郭熙、祝晓宏，2016，语言生活研究十年。《语言战略研究》（3）：24-33。

❏ 洪丽芬，2007，马来西亚华人的语言马赛克现象。《东南亚研究》（4）：71-76。

❏ 洪丽芬，2010，马来西亚华人家庭语言的转变。《东南亚研究》（3）：73-78。

❏ 姜文英，2016，澳大利亚布里斯班华裔小学生汉语保持研究。《世界汉语教学》（4）：541-550。

❏ 康晓娟，2015，海外华裔儿童华语学习、使用及其家庭语言规划调查研究。《语言文字应用》（2）：10-18。

❏ 李方，1998，含有母语基因的非母语教学。《语言文字应用》（3）：42-46。

❏ 李计伟，2014，基于对比与定量统计的马来西亚华语动词研究。《汉语学报》（4）：
　　58-66。

❏ 李计伟，2015，基于对比与定量统计的马来西亚华语形容词研究。《汉语学报》
　　（1）：42-49。

❏ 李如龙，2000，《东南亚华人语言研究》。北京：北京语言文化大学出版社。

❏ 李行健，2012，《两岸常用词典》。北京：高等教育出版社。

❏ 李行健，2014，《两岸差异词词典》。北京：商务印书馆。

❏ 李宇明，2009，海外华语教学漫议。《暨南大学华文学院学报》（4）：6-11。

❏ 李宇明，2014，汉语的层级变化。《中国语文》（6）：550-558。

❏ 李昱、施春宏，2011，海峡两岸词语互动关系研究。《当代修辞学》（3）：64-73。

❏ 两岸合编《中华语文词典》大陆编写组，2014，《两岸生活常用词汇对照手册》。
　　福州：福建人民出版社。

❏ 刘华、郭熙，2012，海外华语语言生活状况调查及华语多媒体语言资源库建设。
　　《语言文字应用》（4）：125-33。

❏ 刘华，2015，《东南亚华文媒体用字用语研究》。广州：暨南大学出版社。

❏ 刘晓梅，2013，《全球华语词典》处理区域异同的成功与不足。《辞书研究》（1）：
　　48-52。

❏ 刘泽彭，2013，《世界侨情报告2012-2013》。广州：暨南大学出版社。

❏ 陆俭明，2005，关于建立"大华语"概念的建议。《汉语教学学刊》（1）：1-4。

❏ 罗福腾，2012，《新加坡华语应用研究新进展》。新加坡：新跃大学中华学术中心。

❏ 邱克威，2014，叻报的词语特点及其词汇学价值管窥。《语言研究》（4）：102-107。

❏ 尚国文、赵守辉，2013，华语规范化的标准与路向。《语言教学与研究》（2）：82-
　　90。

❏ 施春宏，2015，从泰式华文的用词特征看华文社区词问题。《语文研究》（2）：26-
　　34。

❏ 市川勘、小松岚，2008，《百年华语》。上海：上海教育出版社。

❏ 田小琳，2009，《香港社区词词典》。北京：商务印书馆。

❏ 汪惠迪，1999，《时代新加坡特有词语词典》。新加坡：联邦出版社。

❏ 王汉卫、杨万兵、黄海峰，2013，华文水平测试的总体设计。《华文教学与研究》
　　（4）：84-89。

❏ 王会俊，2007，《马六甲华人社会与华语》。新加坡：新亚出版社。

❏ 王若江，2010，关于"大华语"的教学思考。《第九届国际汉语教学研讨会论文
　　集》：140-145。北京：高等教育出版社。

❏ 王世凯、方磊，2012，《全球华语词典》中异名词语的调查分析。《语言文字应用》
　　（4）：82-88。

❏ 魏岩军、王建勤等，2012，影响美国华裔母语保持的个体及社会心理因素。《语言

教学与研究》（1）：99-106。

❏ 魏岩军、王建勤等，2013，美国华裔母语保持与转用调查研究。《华文教学与研究》（1）：46-53。

❏ 吴英成，2003，全球华语的崛起与挑战。《语文建设通讯》（香港）（73）：46-54。

❏ 鲜丽霞、李祖清，2014，《缅甸华人语言研究》。成都：四川大学出版社。

❏ 邢福义、汪国胜，2012，全球华语语法研究的基本构想。《云南师范大学学报》（哲社版）（6）：1-7。

❏ 邢福义，2005，新加坡华语使用中源方言的潜性影响。《方言》（2）：175-181。

❏ 徐大明、王晓梅，2009，全球华语社区说略。《吉林大学社会科学学报》（2）：132-137。

❏ 杨荣华，2011，英国华人言语社区的结构模式研究。《华文教学与研究》（3）：23-30。

❏ 于善江，2006，从奥克兰华人日常对话看语码转换和母语保持。《语言教学与研究》（4）：36-44。

❏ 赵金铭，2006，汉语的世界性与世界汉语教学。云贵彬编《语言学名家讲座》：52-60。北京：中国传媒大学出版社。

❏ 周明朗，2014，语言认同与华语传承语教育。《华文教学与研究》（1）：15-20。

❏ 周清海，2007，论全球化环境下华语的规范问题。《语言教学与研究》（4）：91-96。

❏ 周清海，2008，华语研究与华语教学。《暨南大学华文学院学报》（3）：20-28。

❏ 周有光，1995，《语文闲谈》（上）。北京：三联书店。

❏ 祝晓宏，2008，新加坡《好儿童华文》教材的语言变异及其成因。《暨南大学华文学院学报》（1）：37-45。

❏ 祝晓宏，2011，华语视角下“插”类词的语义变异、变化及传播。《语言文字应用》（2）：77-83。

❏ 祝晓宏，2016，《新加坡华语语法变异研究》。北京：世界图书出版公司。

❏ 庄妙菁，2005，“华语”一词的历史与演变。马来西亚南方学院华人族群与文化研究所学术单刊第八种。

❏ 邹嘉彦、游汝杰，2010，《全球华语新词语词典》。北京：商务印书馆。

Theoretical and Applied *Huayu* Research in the Recent Decade

Abstract: In the recent decade, research on *Huayu* (华语/the Chinese language especially used by overseas Chinese) has achieved a lot on both theoretical and applied dimensions. Theoretical explorations have been made and some consensus achieved around topics such as the definition of "*Huayu*", global *Huayu* speech community, *Huayu* circles, *Huayu* research methodology, *Huayu* teaching and *Huayu* planning. In terms of applied research, progress has been made in *Huayu* corpus development and features digging, lexicography, language situation surveys, language testing and textbooks compilation, etc. For future development, more emphasis needs to be laid on *Huayu* proper, *Huayu* spread, *Huayu* acquisition and contact.

Key words: *Huayu* research; theory; application; the recent decade

（责任编辑：郑萱）

具体语言研究

汉语名词的程度与等级性

现代汉语致使性"得"字句多维研究：现状与前瞻

力动态视角下汉语"使"字句的语义构建
　　　　——一项基于语料的调查

汉语中的"蹑手蹑脚"及相类成语

日语终点指向容器动词的语义特征与句法表征

日语形容词修饰语限制性与非限制性解释的优选规则

日语中时间因素在各义项中的统摄作用
　　　　——以「また」为例

汉语名词的程度与等级性

[摘　要]　具有程度解读的汉语名词（如"美女""教授""人物"等）可以分为两种
类型：第一类以"美女""天才"等为代表，它们自身的词汇语义提供了
构建相应的量级结构所需要的维度，并且要求具有的程度满足最小标准；
第二类以"人物""事故"等为代表，这类名词自身的词汇语义不提供构
建相应的量级结构所需要的维度，而由语用（语境）提供，并且不要求
满足最小标准。本文的研究表明，名词领域不但具有等级性，而且像形
容词一样，内部存在更精微的分类。形容词和名词领域的等级性具有跨
范畴的平行性。

[关键词]　等级名词；程度；量级；"大+NP"结构；程度语义学

❶ 引言

当前语义学对形容词的研究建立了两条基本的结论：（1）依据形容词的真值条
件是否依赖于某一比较标准或比较类别，形容词可以分为等级形容词和非等级形
容词；（2）依据形容词所引导的量级结构的不同，等级形容词又可以分为相对形
容词和具有最小（最大）标准的绝对形容词（Kennedy & McNally, 2005；Kennedy,
2007）。然而，是否其他范畴（如名词）也具有等级性一直是一个开放的问题
（Morzycki, 2016）。本文以"大+NP"结构为切入点，考察名词领域的等级性问题。
相关现象如例句 [1][2] 所示：

[1]　有一位英雄，镇守襄阳，奋不顾身，力抗蒙古，保境安民。这算不算大英
雄？（《神雕侠侣》）

---

*　作者简介：罗琼鹏，南京大学文学院语言学系讲师，博士。研究方向：语义学、语用学、句法学。
Email：qpluo@nju.edu.cn。通信地址：210023 南京大学（仙林校区）文学院638号信箱。
本文得到了国家社科基金一般项目"程度语义学与汉语级差性现象研究"（批准号：16BYY006）
和教育部人文社会科学研究项目"现代汉语无标记条件式的语义及其类型学启发"（批准号：
12YJC740074）的资助。感谢两位匿名审稿人的意见。文中一切疏漏和错误由作者自行承担。

[2]　他早就听说过这位闻名的大数学家。怀着年轻人会见<u>大人物</u>那种惴惴不安的心情，他走近冯·诺依曼作自我介绍。①

　　形容词"大"修饰"房子""车子"这类名词时，表示NP所指对象的物理延展度的"大"（吕叔湘 1999：139）。但是例句［1］和［2］中的"大英雄"和"大人物"都和NP所指对象的物理属性无关，而和（抽象）的程度有关。［1］中的"大英雄"表示某人的行为很英勇，"大"表示程度之"大"；［2］中的"大人物"表示某人的名气和影响力很大。例［1］和［2］有不同的语义表现。"大英雄"一般不和"小英雄"构成对称的反义对："小英雄"一般表示年龄小、个子小。反之，"小人物"则和"大人物"相对，表示某人的名气、重要性、影响力很小（微不足道）。类似"大人物"这样的结构还有"大教授""大处长""大事故""大灾难"等，这些结构都有对称的反义形式（"小教授""小处长""小事故""小灾难"等）。

　　本文主要讨论以下几个问题：（a）这两类名词和其他的普通名词（如"房子""桌子""老师"等）相比，在语义上有何差异？（b）这两类名词都有程度解读，它们在语义上有什么相通之处？又有什么差异？（c）例［1］［2］所示的现象体现了何种语义机制？本文的研究将表明，就像形容词可以分为等级形容词和非等级形容词一样，名词也可以分为等级名词和非等级名词；同时，等级名词内部还可以进行区分：有些名词所表示的维度较为单一，其词汇语义提供了构建相应的量级结构所需要的维度，具有最小标准（minimum standard），而另一些名词，构建相应的量级结构所需要的维度通常由语境（语用）因素而非词汇语义提供，并且不要求满足最小标准。这两类名词被形容词"大/小"修饰时，具有不同的语义表现：前者具有"大/小"不对称性，而后者则没有。把"等级性"的概念引入名词领域，不但能对一些特殊的"大+NP"结构做出更深刻的说明，还能加深我们对自然语言中和等级性有关现象的语义本质的认识。

❷ 两类不同的"大+NP"结构

　　前文提到的两类"大+NP"结构可以通过是否会导致"大/小"不对称性来区分。自然语言中绝大多数的形容词都是以互为反义对的形式出现，如"大/小""高/矮""美/丑"等。这一反义对称性可以用非相容性蕴含来刻画：

[3]互为反义对的形容词F/G：F非相容性蕴含G当且仅当：F⟷ㄱG。

比如"南京大"蕴含"南京不小"，"南京小"蕴含"南京不大"。吕叔湘（2008）曾经观察到许多违反这一对称性的现象，其中就有"大"和"小"之间的不对称。吕

---

① 本文出现的例句，如无特别说明，均来自北大CCL语料库。

先生注意到，"虽然世间万物一般来说有'大'必有'小'，但是不少名词是只有'大'没有'小'的，或者说'大''小'不再构成反义对"（吕叔湘，2008：142）。Xie（2014）和罗琼鹏（2016b）都观察到了下列名词会导致"大/小"不对称性：

[4] a. 大美女、大好人、大吃货、大丈夫、大玩家、大天才、大怪胎、大酒鬼
    b. 小美女、小好人、小吃货、小丈夫、小玩家、小天才、小怪胎、小酒鬼
[5] a. 王祖贤是经典<u>大美女</u>中老得最快的一个，脸上的肉松弛得厉害，还经常被狗仔队拍到暴肥的照片。
    b. 小维多利没有来领奖，她正在幼儿园里和小朋友们一起玩耍。实际上这位金发<u>小美女</u>还不明白自己为什么会得奖，她只不过演了一部名为《波耐特》的影片。

例［5a］中"大美女"和［5b］中的"小美女"不构成对称的反义对。［5a］中的"大"表示王祖贤美貌的程度很高；由上下文可知，［5b］中的"小美女"并不是表示小维多利美貌的程度不高，而是表示她的年纪小，具有昵称的含义。同理，"大白痴"指某人"傻"的程度很"大"，和该人的实际尺寸或者年龄无关，而"小傻瓜"则指某人的个子或者年龄很小。例［6］是从北京大学CCL语料库检索到的"大烟鬼"和"小烟鬼"的例子。上下文提供的信息表明，［6a］中的"大烟鬼"表示某人的烟瘾很大，而［6b］中的"小烟鬼"表示实验鼠的尺寸小：

[6] a. 路途上，这支队伍越来越庞大，输了钱的赌博汉，烟瘾发了的<u>大烟鬼</u>，难民乞丐，都加入进去了。
    b. 研究人员还发现，尚未成年就对烟碱上瘾的实验鼠体内某些基因已发生变异。这种改变可能是促使这些"<u>小烟鬼</u>"对烟碱格外感兴趣的原因所在。

Xie（2014）和罗琼鹏（2016b）在程度语义学的框架内对上述现象进行了考察，提出这类名词的语义和程度有关，其词汇语义中包含程度论元。然而，他们的分析并不能完全概括例［2］的情况，因为这类"大+NP"结构不会导致"大/小"不对称性。类似［2］的现象还有很多，如"大教授""大处长""大事故""大火难""大学者"等。如例［7a］中的"大教授"表示某位教授的影响力或权威性很大；［7b］中的"大处长"表示处长所在位置的重要性很高：

[7] a. 以实用科技图书为主、以后勤基层单位和广大农村为市场，组织<u>大教授</u>编写小册子，让农民看得懂、用得上、买得起、读得完。
    b. 女教导员道："全营有几个女干部，你这个<u>大处长</u>不会不知道。"

和"大人物"相对称，"小人物"表示重要性、影响力等很低（微不足道）。请

看例［8］：

> [8] 李小龙的电影对观众，尤其是对热爱武术与渴望强大的观众极具诱惑力，很容易产生共鸣。正是这些<u>小人物</u>的命运，牵动着每一个观众的心。

根据是否表现出"大/小"（不）对称性，上述具有程度差异的名词可以初步分为两种类型，如表1所示：

表1　程度与名词的类型

	具有程度差异	被"大/小"修饰时具有对称性	例子
Type-I（类型I）	√	×	美女、天才、玩家、英雄、好人 等
Type-II（类型II）	√	√	人物、教授、学者、事故、灾难 等

本文拟在Xie（2014）和罗琼鹏（2016b）研究的基础上，对名词领域的等级性做更全面的考察，并探索名词领域的等级性和形容词领域的等级性是否具有跨范畴的平行性。在当前的语义学研究中，"程度差异"现象一般通过量级（scale）的概念进行刻画。下一小节简单介绍等级性（程度差异）如何通过引入"量级"来进行处理。

❸ 等级性与量级

所谓程度差异，是指表达式的真值不能确定。自然语言中很多表达式的真值意义的确定都需要依赖于某一比较标准或者比较类别。这一现象叫做等级性。假如张三有千万资产，"张三富"是为真还是为假？我们不能确定。对这个命题的真值意义的确定需要把张三的资产和某一标准比较才能进行。很明显，因为涉及不同的比较标准，下面的句子［9］并不矛盾：

> [9] 合肥的张三有1,000万资产，很富；贵州仡佬山仡佬村的王五有100万资产，也很富。

根据是否具有等级性，形容词可以分为等级性形容词和非等级性形容词。它们之间的区别可以通过一定的语法手段来甄别。一般来说，等级性的形容词可以有比较形式，可以被程度副词修饰，可以构成相应的感叹句式，可以进入"越来越A"的结构等。以等级性形容词"漂亮"和非等级性形容词"未婚"的对立为例（下面的例子来自罗琼鹏，2015，2016a）：

[10]　a. 张三比李四漂亮。　　　　　　　b. *张三比李四未婚。

[11]　a. 张三｛相当／极其／比较／非常／很｝漂亮。

　　　b. *张三｛相当／极其／比较／非常／很｝未婚。

[12]　a. 张三好漂亮啊!　　　　　　　　b. *张三好未婚啊!

[13]　a. 张三越来越漂亮了。　　　　　　b. *张三越来越未婚了。

近几年来，语义学领域的一个重要进展是程度语义学的兴起和发展。和传统的语义理论不同，程度语义学把"程度"作为语义要素引入了语义表达体系，并主张自然语言的等级性和某种性质的量级结构相关，比如［14］就是一个典型的量级（见Cresswell, 1976；Kennedy, 1999, 2001, 2007；Kennedy & McNally, 2005；Morzycki, 2016等）：

$$
[14]\quad S
\begin{cases}
d_n \\
... \\
d_3 \\
d_2 \\
d_1 \\
d_0
\end{cases}
$$

所谓量级，就是在一定维度上的程度的集合（D）跟程度之间的偏序关系所组成的三元结构（即 $S = <D, Dim, <>$）。简单来说，·程度（$d_0, ..., d_n$）可以理解为一定维度上的不同的刻度，量级可以理解为一把用于测量的尺子。程度之间满足严格偏序关系，即 $d_1 d_2 \cdots d_n$。严格偏序关系要满足传递性（transitive）、非对称性（asymmetric）、反自反性（irreflexive）。这些属性的定义如［15］所示：

[15]　a. 传递性：$\forall d, d', d''(d<d' \wedge d'<d'' \rightarrow d<d'')$（任意的 d, d', d''：如果 $d<d'$ 并且 $d'<d''$，则 $d<d''$）；

　　　b. 非对称性：$\forall d, d'(d<d' \rightarrow d'\not<d)$（任意的 d, d'：如果 $d<d'$，则 $d'\not<d$）；

　　　c. 反自反性：$\forall d(d\not<d)$（任意的 d：$d\not<d$）。

确定量级结构，首先要确定相应的维度。维度是事物的某种属性（如"高度""重量""颜值"等），只有满足偏序关系（<）定义的维度才能构建相应的量级。在程度语义学中，等级形容词和非等级形容词在词汇语义上的根本差别是：前者的语义中带有程度论元，后者则没有。程度语义学还认为，等级形容词表示从个体到某一量级上的程度的二元关系，如"漂亮"是从个体到颜值量级上的程度的二元关系，"高"是从个体到高度量级上的程度的二元关系，等等。"高"的语义可以表示为［16］［d 和 x 分别表示程度论元和个体论元，莱姆达算子（λ）表示论元引入］：

[16] [[高]] = λdλx. 高度(x) ≥ d（个体x到高度量级上的程度d的二元关系）

形容词依据某一维度（如高度、颜值、重量、宽度等）引导特定的量级结构。Kennedy 和 McNally（2005）、Kennedy（2007）等进一步指出，依据形容词所引导的量级结构的不同，等级形容词还可以进行更精微的分类：有的形容词引导的量级结构具有上限（最大标准），有的具有下限（最小标准），有的既没有上限，也没有下限。具有最小（最大）标准的叫绝对（等级）形容词，后者叫相对（等级）形容词。不同的形容词和副词有不同的选择限制。一般来说，具有上限的形容词可以被"completely（完全）""totally（全部）""almost（差不多）"等修饰；"safe（安全）"具有上限而没有下限，可以被"completely"修饰；"dangerous（危险）"只有下限而没有上限，可以被"slightly（有点）"修饰，但是不能被"completely"修饰；"tall（高）"既没有上限也没有下限，因而不能被"completely"和"slightly"修饰：

[17] a. The situation is complete safe/*completely dangerous.（情况完全安全/*完全危险。）

   b. The situation is slightly dangerous/*slightly safe.（情况有点危险/*有点安全。）

   c. *Clyde is slightly/completely tall.（*Clyde有点/完全高。）

绝对形容词和相对形容词还具有不同的语义蕴含关系。Kennedy（2007）和Rett（2008）等观察到，具有最小标准的形容词在比较结构中（同比句和比较句）一般蕴含相应的无标记的形式，而相对形容词则没有这种蕴含关系。请看［18］和［19］：

[18] a. John is as tall as Bill.（John有Bill那么高）⇏John is tall.（John高）

   b. John is taller than Bill.（John比Bill高）⇏John is tall.（John高）

[19] a. John is as stupid as Bill.（John有Bill那么愚蠢）⇒ John is stupid.（John愚蠢）

   b. John is stupider than Bill.（John比Bill愚蠢）⇒ John is stupid.（John愚蠢）

Kennedy认为，造成［18］和［19］对立的根本原因在于，绝对形容词（如"stupid"）具有最小标准，也就是说，必须要满足一定的标准才能称之为"蠢"。这一意义源于"stupid"的词汇语义。而"tall"这样的相对形容词没有最小标准，因而不会导致类似［19］的蕴涵关系。

罗琼鹏（2016a）以"真""假"和其他等级形容词（如"高""矮""美""丑"）的对立为切入点，从量级结构的角度考察了汉语等级形容词内部的分类问题。这些关于量级和等级形容词的研究为深入考察汉语中具有程度差异的名词的语义提供了启发。在下面的小节中，我们将提出，从是否具有最小标准这一思路出发，可以对等级名词内部做出更精微的分类，从而对汉语名词的等级性现象做出更为全面的分析。

❹ 名词的等级性

结合前文对等级形容词的讨论，"类型I"名词和"类型II"名词都具有等级性，譬如它们都可以进入比较结构，有比较级和最高级用法：

[20] a. 侠之大者，为国为民。在武侠史上，很难找到比郭靖更大的英雄了。
  b. 就学术影响力来说，比张教授更大的教授不多了。
[21] a. "爱疯"（iPhone）最大的爱好者就是年轻人了！ (Xie, 2014)
  b. 在这个领域，张教授可能是最大的教授了！

例［20］和［21］中的"大"都不修饰NP所指对象的物理属性（个子、身材等），而是表示程度深。等级形容词的语义都和特定的量级结构有关。等级名词的语义也和特定维度上的某一量级结构相关。要对名词领域的等级性有更全面地把握，还需要先回答两个问题：（a）表1中的两类名词和其他普通名词（如"桌子""城市""老师""房子"等）在语义上有何差异？（b）表1中的两类名词内部有何差异？

先来考察第一个问题。Morzycki（2009）曾考察了第一类名词（"类型I"名词），认为这样的名词和其他名词在词汇语义层面上有系统的差异。"idiot（笨蛋）"类名词一般具有一个显著的或者单一的能构建量级结构的维度，如："idiot（笨蛋）"和愚蠢有关，"smoker（烟鬼）"和抽烟的频率有关，等等。de Vries（2010）补充了这一观察。她认为虽然Morzycki的观点整体上是对的，但是并不充分，有的时候需要考虑到语境/语用的因素。比如"nerd（呆子）"的判定标准（书呆子、爱情呆子、金钱呆子……）一般由语境提供。仔细比较"笨蛋"类名词和"房子""桌子""老师""学校"等普通名词，可以发现前者在语义上具有分级性（graded）。"美女"表示漂亮的程度，"粉丝"表示崇拜的程度，"英雄"表示英勇的程度，等等。这些维度都能构建相应的量级结构。相比之下，"房子""桌子""老师""学校"这类名词的语义有明确的界限，并且缺乏显著的维度。对这类名词的意义的界定只有"是"或者"不是"的确定问题：一样事物是否属于房子、桌子或者学校，可以很容易地界定。而对于"美女""粉丝""好人"这类名词而言，其意义的界定更多地依赖于说话人的主观评价以及一定的比较标准。这一词汇语义特性也反映在一系列相关的结构中。

首先，大部分像"笨蛋"这样的名词可以出现在感叹句并用主观评价副词"真"来修饰。在缺乏特定的语境支持的情况下，［22］中的例子都不是很自然（缺少和程度相关的解读）；相比之下，［23］中的自然度和可接受度则高很多：

[22] a. *这真是张桌子！ b. *这真是个学校！ c. *你真是个老师！
[23] a. 杨幂真是个美女！ b. 居委会的刘大妈真是个好人！

其次，因为分级性的存在，人们可以把相关的多个个体，依据某一维度（属性）进行排序。典型的例子是对"英雄"的排序：人们对英雄的理解是有等级的——有的英雄比别的英雄更加英勇，是"更大的英雄"。如《水浒传》里的一百单八将座次的排名，就反映了我们对"英雄"的语义理解是依赖分级来进行。

然而，上述"笨蛋"类名词的语义特征并不能概括另外一类同样具有程度解读的名词。一位审稿人曾指出，"大学者""大教授"都具有和程度有关的语义，但是"学者""教授"的维度和判定标准并不单一（教授相关的维度可以是职业、身份或者知识等）。[2] 同时，和第一类名词不同，"教授""处长""学者""人物"这类名词进入表示说话人主观评价的感叹句要受到一定的限制，如[24]所示：

[24] a.＊这真是个教授！　b.＊这真是个处长！　c.＊你真是个学者！

对第二个问题的回答，即等级名词内部的差异问题，需要从两个方面入手。首先，构建相应的量级的维度的来源（标示）方式不同。对"类型I"名词而言，它们所引导的量级都和自身的词汇语义相关。这类名词的维度和它们的词汇语义有紧密的联系，如：笨蛋—"笨"；英雄—"英勇"；酒鬼—喝酒的频率高，等等。这一类量级由自身的词汇语义提供的名词可以称之为"词汇标记量级"（lexically-specified scales）。与之相对，像"教授""学者""处长"这样的"类型II"名词，虽然大部分都和某一等级序列相联系（科长—处长—司长；讲师—副教授—教授），它们所关联的维度和词汇语义并没有直接的关联，而是由相应名词在一定的等级序列中的位置所提供。它们引导何种维度上的量级，一般由语境（语用）因素和人们的百科知识决定。[3] 比如"教授"的本义是在高等学校从事专门知识的教学和研究的人士，但是在特定的语境下，可以和权威性、重要性、影响力（相比于非专业人士）等相关。权威性、重要性、影响力满足前述关于量级结构的偏序关系（＜）的定义。人们习惯认为教授的权威性比副教授高，副教授的权威性比讲师高，讲师的权威性比非专业人士高（非专业人士＜讲师＜副教授＜教授），因而也可以构成相应的量级结构，（间接地）赋予了相应的名词和程度有关的语义。同理，"处长"的本义是表示某种行政级别。与"处长"在行政级别中的位置相对应的维度有"重要性、权威性"等，后者满足偏序关系（＜）的定义（办事员＜科长＜处长＜司长）。到底是什么维度被激活，一般由语境决定。比如在贵州偏僻的县城里，北京来的处长可以称之为"大处长"，但是在北京的部委机关中，"处长"仅仅是个比较低级的职务而已。这一类名词和人们的世界知识相关的量级可以称之为"语用标记量级"。

② Morzycki 用 "the big political figures of the 20th century（20世纪的政治大人物）"来说明这类结构的语义解读和 "significance（重要性）"有关，但并没有提供进一步的说明 (Morzycki, 2009：184)。
③ 这一区分借鉴了 Morzycki（2012）中的相关表述。Morzycki 并没有对英语中的等级名词做出类似本文的分类。

　　和维度与量级结构的标记方式相关，这两类名词的语义还存在另一个差异：是否要求满足最小标准。某个个体是否是"笨蛋"，要求"笨"的程度满足某一标准（比如IQ低于75或者72）。电影《阿甘正传》中的主角阿甘的智商低于75，从小到大都被视为"笨蛋"。人类历史上从事科学研究的人如恒河沙数，但是公认的天才却很有限。因为要成为"天才"，必须满足一定的标准。说爱因斯坦是天才不会有什么争议，但是说某某不知名学院某某老师突然做出了诺贝尔奖级的成就，恐怕要引起公众强烈的好奇。同理，酒鬼之所以成为酒鬼，是因为酗酒的程度超过了一定的标准。反之，"教授""学者""人物"和程度有关的解读间接来自于它们在特定语境中所激活的维度，并不需要满足最小标准（比如"事故"只要满足任意非零的损失即可成为事故，没有最小标准）。因为第二类名词的所指仅要求满足相应的词汇语义的定义即可确定，所以，它们一般不能出现在表示说话人主观评价的感叹句中。与普通的名词（如"房子""车子""城市"等）比较，名词之间的差异如表2所示：

表2　名词的（非）等级性

	类型	具有分级性	具有某个显著维度	量级由词汇语义标记	满足最小标准
等级名词	Type-I（类型 I ）	√	√	√	√
	Type-II（类型 II ）	√	×	×	×
非等级名词（"房子""车子"等）		×	×	×	×

　　上述讨论为揭示等级名词不同的语义表现提供了新思路。"类型I"名词的词汇语义标示相应的量级结构，并且要求满足最小标准。我们把形容词的语义视为从个体到量级结构（=抽象的测量）的函数（Kennedy & McNally, 2005），"类型I"名词的语义可以表示如 [25]（μ：测量函数；S：量级；MIN：最小化算子）：[④]

[25]　a. $[[\text{美女}]] = \lambda x. \mu_{\text{颜值}}(x) \geq \mathbf{MIN}(S_{\text{美女}})$
　　　b. $[[\text{丈夫}]] = \lambda x. \mu_{\text{高尚}}(x) \geq \mathbf{MIN}(S_{\text{丈夫}})$
　　　c. $[[\text{天才}]] = \lambda x. \mu_{\text{智商}}(x) \geq \mathbf{MIN}(S_{\text{大才}})$

　　[25a] 中的MIN(S)表示某一量级S上的最小标准，"$\mu_{\text{颜值}}(x) \geq \text{MIN}(S_{\text{美女}})$"表示x具有的颜值的程度满足这一标准，[25b] 表示要满足成为丈夫的（最小）标准，[25c] 表示要满足成为天才的（最小）标准。

　　"类型II"名词所引导的量级结构来源于特定的语境，并且不需要满足最小标准。用下标"c"表示语境，"D"表示维度（D_c = {重要性、社会地位、权威性……}），

---

④　关于"美女""笨蛋"类名词的句法和语义的详细讨论，请参见罗琼鹏（2016b：51），限于篇幅，此处不详细述说。对形式语义技术细节不感兴趣的读者可以直接略过这一小节。

这类名词的语义如［26］所示：

[26]　a. [[人物]] = $\lambda x.$ 人物 (x) & $\mu(D_c)(x)$
　　　b. [[教授]] = $\lambda x.$ 教授 (x) & $\mu(D_c)(x)$
　　　c. [[处长]] = $\lambda x.$ 处长 (x) & $\mu(D_c)(x)$

关于"大"的词汇语义，我们假设其语义中包含一个测量函数 μ。这个测量函数的主要语义贡献是对某一量级上的程度进行测量，测量得到的结果要满足某一语境所决定的"大"的标准（用 $\mathbf{stnd}_C([[大]])$ 表示）。这一词汇语义如［27］所示：

[27]　[[大]] = $\lambda f \lambda x. f(x) \wedge \exists D[D \in \mathbf{dimension}\,(f) \wedge \mu(D)(x) \geq \mathbf{stnd}_C([[大]])]$

类似"大美女"这样的结构的语义运算如［28］所示：

[28]　大美女：$[_{DegNP}\,[_{DegN}\,大\,[_{NP}\,美女]]]$
[29]　[[大美女]] = [[大]] ([[美女]])
　　　= $\lambda f \lambda x. f(x) \wedge \exists D[D \in \mathbf{dimension}\,(f) \wedge \mu(D)(x) \geq \mathbf{stnd}_C([[大]])]\,(\lambda x.\,\mu_{颜值}\,(x) \geq$
　　　$\mathbf{MIN}(S_{美女}))$
　　　= $\lambda x.$ 美女 $(x) \wedge \mu_{颜值}\,(x) \geq \mathbf{MIN}(S_{美女}) \wedge \exists D[D \in \mathbf{dimension}\,(美女) \wedge \mu(D)(x)$
　　　$\geq \mathbf{stnd}_C([[大]])]$

表达式［29］的语义包含两个部分：前一部分表示的是个体 x 具有的颜值的程度要满足成为美女的最小标准，后一部分表示的是 x 具有的美的程度要满足某一语境决定的"大"的标准。这一语义表达很直观地刻画了"大美女"的语义（x 是美女，而且 x 美的程度很高）。"大英雄""大粉丝""大天才""大白痴"的语义运算都可以依此类推。

关于"类型Ⅱ"名词，以"大人物"为例，其语义推导如［30］所示：

[30]　[[大]] ([[人物]])
　　　= $\lambda f \lambda x. f(x) \wedge \exists D[D \in \mathbf{dimension}\,(f) \wedge \mu(D)(x) \geq \mathbf{stnd}_C([[大]])]\,(\lambda x.$ 人物
　　　$(x)\&\mu(D_c)(x))$
　　　= $\lambda x.$ 人物 $(x) \wedge \exists D[D \in \mathbf{dimension}\,(人物) \wedge \mu(D_c)(x) \geq \mathbf{stnd}_C([[大]])]$

假设"人物"的维度是重要性（$\mathbf{dimension}\,(人物) = \{重要性\}$），则"大人物"说的某人具有的重要性的程度满足某一语境决定的"大"的标准。这一表达式很直观地刻画了"大人物"的语义。

这一语义分析最大的优势是能直观解释为什么第一类（"类型Ⅰ"）等级名词具有

"大/小" 不对称性，而第二类（"类型II"）等级名词则没有。假设 "小" 的词汇语义如 [31] 所示，"小美女" 和 "小人物" 的语义分别如 [32a] 和 [32b] 所示：

[31] a. $[[小]] = \lambda f \lambda x. f(x) \wedge \exists D[D \in \textbf{dimension}\ (f) \wedge \mu(D)(x) \geq \textbf{stnd}_C([[小]])]$

[32] a. $[[小美女]] = \lambda x.美女(x) \wedge \mu_{颜值}(x) \geq \textbf{MIN}(S_{美女}) \wedge \exists D[D \in \textbf{dimension}$
$(美女) \wedge \mu(D)(x) \geq \textbf{stnd}_C([[小]])]$

   b. $[[小人物]] = \lambda x.\ 人物(x) \wedge \exists D[D \in \textbf{dimension}\ (人物) \wedge \mu(D)(x) \geq$
$\textbf{stnd}_C([[小]])]$

表达式 [32a] 的语义包含两个部分：前面部分要求个体 x 具有的颜值的程度满足成为美女的最小标准；后面部分则要求 x 美的程度要满足语境决定的 "小" 的标准。因为单调性推理的存在（如果某人的颜值程度6分是丑的，那么5分也是丑的，4分也是丑的，依此类推），"小" 可以无限小，当 "小" 的值趋向于零或者等于零的时候（$\textbf{stnd}_C([[小]]) \geq 0$），任意的 x 都可能满足第二个条件而成为美女，但是这会与前面部分的语义相冲突。这一语义冲突使得 "小" 在这里成了冗余成分，语义上没有贡献。这一语义运算机制的存在，排除了表达式 "小美女" 中 "小" 和程度有关的那部分语义。这一排除机制导致的结果是 "小" 不再表示颜值的程度，而是 "美女" 所指个体的年龄、体型等其他属性。表达式 [32b] 则仅仅表示某人具有的相关属性（如重要性）满足语境决定的 "小" 的标准，前后两部分的语义并不冲突，"小" 具有实在的贡献。这一语义机制导致的结果是第一类等级名词具有 "大/小" 不对称性，第二类则没有。下面例子中的 "小+NP" 都没有程度深的语义，仅指NP所指对象的个子、年龄小等：

[33] a. 你知道有多少像你这样的<u>小笨蛋</u>孩子有这样的好朋友，啊？ [年龄小]
   b. 她哭了起来，哭得像个<u>小傻瓜</u>。[昵称 "小"]
   c. 有一首这样的苏格兰民间小调："一位美丽的姑娘，嫁给了一个<u>小丈夫</u>，这一年他才16岁；第二年他17岁，做了孩子的爸爸。"[年龄小]

❺ 结语

对形容词领域的等级性做出可以归结到真值条件并用逻辑式表达的形式化探索，是当前语义研究中的热门课题之一。然而，除了形容词具有等级性之外，是否名词和动词也具有等级性呢？这一直是一个开放的问题。⑤本文通过考察汉语中两类都具有程度解读但是内部存在差异的名词的语义，对这一问题给出了肯定的答复。就像依据量级结构的不同，等级形容词可以进行更精微的分类一样，具有程度差异的等

---

⑤ 在西方语言学中，对相关问题的探索，最早可以追溯到Sapir（1944）。

级名词也可以分为不同的小类：一类等级名词通过词汇语义标记相应的量级结构，且要求满足最小标准；另一类名词引导何种维度上的量级结构由人们的世界知识及语用（语境）决定，并不要求满足最小标准。前者会导致"大/小"不对称性，后者则不会。这一新的分析可以对一些文献中缺乏充分讨论的现象做出更好的处理，同时也力证了形容词和名词领域的等级性具有跨范畴的平行性。

参考文献

❏ Cresswell, J. 1976. The semantics of degree. In B. H. Partee (ed.), *Montague Grammar*. New York: Academic Press. 261-292.

❏ Kennedy, C. 2007. Vagueness and grammar: The semantics of relative and absolute gradable adjectives. *Linguistics and Philosophy* 30: 1-45.

❏ Kennedy, C. & L. McNally. 2005. Scale structure, degree modification, and the semantics of gradable predicates. *Language* 81: 345-381.

❏ Morzycki, M. 2009. Degree modification of gradable nouns: Size adjectives and adnominal degree morphemes. *Natural Language Semantics* 17: 175-203.

❏ Morzycki, M. 2012. The several faces of adnominal degree modification. In Jaehoon Choi et al. (eds.), *Proceedings of the 29th West Coast Conference on Formal Linguistics*. Somerville, Mass.: Cascadilla Press. 187-195.

❏ Morzycki, M. 2016. *Modification*. Cambridge : Cambridge University Press.

❏ Rett, J. 2008. *Degree Modification in Natural Languages*. Ph. D. Diss., Rutgers University.

❏ Sapir, E. 1944. Grading: A study in semantics. *Philosophy of Science* 11: 93-116.

❏ de Vries, H. 2010. *Evaluative Degree Modification of Adjectives and Nouns*. Master's Thesis. Utrecht University.

❏ Xie, Z. 2014. Where is the standard? An analysis of size adjectives as degree modifiers at the semantics-pragmatics interface. *Language and Linguistics* 15: 513-538.

❏ 吕叔湘，1999，《现代汉语八百词》（增订本）。北京：商务印书馆。

❏ 吕叔湘，2008，有"大"无"小"和有"小"无"大"。《语文杂记》：142-144。上海：三联书店。

❏ 罗琼鹏，2015，汉语副词和形容词的程度语义研究。《外文研究》（3）：25-31。

❏ 罗琼鹏，2016a，程度、量级与形容词"真"和"假"的语义。《语言研究》（2）：94-100。

❏ 罗琼鹏，2016b，有"大"无"小"的"大+NP"结构。《汉语学习》（3）：43-52。

Degree and Gradability in the Nominal Domain of Chinese

Abstract: Two subtypes of gradable nouns in Chinese are identified and examined. One type is represented by the nouns such as *meinü* (beauty) and *tiancai* (genius), which have lexically-specified dimensions for scales, and must meet some minimum standard. The other type of nouns, represented by those such as *renwu* (figure) and *shigu* (incident), derive the relevant dimensions for scales from pragmatic or contextual factors, and do not require a minimum standard. The present study not only establishes that the gradability is operative in the nominal domain, but also demonstrates that, like gradability in the adjectival domain, gradable nouns should be similarly distinguished. In doing so, the study provides a compelling case for the parallelism of gradability across categories.

Key words: gradable nouns; degrees; scale; "*da* 'big' +NP" constructions; degree semantics

（责任编辑：胡旭辉）

现代汉语致使性"得"字句
多维研究：现状与前瞻

山东大学　邵春燕*

[提　要]　现代汉语致使性"得"字句"NP$_1$+V+得+NP$_2$+VP/AP"的内部语义关系复杂不定。传统研究、生成语法和认知框架尝试分析句子的语义指向、论元结构和构式特征，描述比较充分但解释不足。事实上，该句式仍然有一系列富有挑战性的课题亟待解决。

[关键词]　现代汉语；致使性"得"字句；"NP$_1$+V+得+NP$_2$+VP/AP"句式

❶ 引言

现代汉语致使性"得"字句指的是句法格式为"NP$_1$+V+得+NP$_2$+VP/AP"的句子（下称"得字句"）。研究表明，该结构是一个表层形式相同，但内部语义关系复杂的句式。虽然传统研究、生成语法和认知语法对其句法、语义和语用特征已经进行一定程度的描写，却仍然没有定论；句式变体之间的关系也未得到充分解释。本文拟对这些研究进行评价和反思，旨在提供一定的思路以便更深入地探讨。

❷ 传统研究

2.1　句式和句子成分的句法性质

传统研究早期关注"得"字句的句子类别和句法属性，尤其是后段"NP$_2$+VP/AP"（简略为NP$_2$+VP）的句法性质。以［1］为例：

---

*　作者简介：邵春燕，山东大学外国语学院讲师、博士。研究方向：应用语言学、二语写作、理论语言学、句法。Email：shaochy@sdu.edu.cn 通信地址：250100 山东大学外国语学院应用英语系。
本文是2015年山东省社科规划项目"事件表征视阈下构式语法的理论与应用研究"（项目批准号15CWXJ31）和第二批山东大学"青年学者未来计划"资助项目的阶段性成果。
感谢两位匿名评审专家对本文提出的极富建设性和指导性的修改意见，文中失当之处皆由作者负责。

[1] NP₁   V   得   NP₂   VP
   a. 她   哭   得   眼睛   都红了。
   b. 他   逼   得   我   没地方去作艺。

一说认为[1a]和[1b]是同一类句子，以主谓结构作补语，表达动词的程度或结果（华景年，1959）。持此观点的还有谭永祥（1957）、丁声树等（1961）、王还（1979）和王灿龙（2000）。徐枢（1985）虽然注意到[1a]和[1b]在"NP₂+VP"的独立性、NP₁与NP₂的领属关系、V与NP₂的动宾关系以及在无主句、主谓谓语句和重动句转换等方面的不同，但却认为在区分句子时应当以句法结构为准，因此将上述不同视作上、下位范畴的差异，二者本质上还是同一类句子。

另一说认为[1a]和[1b]是两类句子，[1a]是主谓结构作补语，[1b]则是复杂谓语句（陈一士，1957）。后来的学者基本认同关于[1a]的定性，但是对[1b]的句法性质，尤其是对"得"后成分"NP₂+VP"和NP₂的句法角色的认定则存在较大分歧（张豫峰，2000）。

黎锦熙、刘世儒（1954）认为"得"引介的是附加语；汪惠迪（1958）根据[1b]中的语音停顿和句式转换，认为该句式应单列为"主—谓—（得）—宾—补"格式，NP₂是V的宾语，VP做补语（刘街生，2009）。朱德熙（1982）赞同[1b]是述补结构内部带宾语，不过NP₂只是"V得"的宾语。李临定（1963）认同这一结论，但认为动补结构是V和VP，NP₂"我"则是"V+VP"（逼……没地方去作艺）的宾语（李临定，1984）。孙玄常（1957）和丁恒顺（1989）同意这种分析。但朱其智（2009）认为李临定之说不符合汉语中的动宾顺序和汉语语感，因此支持朱德熙，将NP₂当作"V得"的宾语。赵元任（1979）则主张[1b]是"主语+动补（V-R）"结构，而动补结构又可分析为主谓结构，主语是"V+得"，谓语是"NP₂+VP"。"NP₂+VP"位于补语的位置，且为谓语性成分，因此是谓语性补语（李人鉴，1981）。宋玉柱（1979）和张宝敏（1982）把[1b]当作兼语句；宋宣（1996）认定"NP₂+VP"是组合式述补结构内部带宾语，其中NP₂为体词性成分，V得C为述补结构。

表1 句式分类和语法定性

1a与1b同类	谭永祥（1957）、华景年（1959）、丁声树等（1961）、徐枢（1985）、王还（1979）、王灿龙（2000）					
	二者均为主谓结构作补语					
1a与1b不同类		陈一士（1957）	汪惠迪（1958）、刘街生（2009）	李临定（1963）、孙玄常（1957）、丁恒顺（1989）、缪锦安（1990）、宋宣（1996）	赵元任（1979）、李人鉴（1981）	朱德熙（1982）、朱其智（2009）	宋玉柱（1979）、张宝敏（1982）

（续表）

1a		主谓结构作补语				
1b	复杂谓语	主-谓-（得）-宾-补	动补内部带宾语	主语+动补（V-R）	述补结构内部带宾语	（特殊）兼语句
		NP$_2$：V的宾语	NP$_2$：V+VP的宾语		NP$_2$：V得的宾语	

至此，研究一致认为"得"字句有两个类别，其中［1a］是主谓结构作补语，但是［1b］中"NP$_2$+VP"的定性和NP2的归属问题仍未有压倒性的意见（见表1）。同时，讨论仍然以［1］中的两个基本句子为主，忽视了该句式的其他变体（见表2）。

2.2 语义研究

传统研究后期主要通过语义关系和语义指向分析"得"字句的歧义，如［2］有三种解读（朱德熙，1982）：

［2］　NP$_1$　　V　　得　　NP$_2$　　VP
　　　　张三　　追　　得　　李四　　直喘气。

　　a. 张三追李四，李四直喘气。
　　b. 李四追张三，李四直喘气。
　　c. 张三追李四，张三直喘气。

歧义的产生与NP$_1$、NP$_2$、V和VP的语义特征有关。NP$_2$的语义多重性，V与NP$_1$和NP$_2$间关系的不确定性（张璐，2003）都是导致歧义的原因。蔡永强（2004）发现NP$_1$与NP$_2$为有生名词，且可以处于前景和背景的对比之中这一事实也是歧义的来源。但孙书杰（2010）证明，有生名词还需享有同等的生命度才会造成理解的不确定性。

动词V也会对歧义产生重要影响。比如，表示"追赶、击打、盼望、等待、爱恨"的动词比较容易产生歧义（肖溪强、张亚军，1990）。动词V自身的多义性会导致句子的多义，而VP的多种语义指向是歧义的主要来源。郭姝慧（2004）注意到VP自身的语义特征会导致不同的理解。在"我打得他嗷嗷直叫"中，"嗷嗷直叫"只能描述被打者，而不可能指向打人者。

厘清歧义的方法大致有三种。一种诉诸句式变换，如"把"字句、"被"字句、重动句、将NP$_2$提前到V前、将"V得"提前到句首等（宋宣，1996）。但是使用重动句和"把"字句变换以后，歧义仍然存在，如［3］。因此，重动句和"把"字句并不总是能够有效地消除歧义。

[3] 这孩子追得我直喘气。

　　这孩子追我追得直喘气。（重动句）

　　　这孩子追我，我直喘气。

　　　这孩子追我，孩子直喘气。

　　这孩子把我追得直喘气。（"把"字句）

　　　这孩子追我，我直喘气。

　　　我追这孩子，我直喘气。

同时，"把"字句一个重要的功能是"提宾"，因此很多研究利用"把"字句来验证"得"后NP$_2$是否为宾语。然而，尽管"把"字句能够提宾，却不是所有能够用"把"析出的都是宾语，如[4]，"我"并非"急"的宾语。

[4] 这孩子把我急得吃不下饭。（自拟）

另外还可以依赖语音停顿和语气词插入来判断不同的句式（肖溪强、张亚军，1990）。但是语音停顿和语气词的插入经常用来分析"得"字句的内部句法结构，即："NP$_2$+VP"到底是主谓结构作补语还是述宾结构内部带宾语（朱德熙，1982），从而决定这一句式是否是兼语句（宋玉柱，1979），并不适用于所有的句式。

　　解决歧义最有效的办法是根据语境分析句子的句法结构，辨别VP的语义指向（李敏，1999；孙银新，1998；沈家煊，2004）。如肖溪强、张亚军（1990：147）指出，"对该句式的分析不能够离开语气、语境、语言习惯等因素"，同时"位置的先后不一定对句子起决定作用"。然而，此类方法更多地依赖语感，缺乏有效的机制探讨。而且，语境对句子意义的制约和影响也未得到详尽的研究。

　　有关歧义的另一个问题是，体现"NP$_1$+V+得+NP$_2$+VP"句式的具体句子的语义解读大不相同。如，"他打得儿子呜呜直哭"只能理解为"他打儿子，儿子呜呜直哭"，VP只能指向NP$_2$；而在同样只有一种解读的句子中，内部的语义关系却完全不同，如，"……妈妈想得你好苦啊"只能解读为"妈妈想你，妈妈好苦啊"，VP指向NP$_1$，而非NP$_2$。

　　有的句子可以有两种解读。如，"他笑得我都不好意思了"既可以表示"他笑话我，从而让我不好意思"，还可以表示"他的笑让我感到不好意思"，NP$_1$是V的施事，NP$_2$不一定是V的受事；而同样有两种解读，"这首歌唱得张三泪流满面"中NP$_1$和NP$_2$的语义关系与前者完全不同。该句既可以表示"张三自己唱歌，唱得自己泪流满面"，也可以表示"别人唱歌，张三听得泪流满面"，NP$_1$是V的受事，而非施事，并且V的施事另有他人。

　　上述差异表明"NP$_1$+V+得+NP$_2$+VP"的填充词汇不同，句子的歧义数量和具体释义皆有不同。词汇的语义特征导致句子内部语义关系的不同，同时带来句子解读的不同，那么如何理解此类句子中词汇和句法的互动？这是未来研究需要探讨的话题。

❸ 生成语法研究

传统"得"字句研究重在对句子意义的解读，而生成语法则关注句子的结构关系。早期主要研究 V 和 VP 的关系，即 VP 是主动词还是次动词（primary or secondary predication）。一说认为 VP 是句子的主动词（Tai, 1973；Li & Thompson, 1981），因为 V 前不能加否定标记"不"或情态词"能"，其后不能加体标记，而 VP 则无此限制（Li & Thompson, 1978）；同时，在生成语法框架下，将 VP 视为次动词会违反约束理论（Binding Theory）（Chomsky, 1981）。如：

　　[5]　[e 醉得 [张三站不起来]]。

该句中，V"醉"的主语同时也是 VP"站不起来"的主语"张三"。若将 VP 视为次动词，则 V 是主动词，那么空位主语 e 则成分统制（c-command）其先行词"张三"。然而，张三是指称语（referential expression），根据约束理论的第三条，"指称语总是自由的"，因此"张三"不能被成分统制，构成矛盾。反之，将 VP 视作主动词则不会出现此问题（Huang & Mangione, 1985）。

　　针对这一论断，Huang (1988) 认为，该句涉及一个隐形的致事（implicit causer），其存在恰恰表明 V 前的空位主语 e 与被成分统制的"张三"不能同指。如果将致事明示出来，刚好占据空位主语 e 的位置，如：

　　[6]　<u>这瓶酒</u>醉得 [张三站不起来]。

因此，约束理论并不能作为论证 VP 是主动词的理由，该结构中 VP 应当视为次动词。

　　其后，生成语法开始关注句子的深层结构，即：动词的论元结构如何生成句子的论元结构。早期研究认为"NP_1+V+得+NP_2+VP"是提升结构，最重要的证据是，在"张三哭得李四很伤心"中，"哭"是不及物动词，若将该句子分析为控制结构，则"哭"必须是及物动词，这不符合事实，因此应该将其视为提升结构（Huang, 1982）。

　　但 Huang（1988, 1992, 2006）和 Zhang（2001）等仍认为"得"字句受控于控制结构。如 Huang (1992) 认为该句式的深层结构为

　　[7]　$[_{IP} NP1[_{VP} NP2_i [_{v'} V[_{RC} Pro_i RC]]]]$

其中，小句 RC（本文简称为 VP）"Pro 很伤心"是 V"哭得"的补足语，二者共同构成复杂谓语（complex predicate）"哭得……很伤心"，NP_2"李四"位于 [Spec-VP] 位

置，是V'的外宾语，在结构上高于Pro，因此符合最短距离原则（Minimal Distance Principle），实现对Pro的控制。由于"李四"未被赋格，无法通过格过滤（case filter），因此需要通过核心词移位将"v-得"移动到"李四"的左边为"李四"赋宾格。移位的直接后果就是外宾语NP2与补足语RC毗邻，从而使得NP2出现于RC的主语位置。在该结构中，"李四"不是主动词"哭"的宾语，而是复杂谓语"哭得……很伤心"的宾语。因此，V为不及物动词的情况并不能成为控制分析的反例。

然而，潘海华和叶扬（2015）则认为控制分析不能解释NP2为特殊形式的V得句，如："有人，有的人"和"每NP"都不能做直接宾语，但是在控制分析中，"有人，有的人，有些人"和"每NP"却是V的直接宾语（如："下海"风搅得有些人"坐不住""心不安"。），违背其不能作宾语的限制；同时，具有周遍意义的名词如"人人"，需出现在动词短语前，因此在"得"字句中需分析为VP的主语；而按照控制分析，"人人"只能分析为V的宾语（如：吵得家家鸡犬不宁），这同样违反"人人"的制约。与此同时，有些V虽然为及物动词，但是与NP2却没有施受关系（如：我不大会嗑瓜子，嗑得皮、瓤、唾液一塌糊涂）。因此，潘海华和叶扬（2015：32）建议将该结构分析为提升结构。他们认为"他气得我不想写信了"的底层结构如[8]：

[8] [causeP Causer[cause' cause+Cause+v+V得[causeP Causee[cause' Cause+v+V得[vP NP1[VP e[v' V+得[Det 得[vp NP2 VP]]]]]]]]]

这里，致使（cause）核心决定V得句的基本语义"致使"，并最后核查致事和役事；vP决定论元结构，"NP2从DeP小句内[Spec-vP]处获得主格，移位并提升到主句[Spec-CauseP]处核查役事特征"（潘海华、叶扬，2015：32）。在提升分析中，V得句是一个致使结构，NP1和NP2并非题元角色，而是致事和役事，作为功能来核查语义特征。因此，尽管"有人、有的人、有些人"等短语不能从V处获得题元角色，但是他们满足了致使结构的语义特征，因此仍然是合法的句子成分。

然而，潘海华和叶扬（2015）一文对Huang（1992）的理解并不全面。Huang（1992）主张NP2兼有多种语义角色，为"V得……VP"的宾语，与V的及物性无关。即使V是及物动词，NP2同样也可以分析为"V得……VP"的宾语。同时，Huang还指出，NP1可以统一视为致事（causer），这样就避免潘、叶文中误将"这件事"当做"这件事愁得他吃不下饭"中"愁"的宾语。

生成语法的另一个关注点是"NP1+V+得+NP2+VP"与相关结构如被动句、"把"字句和V-V复合词（compound）的关系。如，Huang（1992）认为，复杂谓语句（NP1+V+得+NP2+VP）与被动句和"把"字句的深层结构都是[7]。但是在[7]中，NP2无法通过格过滤，不能实现为合乎语法的表层形式。因此，在复杂谓语句中，"哭得"通过核心词移位，移动到"李四"左边，为其赋宾格；被动句中，"李四"移动到[Spec-IP]位置，得到主格；在"把"字句中，在"李四"前插入具备赋格能力的"把"。由此，复杂谓语句、被动句和"把"字句来自于同一深层结构。

对于V-V复合词，Huang（1992：126）认为它与复杂谓语相同，都具有及物性、非及物性、非宾格、致使格等特征，其本质区别在于"前者属于词汇范畴，而后者是短语结构"。Huang（2006）沿用这一认识，以事体结构（event structure）为基础，分析V-V复合词和V-得句（包括"V得VP"和"V+得+NP$_2$+VP"）在非作格动词（unergative verb）致使化（causativize）中的相同表现，认为在V-得中，V是-de的附加语，表示实现结果的方式（〈MANNER〉），在句法操作中通过与-de所表达的BECOME或CAUSE融合（merge），从而产生不同的V得结构（李四笑得站不起来，李四哭得手帕都湿了）；同时，若-de的实现形式为"得"，则产生V得结构，而如果-de没有语音实现形式，则产生V-V复合词。这样，V-V复合词和V-得就得到了统一的解释，Huang（2006）由此将汉语中普遍存在的"非作格类结果句"和"非作格动词致使化"等现象简化为参数的不同，进而归结为汉语的分析性。将复杂谓语句视同V-V复合词的还有Zhang（2007）。

生成语法对"得"字句的底层结构和动词与句子的论元结构进行了分析，但是无论在提升还是控制结构中，占据[Spec IP]或者[Spec CauseP]位置的NP$_1$都是表示致事的名词短语，而对于如"房间里闷得我喘不过气来""火车上挤得人挪不开脚"等V前位置由处所结构填充的句子，提升和控制都无法给予合理的解释。同时，生成语法对歧义句式的理解也大不相同，如：同样分析为控制结构，Huang（2006）认为［2］有三种解读；Li（1998）仅赞同a和b，而Zhang（2001）则认为该句的理解只有a；潘海华和叶扬（2015）一文并未处理类似的句子。另外，Huang（2006）明确指出，只有V-V复合词的结果补语才指向主语，V-得句的结果不能指向主语。但在"妈妈想得你好苦啊"中，结果补语"好苦"的确指向主语"妈妈"。而且，该文在对［2］的解读中，罗列了结果补语指向主语的情况（张三追李四，张三直喘气），并将［2a］和［2b］当做不及物句"张三追得直喘气"及物化的结果，却并未分析同一个不及物动词的及物化如何带来不同的解读；最重要的是，生成语法始终未能解释为什么不同的底层结构生成了表层形式相同的句子（施春宏，2008）。因此其未来研究需要分析"得"字句不同变体的底层结构以及不同变体之间的关联，同时需要为［2］的不同解读提供句法上的依据。

❹ 认知语法研究

认知语法主要关注该结构的致使性。蔡永强（2004）通过运动事件以及构成致使事件的框架事件、副事件和支承关系（Talmy，2000）研究了例［3］的歧义成因。认为双效动词"追"具有认知上的双向路径，分别激活了原型和非原型的意象图式。原型图式中，NP$_1$和NP$_2$都是凸显的，因此，VP既可以陈述NP$_1$，也可以陈述NP$_2$，同时，原型图式带来顺向致使性结果，解读为"张三追李四，张三气喘吁吁"或"张三追李四，李四气喘吁吁"；非原型意象图式带来逆向致使性结果，解读为"李四追张三，李四气喘吁吁"。

认知语法框架探讨最多的是主事居后的"得"字句（如：<u>那瓶酒</u>喝得我晕头转向）。在该结构中，占据主语位置的不是施事，而是动词的受事，施事反而位于"得"后的位置（李临定，1963）。宛新政（2004）认为该句式在语义上的致使关系和语用上的话题同一性构成了主事居后的动因。张翼（2011）验证了该结构的构式本质。首先，进入构式的动词呈现泛化趋势，如及物动词和不及物动词、动态动词和状态动词、自主动词和非自主动词、非作格动词和非宾格动词等皆可进入该句式，动词具有多样性；主语和动词之间不存在选择关系，主语由构式提供，因此即使不及物动词也可以出现在该句式中；论元结构和句法结构在层级上并不匹配，因此，在构式框架下，论元的排列通过与构式的参与者角色融合而定，不限于论旨角色。同时，通过"得"字句的成分义不能推知其构式义，由此，主事居后的"得"字句可视为构式。

那么如何解释论旨角色与句法结构在层级上的不匹配呢？张翼（2011）认为，是构式压制的结果。在句子中，动词编码的力量传递和构式编码的力量传递产生矛盾，而构式的语义和篇章特征压制了动词的力量传递。构式传达的是致事和役事的致使关系，因此，NP$_1$被视为致事，NP$_2$可视为役事。熊学亮、杨子（2010）认同压制说，但是采取了原型范畴和语法整合角度，认为该结构实际包含三个动核，除了V所表达的致使事件（动核2）和VP（动核3）的结果事件，NP$_1$也可以表达一个致使事件（动核1），其概念结构为"X施为于Y"或"X施为产生Y"，而当语法输入空间与概念输入空间在合成空间进行映射（mapping）时，NP$_1$可能与概念空间中的X、Y甚至整个致使事件进行映射。题元角色映射的不确定性带来了该句式的多种释读。对于主事居后的"得"字句来说，语法空间中的致事NP$_1$在合成空间中与概念空间中的致使事件"我喝酒"中的宾语"酒"进行了映射，因此构成了主事居后的表层结构（<u>那瓶酒</u>喝得我晕头转向）。

采取构式的框架有一个不可回避的问题，即：如何处理"NP$_1$+V+得+NP$_2$+VP/AP"的不同实现形式之间的关系？根据我们的观察，体现该格式的句子具有不同的语义关系和论元结构，至少包括7大类（见表2）。

表2 "得"字句的实现形式

①VP指向V	［9］敌人*追*得咱们<u>更紧</u>了。	
②VP指向NP$_1$	［10］妈，*我*等得你<u>好心焦</u>啊。	
VP指NP$_2$	③NP$_2$兼任V受事和VP施事	［11］他*打*得<u>孩子</u>到处乱跑。
	④NP$_1$与NP$_2$有领属关系	［12］*他*哭得<u>眼睛</u>都红了。
	⑤V与NP$_2$无直接关系，NP$_2$间接受V影响	［13］有时她还整夜整夜地哭，*哭*得<u>长富</u>也忍不住生气。

（续表）

	⑥NP₁一般不存在，前文有致事用逗号隔开	[14]*站了一天的队*，站得我真是头晕眼花。	
	⑦NP₁有[-HUMAN]的特征，承担多种语义角色	受事	[15a]*树根*这么硬，竟会劈得柴刀都缺了口。
		施事	[15b]*雨点子*迎面扑来，浇得他打了个寒噤。
		致事	[15c]*学费*愁得我睡不好觉。
		处所	[15d]*木椅上*坐得他屁股发酸。
		工具	[15e]*一排枪*打得他翻滚着跌进陡峭的怒江中。

这些不同的语义关系是视为不同的构式呢，还是视为同一个构式的变体（陆俭明，2009）？熊学亮和杨子（2010：61）认为这些不同是致使句在空间复合过程中的不确定性带来的"构式内部论元组成的多元性"，但是构式是形式–意义的统一体，如果构式的内部论元组成具有多元性，且其意义互有不同，那是否还能称之为同一个构式则有待商榷。总之，构式框架虽避免了对NP₁、V、NP₂、VP等具体词项进行定性和分类，也同样需要厘清不同句子实现形式之间及各具体句子与构式的关系问题。

❺ 结论与反思

综上所述，传统研究关注"NP₁+V+得+NP₂+VP"的句法特征，讨论集中于主谓结构作补语和述补结构带宾语两类句子；后来注重语义描写和句子的歧义分析，但通过变化分析厘清歧义并不总能奏效；语境对消解歧义有决定性作用，因此探讨语境的歧义消解机制也可成为新的研究方向；同时，词汇形式的变换会带来句子释义的变化，但是该句子的词汇–句法互动研究仍比较薄弱。事实上，词汇形式的不同还会带来句子论元结构的差异，这是词汇–句法互动研究的良好素材。

相对于传统语法对句子意义的描述，生成语法旨在从深层结构中探讨动词与句子的论元结构关系。但其研究对象未能覆盖所有表层形式为"NP₁+V+得+NP₂+VP"的句子。在表2中，生成语法并未讨论[9]、[10]和[15d]，尤其是[15d]对生成语法提出了较大挑战。对于控制和提升分析来说，占据[Spec IP]或者[Spec CauseP]位置的NP₁应该是表示致事的名词短语，而[15d]中该位置则是处所结构（*木椅上*），如何通过控制或提升结构分析[15d]，如何解释其中的处所短语，又如何处理该句子与其他句子的关系是生成语法需要考虑的问题。

从句法–语义互动的角度，生成语法认为二者的接口在词汇层面，即：动词的论旨角色决定了句法的论元结构；而构式语法则认为，句法–语义的接口在构式层面，构式对词汇具有压制作用。然而，表2中的句子都体现这一结构，却又因为不同词汇项目的填充而有了不同的语义关系。如果构式进行压制，为何句子还有不同的论元结构方式并进而出现不同的解读？构式是单向压制词汇，还是与词汇进行互动，或者词汇压制构式？这都是构式语法所面临的课题。

总之，"NP$_1$+V+得+NP$_2$+VP"是一个表层形式相同，内部语义关系复杂的句式结构，任何尝试解释和分析该结构的理论不仅需要解决某一个具体句子的语义关系和句法结构，还同时需要考虑该句子与其他变体的关系，而动词论旨角色与句法论元结构的匹配是任何旨在分析此类句子的尝试所不可回避的话题。

参考文献

❏ Chomsky, N. 1981. *Lectures on Government and Binding*. Dordrecht: Foris.

❏ Huang, C.-T. J.1982. *Logical Relations in Chinese and the Theory of Grammar*. MIT PhD dissertation. Also in C.-T. J. Huang. 1998. *Logical Relations in Chinese and the Theory of Grammar*. New York & London: Garland Publishing.

❏ Huang, C.-T. *James* & Mangione, L. 1985. *A Reanalysis of* de: *A Comparative Study of Current Grammatical Theories*. Cornell University dissertation.

❏ Huang, C.-T. J. 1988. *Wo pao de kuai* and Chinese phrase structure. *Language* 64: 274-311.

❏ Huang, C.-T. J. 1992. Complex predicate in control. In R. K. Larson, S. Iatrido, U. Lahiri & J. Higginbotham (eds.), *Control and Grammar*. Dordrecht: Kluwer. 109-147.

❏ Huang, C.-T. J.. 2006. Resultatives and unaccusatives: A parametric view. *Bulletin of the Chinese Linguistic Society of Japan* 253：1-43. Also in J. Huang.2010. *Between Syntax and Semantics*. New York: Routledge. 377-405.

❏ Li, Y. 1998. Chinese resultative constructions and the uniformity of theta assignment hypothesis. In J. Packard (eds.), *New Approaches to Chinese Word Formation*. Berlin: Mouton de Gruyter. 285-310.

❏ Li, C. N.& Thompson, S. A. 1978. An exploration of Mandarin Chinese. In W. P. Lehmann (eds.), *Syntactic Typology*. Austin, Texas: University of Texas Press. 223-266.

❏ Li, C. N.&Thompson, S. A. 1981. *Mandarin Chinese: A Functional Reference Grammar*. Berkeley: University of California Press.

❏ Tai, J. H. Y. 1973. A derivational constraint on adverbial placement in Mandarin Chinese. *Journal of Chinese Linguistics* 1: 397-413.

❏ Talmy, L. 2000. *Towards a Cognitive Semantics*. Cambridge, Massachusetts. MIT Press.

❏ Zhang, N. 2001. The structure of depictive and resultative constructions in Chinese. *ZAS*

    Papers in Linguistics 22: 191-221.

❑ Zhang, N. 2007. A syntactic account of the direct object restriction in Chinese. *Language Research* 43: 53-75.

❑ 蔡永强，2004，"张三追得李四直喘气"及其相关句式。赵金铭（编），《对外汉语教学的全方位探索——对外汉语研究学术讨论会论文集》。北京：商务印书馆，171-186。

❑ 陈一士，1957，是主谓结构作补语，还是复杂的谓语？《语文教学》（7）：33。

❑ 丁恒顺，1989，"N$_1$+V 得 +N$_2$+VP"句式。《中国语文》（3）：191-192。

❑ 丁声树、吕叔湘等，1961，《现代汉语语法讲话》。北京：商务印书馆。

❑ 郭姝慧，2004，《现代汉语致使句式研究》。北京语言大学博士论文。

❑ 华景年，1959，谈"你气得他回去了"一类句子的结构。《语文教学》（9）：36-38。

❑ 黎锦熙、刘世儒，1954，《中国语法教材6（第四册）》。北京：五十年代出版社。

❑ 李临定，1963，带"得"字的补语句。《中国语文》（5）：396-410。

❑ 李临定，1984，究竟哪个"补"哪个？——"动补"格关系再议。《汉语学习》（2）：1-10。

❑ 李敏，1999，"N$_1$+V$_1$ 得 +N$_2$+VP"句式考察。《烟台师范学院学报》（4）：60-64。

❑ 李人鉴，1981，关于语法结构分析方法问题。《中国语文》（4）：241-250。

❑ 刘街生，2009，现代汉语"得"字动补式的组构。《汉语学报》（2）：18-27。

❑ 陆俭明，2009，构式与意象图式。《北京大学学报》（哲学社会科学版）（3）：103-107。

❑ 潘海华、叶扬，2015，控制还是提升，这是一个问题——致使类"V 得"句的句法本质研究。《语言研究》（3）：28-37。

❑ 沈家煊，2004，动词"追累"的语法和语义。《语言科学》（6）：3-15。

❑ 施春宏，2008，《汉语动结式的句法语义研究》。北京：北京语言大学出版社。

❑ 宋宣，1996，现代汉语"V 得 -N-C"句式的句法性质，《贵州师范大学学报》（2）：71-74。

❑ 宋玉柱，1979，论带"得"兼语句。《徐州师范大学学报》（3）：69-73。

❑ 孙书杰，2010，"N$_1$+V 得 + 能 +VP"句式的歧义性分析。《殷都学刊》（2）：95-97。

❑ 孙玄常，1957，《宾语和补语》。上海：新知识出版社。

❑ 孙银新，1998，"得"字兼语句新论。《汉语学习》（1）：32-35。

❑ 谭永祥，1957，谈主谓结构作补语。《语文学习》（8）：32。

❑ 宛新政，2004，试析"主事居后""得"字句。《阜阳师范学院学报》（社科版）（2）：28-31。

❑ 汪惠迪，1958，不是主谓结构作补语，也不是复杂的谓语——应肯定"主—谓（动词）—得—宾—补"的格式。《语文教学》（1）：32-33。

❑ 王灿龙，2000，试论小句补语句。《语言教学与研究》（2）：65-71。

❏ 王还，1979，汉语结果补语的一些特点。《语言教学与研究》（2）：4-13。

❏ 肖奚强、张亚军，1990，N₁+V₁得+N₂+VP句式歧义分析。《语言教学与研究》（3）：141-147。

❏ 熊学亮、杨子，2010，N₁+V+得+N₂+VP/AP构式的复合致使分析。《外国语文》（1）：59-63。

❏ 徐枢，1985，《宾语和补语》。哈尔滨：黑龙江人民出版社。

❏ 张宝敏，1982，"打得他到处乱跑"之类的结构分析。北京语言学院语言教学研究所（编）（1992版），《现代汉语补语研究资料》。北京：北京语言大学出版社，431-448。

❏ 张璐，2003，《现代汉语"得"字补语句研究》。北京大学博士学位论文。

❏ 张翼，2011，汉语"得"字致使句研究。《解放军外国语学院学报》（3）：13-18。

❏ 张豫峰，2000，"得"字句研究综述。《汉语学习》（2）：23-28。

❏ 赵元任（著），吕叔湘（译），1979，《汉语口语语法》。北京：商务印书馆。

❏ 朱德熙，1982，《语法讲义》。北京：商务印书馆。

❏ 朱其智，2009，"V/A得C"结构中"得"具有致使义。《汉语学习》（3）：17-22。

Research on the Mandarin Causative *"de"* Structure: State of the Art and Future Prospects

Abstract: The Mandarin sentence structure "NP1+V+*de*+NP2+VP" has ambiguous interpretations. Traditional studies, generative grammar and cognitive framework have analyzed the semantic orientation, the argument structure as well the constructional features of the sentence. Despite the quantity of the studies, there still remain many challenging issues.

Key words: Mandarin Chinese; the causative *de* structure; the "NP1+V+*de*+NP₂+VP" structure

（责任编辑：孟玲）

力动态视角下汉语"使"字句的语义构建
——一项基于语料的调查

西南财经大学　刘　婧
北京航空航天大学　李福印*

[提　要]　本研究基于Wolff提出的力动态模型，结合莫言14部小说中的200条语料探讨"使"字句的深层语义构建与表层表达之间的关系，并进一步对这一语义组成成分的原型和非原型构建进行阐释。研究结果表明：（1）相同的表层元素"使"在深层语义上可以构建致使、使能、阻止三类不同的语义元素；（2）深层语义构建的致使类、使能类和阻止类原型的主要特征为致使结果产生或未产生的确定性。这一调查旨在验证和发展Wolff对致使构式语义构建的研究，也为认知语言学面临的"同一形式多种用法"的挑战提供一个新的视角。

[关键词]　力动态模型；"使"字句；原型；语义构建

❶ 引言

　　致使范畴是语言研究关注的焦点，其概念表征在语言上表现为致使结构或致使构式。国内外学者对致使范畴的探讨主要聚焦于致使语义的分析（如 Clark & Clark, 1977; Goldberg, 1995; Fauconnier, 1997; Talmy, 2000; 程琪龙, 2001 ; 熊学亮、梁

*　　作者简介：刘婧，西南财经大学天府学院讲师，北京航空航天大学访问学者。硕士研究方向为认知语义学、意象图式、因果关系语义学。E-mail: 820726linda@163.com. 通信地址：621000 四川省绵阳市科创园区九洲大道中段西南财经大学天府学院英语教研中心 C4-312。
李福印，北京航空航天大学教授，博士生导师。研究方向：Talmy 的认知语义学理论；运动事件语义学及类型学；认知语言学理论与应用；抽象概念的认知表征；隐喻理论与实践；语义构建方式等方面。Email : thomasli@buaa.edu.cn. 通信地址：100191 北京市海淀区学院路37号北京航空航天大学外语学院如心楼 702 房间。
本文是四川省教育厅人文社会科学重点研究基地项目"基于MOOC的ESP教学实践研究"（项目编号：scwygj15-18）和四川省教育厅科研项目"英汉隐喻运动事件词汇化模式对比研究"（项目编号：13SB0141）的阶段性成果。

晓波,2004;张翼,2011),较少兼顾其语义构建特点和语言表达方式之间的关系。Wolff(2003)、Wolff和Song(2003)在一定程度上弥补了这一不足,他提出了致使范畴的力动态模型(force dynamic model of causation),并对直接致使(direct causation)和间接致使(indirect causation)做出了重新界定。他指出在语言表达方式上直接致使多用词汇致使(lexical causative),间接致使多用迂回致使(periphrastic causative)。他在迂回致使的语义构建中进一步探讨了CAUSE、ENABLE和PREVENT等典型致使概念的语义构建。从跨语言的角度,Wolff(2009 et al.:176)指出现代汉语"使""使得"①可能与英语的致使类(CAUSE)接近,但同时也能编码使能(ENABLE)的概念。他的这一观点值得商榷,现代汉语和印欧语言对现实的编码机制是不同的。"使"字句是以迂回致使动词"使"主导的一种典型的表示"致使"语义的构式,在现代汉语中使用频率很高。它不仅凝固着汉民族对客观致使语态的主观认知特征,而且在致使构式中具有最强的致使意义,是典型的有标记的致使句(张豫峰,2014:77-78)。

鉴于此,为了验证和发展Wolff对于迂回致使语义构建的研究,笔者搜集了莫言14部小说中的200条"使"字句的语料;按照Wolff提出的力动态模型将"使"字句所表达的致使范畴分为三类:致使类(CAUSE)、使能类(ENABLE)、阻止类(PREVENT);并进一步对这三类致使范畴的原型和非原型语义构建特点和语言表达方式进行阐释。

需要特别说明的是,Wolff(2007)将致使范畴的原型归为四类:CAUSE、ENABLE、PREVENT、DESPITE,本文将"使"作为迂回致使动词,仍然采用Wolff(2003, 2008)的标准,重点讨论前三大类的原型和非原型表达。

❷ 致使范畴的界定

2.1 致使概念的表达

"致使"是一个重要的语义概念,在人类语言中普遍存在。关于对致使概念语言表征的许多理论都是为了解释我们如何习得和归纳以及我们如何用语言来表达这一致使范畴(Morera et al., 2010: 506)。这些理论之一就是力动态理论,即力的模式将致使范畴概念化(Talmy, 1988; Verhagen, 2005; Wolff, 2007)。Talmy(2000)认为致使范畴就是如果没有另外的事件发生,则该事件就不会发生。但除了在这种条件下对致使范畴的概括描述外,还可以用动态对抗描述相对应的语义现实性。

力动态的信息不仅可以通过表示致使范畴的副词连接词如英语中的"because"、汉语中的"因为"来表达,也可以用句子中的其他词汇形式来表达(Pinker, 1989; Talmy, 1988; Wolff & Song, 2003)。Wolff(2003)以英语为研究对象,将致使动词归为两类:词汇致使(lexical causative)和迂回致使(periphrastic causative)。词汇致

---

① 本文中,"使""使得""致使"不做区分,归入迂回致使动词"使"。

使（例如：打开、打破、融化）在一个单句中表达致使范畴，单句中包括致事、受事、状态的变化（Wolff et al., 2009:169）。迂回致使用两个动词来表达致使范畴，其中一个动词表达使因，另一个表达结果（Baron, 1977; Radford, 1988; Shibatani, 1976; Wolff, 2003）。迂回致使动词有时称为纯致使（pure causative），因为他们只编码了CAUSE的概念，没有明确一个特别的结果。句法和语义上靠表达致使范畴的CAUSE类（如cause、force、make），ENABLE类（如enable、allow、help）和PREVENT类动词（如prevent、block、keep）来表达（Fodor, 1977; Levin & Rappaport Hovav, 1995; Shibatani, 1976; Wolff, 2003）。Wolff（2007:88）认为在力动态模型中，这三类都是致使概念的语言表征原型，它们分别与另外两类在某一个参数上存在差异。

2.2 致使范畴的力动态模型

力动态系统是Talmy认知语义学的核心理论之一，可以用来解释不同层面的语言表达中的语义特征（Talmy, 2000: xxxviii）。Wolff 和 Song（2003）的动态模型就是建立在Talmy力动态的基础上，依据受事朝目标方向移动的趋势、致事和受事之间是否有力的对抗以及致事终极状态的实现三个参数，将致使范畴分为三类：致使类、使能类和阻止类，并将这三类界定为致使范畴的原型。从语义构建上，力的五个要素包括：致事＝发出力的实体（Wolff & Aron, 2010）；受事＝接受力的实体（Levin & Rappaport , 2005）；工具＝调整或者导力的实体（Wolff & Aron, 2010）；目标＝有意图的状态（意图是建立在力的基础上的）；事件＝致事将力作用于受事，受事发生的变化（Wolff & Aron, 2010）。表1是力动态模型语言表征的原型。

表1　致使类、使能类、阻止类的力动态模型语言表征 (Wolff, 2008: 5)

	受事对终极状态的倾向	致事和受事之间力的一致	终极状态
致使类	N	N	Y
使能类	Y	Y	Y
阻止类	Y	N	N

注：N表示 No; Y表示 Yes。

[1] The wind caused the boat to heel. (风使船倾侧。)

[2] Vitamin B enables the body to digest food.（维生素B使身体能消化食物。）

[3] Heavy overnight rain prevented the tar from bonding.（连夜的大雨使焦油无法黏合。）

例1中受事"船"对终极状态"倾侧"是没有倾向的；致事"风"将力作用于受事"船"，形成力的对抗；终极状态是"船倾侧"。例2中受事"身体"本能上是需要消化食物的；致事"维生素B"的功效也是为了帮助受事"身体"消化食物，不存在力的对抗；终极状态是"消化食物"的实现。例3中受事"焦油"是倾向于终极状态"黏合"的;致事"连夜的大雨"和"焦油黏合"之间存在力的对抗;终极状态"焦油黏合"没有实现。

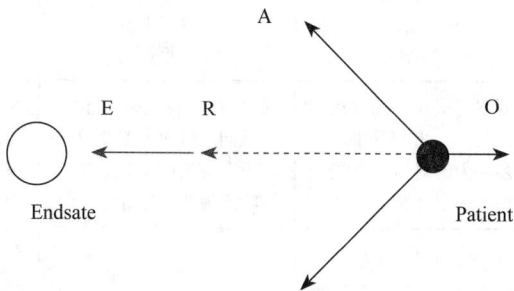

图1 动态模型(Wolff, 2007:89 Fig. 2)

在图1中,A(agent)是与致事相关的力,P (patient)代表与受事相关的力,还有其他力O (other)联合产生一个朝向终极状态E(endstate)的阻力R (resistance)。如果受事对终极状态有倾向,且致事与受事之间不存在力的对抗,终极状态实现就是表1当中的使能类。如果受事对力的终极状态无倾向,且致事与受事之间存在力的对抗,终极状态实现就是致使类。受事对终极状态的实现有倾向,且致事与受事之间存在力的对抗,终极状态没有实现就归为阻止类。Wolff (2008)将这三类归为致使范畴的原型。

❸ 语料收集和研究方法

为了尽可能遵循Talmy关于语料的三点重要要求(口语化、使用广泛、频率高),本文主要以当代著名作家莫言的14部小说作为语料来源(《儿子的敌人》《红高粱》《红蝗》《红树林》《蝗虫奇谈》《离婚急件》《拇指铐》《难忘那带着口罩接吻的爱》《牛》《师傅越来越幽默》《檀香刑》《透明的红萝卜》《生死疲劳》《司令的女人》),然后从每部小说中用 Ant Conc检索软件,检索小说的TXT文本,检索出所有含"使"字的句子。人工排查所有不符合条件的句子如:使劲、使眼色、使用、即使、使诈、指使、好使、特使、小使、使枪、使唤等118条。留出200条符合研究对象条件的"使"字句,主要表现为:NP1+使+NP2 +VP。

本文将符合条件的200条语料,按照Wolff (2003, 2008)的力动态模型,依据受事朝目标方向移动的趋势、致事和受事之间是否有力的对抗以及终极状态的实现三个参数,把"使"字句分为三类:致使类、使能类和阻止类,并进一步结合原型范畴理论将每类的原型表达和非原型表达进行统计分析。这些语料的整理、分类和统计都是在EXCEL中完成的。

❹ 结果与讨论

表2 "使"字句深层句法结构 [②] 的语义构建分类

统计分析 \ 分类	CAUSE（致使）	ENABLE（使能）	PREVENT（阻止）
范畴界定	受事对终极状态的变化无倾向，致事与受事之间存在力的对抗，终极状态发生了变化。	受事对终极状态的变化有倾向，致事与受事之间不存在力的对抗，终极状态发生了变化。	受事对终极状态的变化无倾向，致事与受事存在力的对抗，终极状态无变化。
图解	A R E P（致事发出的箭头）	P A R E	P E R A
例示	挂在他头上树枝的画眉痛苦地鸣叫使我变得异常软弱。	是你爹多我用砂纸打磨了三天，才使它又光又亮。	他努力坚持着不使自己昏睡过去。
统计	153	36	11
百分比	76.5%	18%	5.5%

注：图解引自 Wolff (2007:90, Fig.3)

根据表2的统计数字我们得出，致使类共153条，占了总数的76.5%；使能类共36条，占了总数的18%；阻止类共11条，占了总数的5.5%。结合李炯英（2012:112）的说法，汉语迂回致使动词"使"由"派遣"使令用法逐渐发展成致使动词用法。在致使义的语言表达中，致使义始终是"使"字句语义构建的核心；使能类和阻止类也是重要组成部分。这一结论修正了Wolff（2009:176）提及的概念，即现代汉语"使""使得"可能与英语的致使类（CAUSE）接近，但同时也能编码使能（ENABLE）。语料分析后，我们发现"使"在加上否定词后也可以编码阻止的概念。

下面本文结合语料探讨致使元素的原型和非原型特征以及致使范畴分类的原型和非原型特征。

4.1 致使元素的原型

学界对于致使范畴的原型展开过略有不同的界定和总结，认知语言学的经典文献中都有所讨论（如Lakoff, 1987: 54-55; Langacker 1991: 283; Talmy, 2000: 480-481等）。根据前人对直接致使（direct causation）的研究（如：Wolff 2003），我们可以

---

② 本文的表述"深层结构"是Talmy的理论表述，与Chomsky的理论区分开来。

将其看作致使语义的原型（Gilquin, 2006）。这里主要关注原型致使模型对于致事（causer）、受事（causee）和两者互动方式的界定和描述。原型是一个范畴的典型成员，其他成员都是在与原型相似性的基础上被归为同一个范畴，按照与原型的相似度，同一范畴的成员可以分为不同的等级（Langacker, 1987:371）。致使概念作为人类对一类经验的感知也有它的原型。原型致使概念指的是含有主观意愿性的（人类）致事通过与受事直接的物理接触传递真实的物理力并使受事发生明显的可察觉的变化（程明霞，2008）。致使力传递的原型是物理性质的能量。致使概念一个最重要的环节就是终极状态的改变，而这就涉及力的传递。Wolff 和 Song（2003:321）认为致使概念的表达要与焦点（figure）和背景（ground）之间感知的区分联系起来，致使范畴的原型和非原型要考虑终极状态实现或未实现的确定性，还有致事与受事的特征。

4.1.1 致事原型

原型致使的模型中，致事一般是施事角色。施事角色包括生命性、意愿性、致使性等特征，投射到及物句的主语位置（Dowty, 1991:572）。因此按照致事从原型到非原型的递减顺序排序，致事范畴成员的排列顺序为：自身、他人、机构/团体、事物/事件。致事原型与非原型共同构成了致事范畴（李炯英，2012: 64）。

[4]　我与她合房的当夜，就使她怀了孕。（《生死疲劳》）
[5]　男人使女人堕落，堕落女人又使男人堕落。（《红蝗》）
[6]　轿夫们轻捷的运动使轿子颤颤悠悠。（《红高粱》）
[7]　挂在他头上树枝的画眉痛苦地鸣叫使我变得异常软弱。（《红蝗》）

例4中的致事"我"，例5中的致事"男人"以及例6中的"轿夫们"都是有生命的人或者团体，其中第一人称"我"意愿性是最强的，其次是"他人""团体"。例7中致事"挂在他头上树枝的画眉痛苦地鸣叫"是一个事件，它没有生命，也无法进行意愿性的活动，我们将这类归为致事的边缘成分。

4.1.2 受事原型

原型致使的模型中，受事角色的重要特征是状态的改变（张翼，2015）。李炯英（2012）将受事的原型界定为无生命的实体。因为无生命的实体不会做出认知决定来与致事相对抗，而是直接接收致事发出的动能，这样致事才能真正决定运动的路径。受事受致事能量传递的影响而改变其状态，或导致致使活动的终极状态无法实现。换言之，如果受事具有生命性和意愿性，那么在接受致事能量传递后就会造成终极状态实现或未实现的不确定性。Langacker（1991:283）的行为链中，受事在接受致事的能量传递后，必须开始运动，体现了状态的改变。如果动词的受事不发生状态变化（如hit或thank），那么动词语义就不包含致使成分（Shibatani, 2001: 3）。

[8] 轿夫们轻捷的运动使轿子颤颤悠悠。（《红高粱》）

[9] 被蝗虫出土撩拨起的兴奋心情使村子里的大街小巷都蒙上了一层神秘的色彩。(《红蝗》)

[10] 干旱使土地返了碱，沟畔和荒地里一片银白，好像落了一层霜。(《红树林》)

[11] 这个重大的收获使四老爷兴奋又恼怒。(《红蝗》)

例8、例9、例10中的受事"轿子""村子里的大街小巷"和"土地"都是无生命的实体，能够直接接收致事发出的力，而例11中的受事"四老爷"是个有生命、有意愿的人。当致事"这个重大的收获"将力传递到受事身上时，受事的意愿性就会造成终极状态实现或未实现的不确定性，我们将例11归为受事的边缘成分。在语料的整理过程中，本文发现受事为有生命、有意愿的个体的语言表达方式比无生命的实体要广泛得多，例如：我、你、你们、我们。

4.1.3 致事和受事的互动

直接致使对于致事和受事的互动方式有明确的要求，一般要求两者有物理层面的互动与接触。致事直接作用于受事，导致其状态发生变化（张翼，2015:84），这一类被归为致事和受事互动的原型。物理层面的互动也可以通过隐喻关系延伸到其他层面，如言语、社会、心理，关系等，所有这些间接传递的非物理能量都是非原型（李炯英，2012：65）。

[12] 我与她合房的当夜，就使她怀了孕。(《生死疲劳》)

[13] 有时，他把一大铲煤塞到炉里，使桥洞里黑烟滚。(《透明的红萝卜》)

[14] 微风扬起灰尘，使汗湿的地方发了黄。(《透明的红萝卜》)

[15] 他……没有扎绑腿，使他有几分像一个战时的武工队员。(《生死疲劳》)

例12中终极状态由没怀孕到怀孕，例13中因为致事与受事力的作用，桥洞由无烟到黑烟滚，例14中汗湿的地方由没发黄到发黄都涉及了物理层面的、显性状态的改变。例15中致使的终极状态"他有几分像一个战时的武工队员"只涉及心理层面的变化，这类属于隐性的状态改变，"他"还是"他"。我们将这类归为致使结果的非原型用法。在实际的语言使用中，非原型构建多是偏离原型，通过隐喻等手段产生丰富多样的语言表达，也就是说偏离语义原型能够产生创新的语言表达（张翼，2015）。

4.2 致使范畴的原型表征

如表3所示，致使概念的表达和焦点（注意力集中的地方）与背景之间感知的区分是相关的，包括受事对终极状态实现的倾向、致事与受事之间是否存在力的对抗，以及终极状态确定实现与否。

表3　动态模型的维度 (Wolff, 2007:89)

维度	共线矢量
倾向	受事对终极状态
力的一致性	致事与受事
终极状态	实现

　　致使类、使能类和阻止类的界限划分是通过三个参数实现的，即受事对终极状态的倾向；致事与受事之间力的一致性；终极状态的实现与否。如表4所示，致使类与阻止类共享的特征是致事和受事之间都存在力的对抗；致使与使能类共享的特征是终极状态的实现；阻止类和使能类的共同特征是受事对终极状态的实现有倾向。

表4　共有特征

两类之间	共有特征
致使、阻止	1
致使、使能	1
阻止、使能	1

4.2.1　致使类的原型

　　致使类的原型是受事对终极状态的实现确定无倾向，致事与受事之间存在明显力的对抗，终极状态确定实现。

[16]　他的挣扎使前后抬担架的民夫身体晃动。(《儿子的敌人》)
[17]　这股血气味浓烈，使赵甲又一次体验到了恶心的滋味。(《檀香刑》)

　　在上面一节语义构建要素分析中，我们了解到例16中致事"他"的有生性和意愿性的原型特征；受事"前后抬担架的民夫"对于终极状态"身体晃动"是确定无倾向的，即受事并不想身体晃动；但终极状态"身体晃动"实现了。例17中受事"赵甲"对于终极状态"体验到恶心的滋味"显然是确定没有倾向的；"血气味"与"赵甲"之间存在力的对抗，但终极状态"体验到了恶心的滋味"确定实现。接下来我们列举两个非原型的例子。

[18]　她抱住死者的腿，试图使它们弯曲，但它们僵硬如铁，难以曲折。(《儿子的敌人》)
[19]　人间奇观的兴奋促使他转动头颈寻找交流对象。(《红蝗》)

例18中，终极状态"它们弯曲"是否实现要参照后面的信息，单凭三个参数的语义构建无法判定。例19中，受事"他"对终极状态的实现"转动头颈寻找交流对象"的倾向或许有或许没有；致事"人间奇观的兴奋"和受事"他"之间力的对抗模糊。如果受事"他"有意愿"寻找交流对象"，那么致事与受事之间就不存在力的对抗，这就容易与使能类相混淆。因此，我们将这类归为致使类的非原型用法。

4.2.2　使能类的原型和非原型

致使类与使能类共享一个特征，即终极状态的实现，所以使能类的原型和非原型的判定除了终极状态实现或未实现的确定性外，还取决于受事对终极状态实现的倾向，即是与致事合力造成终极状态的实现，还是克服了致事的阻力使终极状态得以实现。

[20]　鞋帮上缝上带子，绑在残驴腿上，使它的身体大致能够保持平衡。(《生死疲劳》)

[21]　我们的眼睛放光，嘴唇肿胀，爱使我们美丽，我们是天造地设的一对驴。(《生死疲劳》)

根据人类的经验，例20中受事"它的身体"对终极状态"保持平衡"是有确定倾向的，甚至可以说是本能的。终极状态"保持平衡"也确定实现。例21受事"我们"对结果"美丽"是有确定倾向的，终极状态"我们美丽"实现。致使类与使能类的边界模糊，在三个参数的判断上有时要参考语言表达中的其他成分。接下来列举一组非原型的例子。

[22]　父亲认为人在临死前的一瞬间，都会使人肃然起敬。(《红高粱》)

[23]　我已经四十岁了，一辈子没出过彩，想不到单干，竟使我成了个人物。(《生死疲劳》)

例22、23受事"人""我"对终极状态的实现"肃然起敬""成了个人物"是不明确的。如果受事为有生命、有意愿的个体，就增加了致使范畴语义分类的模糊性。因此，前面李炯英（2012: 65）提及的受事原型为无生命实体的说法是有一定道理的。

4.2.3　阻止类的原型和非原型

如表4所示，阻止类与致使类享有一个同样的特征，那就是受事对终极状态的实现有明显的倾向。最大的区别在于前者的终极状态没有实现，而后者终极状态得以实现。

[24]　主人一把就抓住了他的手腕子，使那藤条无法落下。(《生死疲劳》)

[25]　我悄悄地往前走，蹑蹄屏息，尽量地不使项下的铜铃发出声响。(《生死

疲劳》)

例24中，受事由于地心引力倾向于"落下"，致事"主人一把抓住他的手腕子"与受事"藤条"之间存在力的对抗，但受事没有能够克服致事的阻力，因此终极状态"那藤条落下"没有产生。例25中，受事"项下的铜铃"对终极状态"发出声响"是有倾向的，铜铃一动就会发出声响。致事"我悄悄地往前走，蹑蹄屏息"是想阻止终极状态的实现，但终极状态是否实现仍然不确定。因此，我们将例24归为阻止类原型，例25归为非原型。那么判定阻止类原型和非原型的最重要的标准就是确定终极状态的实现或未实现。

4.3 小结

本节结合语料分析讨论了"使"字句语义构建的原型和非原型特征。首先，从力动态的角度结合实例探讨了致事、受事、致事和受事互动的原型特征和非原型特征。有生性和意愿性是致事的原型特征，但却是受事的边缘成分。接下来，结合力动态模型的三个分类，探讨了致使类、使能类、阻止类的原型特征。研究发现：确定终极状态的实现或未实现是这三类最显著的原型特征。另外，受事对于终极状态实现的倾向也是需要考虑的重要因素之一。

表5 "使"字句深层句法结构的语义构建原型与非原型统计

分类 统计	CAUSE（致使）		ENABLE（使能）		PREVENT（阻止）	
	原型	非原型	原型	非原型	原型	非原型
总数	121	32	22	14	8	3
百分比（%）	79.08	20.92	61.11	38.89	72.73	27.27
总数	153		36		11	

结合表5的统计数字，我们进一步发现：致使义始终是"使"字句深层语义构建的基本语义，有153条，其中原型构建121条，占79.08%；非原型构建32条，占20.92%。使能类36条，其中原型构建22条，占61.11%，非原型构建14条，占38.89%。阻止类11条，其中原型8条，占72.73%；非原型3条，占27.27%。

原型用法在每一类中都占了绝大部分比例。由此看来，致使范畴的原型构建始终是致使语义的基础。Wolff（2003：278）指出这三个致使范畴的子类分为三种相关但不同的动词，但体现在现代汉语"使"字构式中，相同的动词可以构建三种不同的语义。致使类非原型构建占致使类语料的20.92%，这与使能类的原型构建边界模糊；使能类38.89%的语料属于非原型构建，这与致使类的原型构建边界模糊；阻止类27.27%的语料属于非原型构建，这也与致使类的原型语义构建容易混淆。这一结果支持Comrie（1981）以及Goddard（1998）的观点，从某种程度上，它们界限不明晰，但是一个集合体（Comrie, 1981: 162; Goddard, 1998: 267）。同时，这些数据也再次验证Wolff（2003: 321）的观点，即力动态模型能够界定许多种致使类型，但许多问题仍然无法解决。因此，将原型范畴理论应用到力动态模型对致使构式的分析上是合理的。

❺ 结论

本文运用Wolff的力动态模型，结合当代作家莫言14部小说中的200条语料分析"使"字句的深层语义构建与表层表达方式之间的关系。研究结论表明：一，相同的表层元素"使"可以编码深层致使范畴的语义，具体可以细分为致使类、使能类和阻止类。二，从力动态的角度，"使"字句深层语义的构建由五个要素组成，它们是致事、受事、工具、目标、事件。致事的原型特征为有生性和意愿性。受事的原型特征为无生命的实体。三，确定终极状态的实现与否是致使范畴深层语义构建的主要特征。受事对于终极状态实现的倾向也是重要因素。

在表层语言表达上，"使"字句在很大比例上都表达了清晰、界限明确的致使概念。通过语料整理，我们了解到致使类和使能类的表层表达几乎完全相同，但致使类句子中有些会出现"致使"的表达，使能类会出现"欲使""使……能""能使"等辅助词，但不是确定的。"使"字句表达的阻止类的深层语义范畴在表层上都加了一些否定词，如"没""无法"。本文没有考察这些否定词的句法意义，只是单纯从深层语义构建的角度对这类词进行了区分。英汉致使结构不仅带有各自鲜明的民族认知特点，而且还有许多相似之处。因此，立足于汉语事实，注重系统地描写和解释汉语的致使句，揭示出致使结构的语义本质，这为英汉致使结构的对比研究奠定了良好的基础（张豫峰，2014: 17）。

人类认知的过程就是由感知物理的力，通过隐喻等认知手段到心理的力再到语言的概念表征。本研究为我们研究现代汉语中的致使构式提供了一个新的视角。力动态系统比传统的关于"致使"的理论更具有概括性。我们也可以以此为基础进一步研究"使"字句与其他相关的致使构式内在的关联性以及区别性特征，寻求不同致使句式可以互相转换的深层认知动因。这一研究也将为致使范畴语义构建的跨语言研究打下基础。"使"字句形式丰富、语义复杂，本文不可能讨论穷尽。研究方法也仅是一种尝试，得出的结论有待进一步检验和完善。

参考文献

❏ Baron, N. S. 1977. *Language Acquisition and Historical Change*. New York: North-Holland.

❏ Clark, H. H. & E. V. Clark. 1977. *Psychology and Language*. New York: Harcourt Brace Jovanovich, INC.

❏ Comrie, B. 1981. *Language Universal and Linguistic Typology*. Chicago: The University of Chicago Press.

❏ Dowty, D. 1991. Thematic proto-roles and argument selection. *Language* 67: 547-619.

❏ Fauconnier, G. 1997. *Mapping in Thought and Language*. Cambridge: Cambridge University Press.

❏ Fodor, J. D.1977. *Semantics—Theories of Meaning in Generative Grammar*. Cambridge, MA: Harvard University Press.

❏ Gilquin, G. 2006. The place of prototypicality in corpus linguistics. In S. Gries & A. Stefanowitsch (eds.), *Corpora in Cognitive Linguistics*. Berlin/New York: Mouton de Gruyter. 159-192.

❏ Goddard, C. 1998. *Semantic Analysis— A Practical Introduction*. Oxford: Oxford University Press.

❏ Goldberg, A. 1995. *Constructions: A Construction Grammar Approach to Argument Structure*. Chicago: The University of Chicago Press.

❏ Lakoff, G. 1987. *Women, Fire, and Dangerous Things: What Categories Reveal about the Mind*. Chicago: The University of Chicago Press.

❏ Langacker, R. 1987. *Foundations of Cognitive Grammar, Vol.1: Theoretical Prerequisites*. Stanford: Stanford University Press.

❏ Langacker, R. 1991. *Foundation of Cognitive Grammar, Vol. II: Grammatical Application*. Stanford: Stanford University Press.

❏ Levin, B. & Rappaport Hovav, M. 1995. *Unaccusativity: At the Syntax-Lexical Semantics Interface*. Cambridge: The MIT Press.

❏ Levin, B. & Rappaport Hovav, M. 2005. *Argument Realization*. Cambridge: Cambridge University Press.

❏ Morera, Y. De Vega, M. & Camacho, J. 2010. Differences in continuity of force dynamics and emotional valence in sentences with causal and adversative connectives. *Cognitive Linguistics* 21: 501-536.

❏ Pinker, S. 1989. *Learnability and Cognition: The Acquisition of Argument Structure*. Cambridge, MA: The MIT Press.

❏ Radford, A. 1988. *Transformational Grammar: A First Course*. Cambridge: Cambridge University Press.

❏ Shibatani, M. 1976. The grammar of causative constructions: A conspectus. In M. Shibatani (ed.), *Syntax and Semantics 6: The Grammar of Causative Constructions*. New York: Academic Press. 1-40.

❏ Shibatani, M & Prashant, P. 2001.*The Grammar of Causation and Interpersonal*

Manipulation. Amsterdam: John Benjamins Publishing Company.

❏ Talmy, L. 1988. Force dynamics in language and cognition. *Cognitive Science* 12: 49-100.

❏ Talmy, L. 2000. *Toward a Cognitive Semantics (Volume I): Typology and Process in Concept Structuring*. Cambridge, MA: MIT Press.

❏ Verhagen, A. 2005. *Constructions of Intersubjectivity: Discourse, Syntax, and Cognition*. Oxford: Oxford University Press.

❏ Wolff, P. 2003. Direct causation in the linguistic coding and individuation of causal events. *Cognition* 88: 1-48.

❏ Wolff, P. 2007. Representing causation. *Journal of Experimental Psychology General* 136: 82-111.

❏ Wolff, P. 2008. Dynamics and the perception of causal events. In T. Shipley & J. Zacks (eds.), *Understanding Events: How Humans See, Represent, and Act on Events*. Oxford: Oxford University Press. 555-587.

❏ Wolff, P & Song, G. 2003. Models of causation and the semantics of causal verbs. *Cognitive Psychology* 47:276-332.

❏ Wolff, P, et al. 2009. Causers in English, Korean, and Chinese and the individuation of events. *Language and Cognition* 1: 167-196.

❏ Wolff, P & Aron K. B. 2010. For want of a nail: How absences cause events. *Journal of Experimental Psychology General* 139: 191-221.

❏ 程明霞，2008，致使概念的原型范畴研究。《湖南科技学院学报》(1):156-158。

❏ 程琪龙，2001，致使概念语义结构的认知研究。《现代外语》(2)：121-132。

❏ 李炯英，2012，《致使结构的汉英对比研究》。合肥：中国科学技术大学出版社。

❏ 熊学亮、梁晓波，2004，论典型致使结构的英汉表达异同。《外语教学与研究》(2)：90-96。

❏ 张豫峰，2014，《现代汉语致使态研究》。上海：复旦大学出版社。

❏ 张翼，2011，汉语"得"字致使句式研究。《解放军外国语学院学报》(3):13-16。

❏ 张翼，2015，基于原型的语言创新机制。《解放军外国语学院学报》(1): 83-84。

A Semantic Structuring of the Chinese Causative Construction *"shi"* from the Force Dynamic Perspective: A Corpus-Based Study

Abstract: This research applies Force Dynamic Model which was put forward by Wolff to the semantic structuring of *"shi"* construction. Based on the 200 items from Mo Yan's 14 novels, it examines the relationship between the deep semantic structuring of *"shi"* construction and its surface expression. Additionally, the prototypical and non-prototypical structuring of these semantic elements is treated. The results show that (1) the same surface element "*shi*" could structure three different semantic elements, CAUSE, ENABLE, and PREVENT; (2) the prototypical feature of CAUSE, ENABLE and PREVENT is the definiteness of occurring result that either does or does not occur. This study aims at testing and improving Wolff 's research on semantic structuring of causative construction. It also provides a new perspective for cognitive linguistics to meet the challenge of "the same form, different usages".

Key words: Force Dynamic Model; "*shi*" construction; prototype; semantic structuring

（责任编辑：胡旭辉）

汉语中的"蹑手蹑脚"及相类成语

河南大学 谢俊涛*

[提 要] 汉语"蹑手蹑脚"及相类成语有着相同的语义且可互用,其机制在于"蹑""捻""捏""摄"等字可以互用。部分辞书编纂者因不明"蹑""捻""捏""摄"等字的互用机制,在释义上将这些相类成语都释作"轻手轻脚",但这种解释在一些文例中行不通,因为这些成语本是缩手缩脚之义,而轻手轻脚只不过是缩手缩脚所产生的结果。"蹑手蹑脚"在使用中逐渐取代其他相类成语,与人们的认知方式和成语语义的发展演变有关。

[关键词] 蹑手蹑脚;相类成语;缩手缩脚;轻手轻脚;互用

❶ 引言

汉语词语的诠释,是汉语史研究的一项重要内容,是汉语文献整理的重要组成部分,也是正确理解与运用汉语词语的一个重要任务。千百年来,无数的文字、训诂专家为此耗费了大量的心血,且取得了斐然的成就。然而汉语中尚存一些意义用法复杂或特殊的词语,辞书虽有说解却仍有值得商榷之处。本文拟就"蹑手蹑脚"及相类成语的释义问题,来讨论这类成语的形成与发展机制。

"蹑手蹑脚"一语,《汉语大词典》(1992:卷十570)、《现代汉语词典》(2012:951)释作"形容走路时脚步放得很轻",《现代汉语成语词典》(2009:173)释作"手脚动作放得很轻,不弄出声响",《新编成语大词典》(2009:875)释作"形容轻手轻脚地走路",《简明成语词典》(2002:314)释作"走路时轻手轻脚,不敢惊动他人"。其他辞书对"蹑手蹑脚"的诠释均与此大同小异。这类解释可以概括为"轻手轻脚(地走路)"说,它突出了主体的手脚动作之轻,但没有对肢体的展敛状况做出说明。然而这类成语在某些语句中实难理解为"轻手轻脚(地走路)",如《海

---

* 作者简介:谢俊涛,河南大学文学院汉语言文字学专业博士研究生。主要从事训诂学研究。E-mail:juntao612@163.com. 通信地址:475001 河南省开封市顺河回族区明伦街85号河南大学文学院研究生办公室2014级博士生。

上花列传》第五十三回:"踱至山坡之下,突然刺斜里闪过一个人,蹑手蹑脚钻入竹树丛中。"此例之"蹑手蹑脚"指行为主体的肢体展敛情况——缩手缩脚(或敛手敛脚),"蹑手蹑脚钻入竹树丛中"指行为主体缩手缩脚(或敛手敛脚)地钻入树丛,因为钻字的语义特征要求钻的人需缩手缩脚,而不可能是舒展四肢地钻,所以该句的"蹑手蹑脚"可以在句意基本不变的前提下与"缩手缩脚"互用。又如《白手起家的"钻石大王"》:"他对学徒的严厉简直到了暴虐的程度,珠宝店的学徒在他面前无不蹑手蹑脚、谨慎从事,唯恐自己的疏忽和过错惹怒了这个六亲不认的老板。"此例之"蹑手蹑脚"指珠宝店的学徒在亨利·彼得森面前行为缩手缩脚、放不开,也不宜理解为"轻手轻脚(地走路)"。这两个例子说明,汉语"蹑手蹑脚"及相类的四字格成语在语句中被误释的地方,可能跟肢体的展敛有关。"蹑手蹑脚"及其相类成语"捻手捻脚""捻脚捻手""捏手捏脚""捏脚捏手""蹑脚蹑手""蹑手蹑足""摄手摄脚"等,呈现出基因型的"内容相同、形式各异"的特点(何自然,2005)。

❷ 汉语"蹑手蹑脚"及相类成语的用法与释义

汉语"蹑手蹑脚"之相类成语"捻手捻脚""捻脚捻手""捏手捏脚""捏脚捏手"明代方始见于口语化的著作。清代以后,其形式更为多样。它们的语义有时只宜理解为缩手缩脚(或敛手敛脚);有时既能理解为缩手缩脚,也能理解为轻手轻脚;有时的用法则同轻手轻脚。因此,辞书将其一概释作"轻手轻脚(地走路)",不尽符合语言事实。

2.1 只宜理解为缩手缩脚的

汉语"蹑手蹑脚"及相类成语本是缩手缩脚(或敛手敛脚)之义(本文第三部分有讨论),虽然这些成语正逐渐演变为轻手轻脚义,但仍有不少的文句保留了这类成语最初的语义和用法。

[1]其中又有个老成的,背地里捏手捏脚,教他莫说。(《醒世恒言》第二卷)

[2]那瑞云不慌不忙也掷了四个三,一个幺,一个六,这名做天晚归鸦遇月明。其后彩云也捏手捏脚,掷了六个,都是五,这个牌名唤满地梅花。(《圣朝鼎盛万年青》第二十九回)

[3]分付已毕,太尉便同一人过去,捏脚捏手,轻轻走到韩夫人窗前。(《醒世恒言》第十三卷)

此种用法的"捏手捏脚",《汉语成语考释词典》(1989:757)释为"形容以轻微的举动向人作某种暗示";《汉语大词典》(1992:卷六609)释为"捏别人身体,提醒注意";《汉语方言大词典》(1999:4721)释为"<熟>做个手势,放轻脚步走。官话"。例1写老成的人捏手捏脚地以"你我终是外人,怎管得他家事"等数言劝阻那个心直口快的人不要管许武三兄弟分家的事。可知，"捏手捏脚"是指"老成的"人说话时"顾虑多，放不开"，而不是指又捏手又捏脚，不是指"捏别人身体，提醒注意"，也不是指"轻手轻脚（地走路）"。例2"捏手捏脚"是相对于"不慌不忙"而言的，写彩云在众人面前因拘谨、放不开而缩手缩脚地掷骰子的情貌。若将此两例之"捏手捏脚"释为"轻手轻脚（地走路）""形容以轻微的举动向人作某种暗示""捏别人身体，提醒注意"，则与文意不符。据《汉语方言大词典》（1999：4721），今上海话中"捏手捏脚"有表缩手缩脚义的用法，如程乃珊《女儿经》四："男人过于捏手捏脚的注重礼节，反而有股酸味，不像男人！"例3"捏脚捏手"亦是缩手缩脚之意，若如《近代汉语大词典》（2008：1368-1369）将其释为"轻手轻脚（地走路）"，则"捏脚捏手，轻轻走到"就成了"轻手轻脚，轻轻走到"，语义赘余，也不合汉语行文之法。

[4]（做官的规矩）任你在家学得怎么纯熟，初出去的时候，总有点蹑手蹑脚的；等历练得多了，自然纯熟了。（《二十年目睹之怪现状》第九十九回）

[5]要改革就必须打破传统的束缚。调整结构也一样。蹑手蹑脚，墨守成规，就等着喝西北风吧。（赵清城《实践与探索：十一届三中全会以来党内监督理论与实践研究》）

[6]全家人在非同平日的沉默中吃着炖兔子，就连休吉和杰克在这场尴尬而不自然的谈话中也蹑手蹑脚起来。（考琳·麦卡洛《荆棘鸟》）

《邓析子·无厚》："为君者，藏形匿影，群下无私。"《敦煌变文集·伍子胥变文》："昼即途中寻鬼路，蹑影藏形恒夜游。"对比这两例中的成语"藏形匿影"和"蹑影藏形"，可以看出"藏形"与"匿影"、"蹑影"与"藏形"皆互为同义，"藏""匿""蹑"是同义词，可证"蹑"字有敛缩义。《汉语方言大词典》（1999：7340）："蹑，<动>畏缩。西南官话。……做了错事的四娃儿看见爸爸提起一根棍棍朝自己走来就吓蹑了。"这是"蹑"字在现代方言中有敛缩义的一个例证。例4、5、6之"蹑手蹑脚"即"缩手缩脚"，是形容施动者"做事顾虑多，不敢放开手脚去干"，并不是指施动者"走路时轻手轻脚"，此三例的"蹑手蹑脚"可以在句意基本不变的前提下被"缩手缩脚"替换。

[7]一盏灰暗的煤油灯不时撩动，我们几兄弟蹑脚蹑手，怯生生地站着，大气不敢出，静静地聆听父亲的教导。（卢莉、墨墨《人生不可能重来——活出精彩的自己》）

[8]他蹑手蹑脚地立在母亲身边："娘，您还没睡？"（徐星平《弘一大师》）

[9]华从来不曾下过水，今日还是第一次的冒险的尝试，她一把拖住她的唯一的人，像瞎子走夜路一样地，蹑手蹑脚，怀着一颗战栗的心，跟住了均慢慢地前进。（索非《海水浴》）

[10] 到张榜时，我蹑手蹑脚地走到告示前，鼓起勇气正视录取新生名单。（刘道玉《生命六十始》）

例7对比毛泽东《关于正确处理人民内部矛盾的问题》中"许多人不承认社会主义社会还有矛盾，因而使得他们在社会矛盾面前缩手缩脚，处于被动地位"，冯家文《五凤朝阳刀》第四部"以声威赫赫的峨嵋大派，尚且缩手敛脚不敢轻动，何况其他"，季栋梁《白衣苍狗》："梅志远盛气凌人地坐在上面，板着一张面孔不说话，说话也是颐指气使，其他人就吃得沉默寡言，就是几个在外上天入地的孩子坐到桌前也敛手敛脚悄无声息。"可知，"蹑脚蹑手"和"缩手敛脚""缩手缩脚""敛手敛脚"意义相同，都是"形容胆子小，顾虑多"或"行为拘束、放不开"的意思。例8"蹑手蹑脚"写"他"恭敬地站立在母亲身边时肢体的展敛情况——缩手缩脚（或敛手敛脚），若如《汉语成语词典》（2001：525）将"蹑脚蹑手"释作"指走路时轻手轻脚的"则与"立"字语义抵牾。例9瞎子走夜路特征：收敛脚步，逐渐摸索，所以"像瞎子走夜路一样地，蹑手蹑脚，怀着一颗战栗的心"中的"蹑手蹑脚"当指缩手缩脚。例10"蹑手蹑脚"写"我"因担心自己落榜而缩手缩脚地去看录取新生名单时的体态。

[11] （凤姐）说着，也扬手一下，打的那丫头一个趔趄，便摄手摄脚的走至窗前。（《红楼梦创作底本》第四十四回）
[12] 选聘德尔菲小组的技术专家是德尔菲法预测组织者要进行的最重要的决策，但是也不必过于摄手摄脚。（惠益民《技术预测》）

例11"便摄手摄脚的走至窗前"，蒙古王府本作"便摄脚的走至窗前"。[1]《诗经·大雅·既醉》："摄以威仪。"孔颖达疏："摄者，收敛之言。"[2]《慧琳音义》（2012:613）卷六"统摄"条注引《考声》曰："摄，敛也。"王夫之《姜斋诗文集》："岁时荐于寝，整衣鹄立，屏息摄足。"陈鸿《长恨歌传》："方士屏息敛足，拱手门下。"对比此两例的"屏息摄足"与"屏息敛足"，亦可证"摄"字和"敛"字一样，都是"敛缩"之义。元明以后，"摄手摄脚"与"蹑手蹑脚"变得音同义同（参照本文第三部分），均是缩手缩脚之义。《中华成语大辞典》（2002:373）认为"蹑手蹑脚"不能写成"摄手摄脚"，是为失察。"摄手摄脚的走至窗前"，指凤姐因怕被屋里人发现而缩手缩脚地走至窗前。例12"不必过于摄手摄脚"，是说可以放开手脚去挑选专家，不必顾虑太多、放不开。所以，此例"摄手摄脚"当释为缩手缩脚。

[13] 12月北京螺纹钢价格上涨仍显得有些犹豫，北京螺纹钢销售商家在操作上

① 曹雪芹著《蒙古王府本石头记》第1684页，书目文献出版社，1986年。
② 毛亨传、郑玄笺、孔颖达疏《毛诗正义》第1285页，北京大学出版社，2000年。

也显得捻手捻脚。(武光平《北京螺纹钢销售商家在操作上显得捻手捻脚》)

此例的"捻手捻脚"亦为缩手缩脚之义,指销售商家因螺纹钢价格上涨困难而在操作时犹犹豫豫、顾虑多。

2.2 理解为缩手缩脚或轻手轻脚均可的

因为汉语"缩手缩脚"指施事者行为拘谨、放不开,在特定的语境中会产生轻手轻脚的行为结果,因此"蹑手蹑脚"及其相类成语用于缩手缩脚义,有时会出现缩手缩脚与轻手轻脚两解均可的情况。

[14] 门子只得捻脚捻手,把栓拽了,飞也似闪入房里躲了。(《水浒传》第四回)

"捻脚捻手",《汉语大词典》(1992:卷六696)释为"轻脚轻手,小心而不使出声",《中国古代小说俗语大词典》(2002:712)将"捻脚捻手"释作"蹑手蹑脚",二书均认为"捻脚捻手"和"蹑手蹑脚"同义,都是轻手轻脚(地走路)的意思。《西游记》第五十四回:"遂此众皆恐惧,不敢上前。一个个都捻手矬腰,摇头咬指,战战兢兢,排塞街旁路下,都看唐僧。"《中国古典小说六大名著鉴赏辞典》(1988:214)释"捻手矬腰"为"缩手蜷腰,形容心中害怕不敢上前的样子"。《汉语方言大词典》(1999:5364)将此例的"捻脚捻手"释作:"<熟>缩手缩脚。江淮官话。……他过桥~的。"③可证"捻"字有敛缩义。此例写门子胆怯地拽开门栓并继而溜走时的情貌,人溜走当是敛缩形体,且动作很轻。故此例的"捻脚捻手"释为"轻手轻脚"于句意可通;但释作缩手缩脚更为合适,因为这样既能表现门子溜走时的拘谨、胆怯之态,又可以呈现出缩手缩脚的结果——轻手轻脚。

[15] 朱小八只见师父率众埋伏,只见众多公人赶到,只见大杀一阵,只见众人收拾死尸,最后,听得师父分付,开船往小孤山去,他才捏手捏脚出了林子,闪回家里安歇。(《古本水浒传》第九十回)

[16] (贼)捏手捏脚,直到房中,并无一人知觉。(《醒世恒言》第三十三卷)

[17] 那懿妃正待出房来会荣禄,不料老佛爷在炕上,咳嗽起来,心底着慌,忙转过身子,捏手捏脚地赶至炕前。原来慈禧并不曾睡醒,不过梦中痰糊,咳嗽一声。(《西太后艳史演义》第二十回)

例15"捏手捏脚"《汉语大词典》(1992:卷六609)释为"放轻脚步走路,不使声张",这样的解释于文意倒也通顺,但不足以表现朱小八因怕被公人发现而胆怯地闪回家里的情形,若释为"缩手缩脚"则既能写出朱小八怕被公人发现时的胆怯、

---

③ "捻脚捻手"与"捻手捻脚"同义,《汉语方言大词典》举例时,将"门子只得捻脚捻手"写成了"门子只得捻手捻脚"。

拘谨的肢体情态，也可以表达"缩手缩脚"所产生的结果"轻手轻脚"，更形象生动。例16、17之"捏手捏脚"用法和语义同例15。

[18] 周瑞家的会意，忙蹑手蹑脚儿的往东边屋里来。(《红楼梦》第七回)

例18《新华成语词典》(2002：506)释"蹑手蹑脚"为"形容走路时轻手轻脚、小心翼翼不让出声的样子"，《红楼梦语言词典》(1995：610)释"蹑手蹑脚"为"形容走路时把脚步放得很轻"。从文意上看，"蹑手蹑脚"表明周瑞家的走路时小心翼翼，以免惊扰睡觉的"大姐儿"。所以它可以理解为下人走路时缩手缩脚(或敛手敛脚)，亦可理解为周瑞家的因怕惊扰正在睡觉的"大姐儿"而缩手缩脚地行走所造成的结果"轻手轻脚(地走路)"。对比殷云岭《苇鸟》："无论男女渔民，皆以敛手敛脚地忙活，同时以友好、有趣的眼神看着熟睡的他们"，可知《苇鸟》中的"敛手敛脚"和例18之"蹑手蹑脚"用法和语义相同，故将"蹑手蹑脚"释为缩手缩脚是一种说得通的解释。

2.3 语义同轻手轻脚的

汉语"蹑手蹑脚"及相类成语在一些例句中，据上下文很容易看出其语义同轻手轻脚，这与辞书的释义是一致的。如：

[19]（那未发迹的英雄）赤着双脚，捏脚捏手，走到门首，正要悄悄叫他弟兄两个出来。(《西湖二集》第一卷)
[20] 推得进去，里面静悄悄的，自成心疑，就蹑手蹑脚的到了内室。(《明朝宫廷秘史》第九十三回)
[21] 为她服务的工作人员走进她的房间必须蹑手蹑脚，像雪花落地一般地轻而无声，否则便要大触霉头。(水静《我眼中的江青(下)》)
[22] 麦琪悄没声儿地摸到周酒意边上，在地毯上行走本来也没多大动静，她的蹑手蹑脚主要是为了强调自己身怀秘密。(李可《杜拉拉升职记》)
[23] 在一户普通人家，屋主安居士已从睡梦中苏醒，他小心翼翼地爬起，怕吵醒了睡在一旁的五岁儿子，轻轻下了床。看小男孩一脸熟睡的满足表情，他放心地一笑，摄手摄脚朝门外走去。(《雄辩破邪魔：吉藏大师》)

"捻手捻脚"和"捏手捏脚"也有表"动手动脚"义的情况。如：

[24] 惟行者有心闯祸，偏他睡不着，伸过手将八戒腿上一捻。那呆子缩了脚，口里哼哼的道："睡了罢！辛辛苦苦的，有什么心肠还捻手捻脚的耍子？"(《西游记》第八十五回)
[25] 害得我倒在人身上，由人家捏手捏脚的，你的面子多光彩呢！(《留东外史》第一百二十七章)

例24"捻手捻脚",《汉语方言大词典》(1999:5364)释作:"<熟>动手动脚,行为不轨。"《西游记辞典》(1994:236)释作"动手动脚"。例25"捏手捏脚",《汉语大词典》(1992:卷六609)、《近代汉语大词典》(2008:1369)均释作"动手动脚"。但这种表动手动脚义的用法与表缩手缩脚义和表轻手轻脚义的用法并非同一来源。

综而观之,汉语"捻脚捻手""捏脚捏手""蹑手蹑脚"等成语在语句中,有时只宜释为"缩手缩脚";有时既能理解为缩手缩脚,也能释为轻手轻脚,但释为缩手缩脚更合适一些,因为释作缩手缩脚,既能表现施事者的拘谨或胆怯之态,又可以表达"缩手缩脚"所产生的结果"轻手轻脚";有时的用法则同轻手轻脚。所以,辞书应给"蹑手蹑脚"及相类成语"捏手捏脚""摄手摄脚"等列出缩手缩脚义项。

❸ 汉语"蹑手蹑脚"的形成机制及其与相类成语的发展演变

汉语"蹑手蹑脚"一语的形成及被普遍使用,跟语音的演变和意义的联系所造成的"捻""捏""摄"与"蹑"的互用以及人们的认知方式有关。"捻""捏""摄"三字之所以能够与"蹑"字互用,首先是因为元明以后,它们在语音上声韵相同。《广韵·帖韵》:"捻,奴协切。"《广韵·屑韵》:"捏,奴结切。"《广韵·帖韵》:"摄,奴协切。"《广韵·叶韵》:"蹑,尼辄切。"《广韵》中"捻""摄"同属泥组帖韵,"捏"属泥组屑韵,"蹑"属娘组叶韵。元明以后,随着韵尾[-m]、韵尾[-n]的合流,"摄""捻""蹑"的韵尾[-p]与"捏"的韵尾[-t]演变得相同,"捻""捏""摄""蹑"四字的韵部因此而变得相同;随着娘组演变为泥组,"捻""捏""摄""蹑"四个字的声组也变得相同,于是它们就变得声韵俱同了。其次,从意义上看,"捻""捏""摄""蹑"都有相同的义项"敛缩"(或"敛合")。《玉篇·手部》:"捻,指捻。"《玄应音义》卷十六"捻置"条注:"捻,亦捏也。"《集韵·帖韵》:"捻,捏也,通作敜。"《玉篇·手部》:"捏,捻也。"例14已证"捻"字有敛缩义,"捏"与"捻"同义同音,它们本是异形词,故知"捏"字亦有敛缩义。《庄子·胠箧》:"将为胠箧探囊发匮之盗而为守备,则必摄缄縢,固扃鐍,此世俗之所谓知也。"成玄英疏:"摄,收;缄,结;縢,绳也。……必须收摄箱囊,缄结绳约,坚固扃鐍。"④陆德明《经典释文》引崔譔曰:"摄,收也。"⑤《论语·乡党》:"摄齐升堂,鞠躬如也。"刘宝楠《论语正义》引《论语骈枝》曰:"摄,敛也。"⑥可知,"摄"字亦有敛缩义。"蹑"字之敛缩义前文已证。"捻""捏""摄""蹑"四字声韵相同,又都有共同的义项"敛缩",这就使得"捻手捻脚""捏手捏脚""摄手摄脚"与"蹑手蹑脚"成了异形成语,所以它们都能够在相同的语境中彼此互用。"捻脚捻手""捏脚捏手""蹑脚蹑足"等成语可视为"蹑手蹑脚"的变异形式。

---

④ 郭庆藩《庄子集释》第342页,中华书局,1985年。
⑤ 陆德明《经典释文》第374页,中华书局,1983年。
⑥ 刘宝楠《论语正义》第377页,中华书局,1990年。

北京大学现代汉语语料库中,"蹑手蹑脚"和"蹑脚蹑手"的使用频率高于"捻手捻脚""捏手捏脚""摄手摄脚"等相类成语,这是因为"蹑手蹑脚"及相类成语用于同行走有关的语句时,"脚"的语义特征往往会被凸显,"捻""捏""摄""蹑"四字中,只有"足"字旁的"蹑"与"脚"的关系在意义上最为密切,"捻脚捻手""捻手捻脚""捏脚捏手""捏手捏脚"等成语就逐渐被"蹑手蹑脚"和"蹑脚蹑手"所取代了。"蹑手蹑脚"的使用频率又远高于"蹑脚蹑手"。在北京大学现代汉语语料库中,"蹑手蹑脚"凡370见,"蹑脚蹑手"凡5见。北京大学古代汉语语料库中,"蹑手蹑脚"凡32见,"蹑脚蹑手"凡4见。读秀中"蹑手蹑脚"的条目数多达126,436条,"蹑脚蹑手"的条目数为792条。"蹑手蹑脚"的出现频率之所以高于"蹑脚蹑手",可能是汉语中当手脚并提时往往先手后脚的认知表达习惯造成的。

北京大学古代汉语语料库中的4条"蹑脚蹑手"用例都既可以释为缩手缩脚,又可以释为轻手轻脚;该语料库中的32条"蹑手蹑脚"用例,有6条只宜释为缩手缩脚,有7条宜释为轻手轻脚,其余19条释作缩手缩脚或轻手轻脚均可。北京大学现代汉语语料库中的5条"蹑脚蹑手"用例,1条为辞书条目,其余4条为文学作品用例,4条文学作品用例中有1条其语义为缩手缩脚,其余3条的语义为轻手轻脚;该语料库中的370条"蹑手蹑脚"用例,其中语义为缩手缩脚的有38条,宜释为轻手轻脚的有126条,释为缩手缩脚或轻手轻脚均可的有206例。北京大学古代汉语语料库中"缩手敛脚"0见,"敛手敛脚"0见,"缩手缩脚"凡3见。北京大学现代汉语语料库中"缩手敛脚"0见,"敛手敛脚"0见,"缩手缩脚"凡149见。在读秀所收之现代文学作品中,"缩手敛脚"仅2见,"敛手敛脚"凡16见,而使用"缩手缩脚"的语句数,数倍于"敛手敛脚"。可以看出,现代汉语里表缩手缩脚义,更多的是用成语"缩手缩脚"而非"蹑手蹑脚","蹑手蹑脚"有朝表轻手轻脚义发展的明显趋势。而"缩手缩脚"逐渐取代"缩手敛脚""敛手敛脚",是汉语使用者的趋同易记心理和汉语的口语化趋势造成的。

❹ 结语

汉语"蹑手蹑脚"及相类成语"蹑脚蹑手""捻手捻脚""捏手捏脚""摄手摄脚"等虽被辞书释作"轻手轻脚",但它们本来都是"缩手缩脚"的意思,所以它们可以在基本不影响句意的情况下互用,也能被"缩手缩脚"替换。"轻手轻脚"是"缩手缩脚"的动作行为所产生的结果。"蹑手蹑脚"及相类成语虽在一些语句中可以释为"轻手轻脚",但在另一些语句中却只能被理解为"缩手缩脚",为免以偏概全,辞书应给它们列出"缩手缩脚"义项。"蹑手蹑脚"一语的形成与被普遍使用,跟语音的演变和意义的联系所造成的"捻""捏""摄"与"蹑"的互用以及人们的认知方式有关。现代汉语中"蹑手蹑脚"越来越多地用于表示轻手轻脚,这说明表缩手缩脚义的"蹑手蹑脚"用于行走时所产生的结果——轻手轻脚,得到了凸显。"缩手缩脚"取代"缩手敛脚"与"敛手敛脚",则跟汉语的口语化趋势和汉语使用者的趋同易记心理有关。

参考文献

❑ 陈彭年等（编），2008，《宋本广韵》。南京：江苏古籍出版社。

❑ 陈璧耀（编），2009，《新编成语大词典》。银川：宁夏人民出版社。

❑ 丁度等（编），2015，《宋刻集韵》。北京：中华书局。

❑ 冯世森（编），2002，《简明成语词典》。南京：东南大学出版社。

❑ 顾野王，2014，《大广益会玉篇》。北京：中华书局。

❑ 郭庆藩，1985，《庄子集释》。北京：中华书局。

❑ 何自然，2005，语言中的模因。《语言科学》（6）：58-59。

❑ 霍松林（编），1988，《中国古典小说六大名著鉴赏辞典》。西安：华岳文艺出版社。

❑ 刘宝楠，1990，《论语正义》。北京：中华书局。

❑ 刘洁修，1989，《汉语成语考释词典》。北京：商务印书馆。

❑ 陆德明，1983，《经典释文》。北京：中华书局。

❑ 罗竹风，1992，《汉语大词典》。上海：汉语大词典出版社。

❑ 毛亨传、郑玄笺、孔颖达（疏），2000，《毛诗正义》。北京：北京大学出版社。

❑ 宋永培、端木黎明，2001，《汉语成语词典》。成都：四川辞书出版社。

❑ 商务印书馆辞书研究中心，2002，《新华成语词典》。北京：商务印书馆。

❑ 吴光奇、吴明（编），2009，《现代汉语成语词典》。上海：上海辞书出版社。

❑ 向光忠等（编），2002，《中华成语大辞典》（简明本）。长春：吉林文史出版社。

❑ 许宝华、宫田一郎（编），1999，《汉语方言大词典》。北京：中华书局。

❑ 许少锋（编），2008，《近代汉语大词典》。北京：中华书局。

❑ 徐时仪，2012，《一切经音义三种校本合刊》。上海：上海古籍出版社。

❑ 曾上炎，1994，《西游记辞典》。郑州：河南人民出版社。

❑ 翟建波，2002，《中国古代小说俗语大词典》。上海：汉语大词典出版社。

❑ 中国社会科学院语言研究所词典编辑室，2012，《现代汉语词典》。北京：商务印书馆。

❑ 周定一，1995，《红楼梦语言词典》。北京：商务印书馆。

"*nieshou-niejiao*" and Its Group Idioms in Chinese

Abstract: "*nieshou-niejiao*" (creeping, or walking on tiptoes) and its group idioms (referring to a group of idioms that share the same pattern and their meanings are similar) in Chinese share the same meaning and are interchangeable. The mechanism is that some characters like "*nie*"(蹑) "*nie*"(捻) "nie"(捏) "*nie*"(摄) are interchangeable. Due to lack of knowledge regarding exchangeable mechanisms of these words, some lexicographers interpret these group idioms as "*qingshou-qingjiao*"(walking softly). However, this interpretation is inapplicable under certain circumstances, because the original meanings of these idioms are "*suoshou-suojiao*"(timid to act, overcautious), while "*qingshou-qingjiao*"(walking softly) is nothing but the result of "*suoshou-suojiao*"(timid to act, overcautious). "*nieshou-niejiao*"(creeping, or walking on tiptoes) in practice gradually replaces other group idioms, which is closely related to human's cognitive styles and the change of idioms' semantics.

Key words: *nieshou-niejiao*; group idioms; *suoshou-suojiao* (timid to act, overcautious); *qingshou-qingjiao* (walking softly); interchangeability

（责任编辑：苏祺）

日语终点指向容器动词的语义特征与句法表征

吉林大学　宋　欣*

[提　要]　本文以认知语义学容器意象图式理论和框架语义学观点为基础，分析了日语终点指向容器动词①的意象图式特征、语义特征、对格成分的选择以及在句式上的表征方式。主要结论如下：终点指向容器动词的语义框架要素包括移动物、容器边界、容器内、容器外、移动方向、终点、路径、力等；语义特征可分为终点容器的三维空间性、终点指向性、有界性和变化属性；格成分选择的优先序列为「二」格>「ヘ」格>「マデ」格；自移主体位置变化动词的语义框架为"移动主体+移动动作+[终点+方向+路径]+([容器内部状态变化])"，句法投射形式为「～ガ/ハ～ニ（ヘ、マデ）V」；致移客体位置变化动词的语义框架为"致使者+致使移动动作+[客体移动 终点+方向+路径]+([容器内部状态变化])"，句法投射形式为「～ガ/ハ～ヲ～ニ（ヘ、マデ）V」。

[关键词]　终点指向；容器图式；语义特征；句法表征

❶ 引言

人的空间经验对语言概念和结构的形成起着决定性作用。陆俭明（2009：105）的"认知言语过程假说"认为："客观世界通过感觉器官感知而形成直感形象或直觉，在认知域内进一步抽象，由直感形象或直觉形成意象图式、概念框架，投射到人类语言，形成该意象图式、概念框架的语义框架，该语义框架投射到一个具体语

---

* 作者简介：宋欣，吉林大学外国语学院日语系副教授、日语语言文学专业在读博士。研究方向：日语语言学、认知语言学。E-mail：sx7323@263.net。通信地址：130012 吉林省长春市吉林大学前卫校区外国语学院日语系。
本文系吉林省社会科学基金项目"现代日语容器空间指向动词研究"（2016B336）和2014-2015年度国家留学基金委资助青年骨干教师出国研修项目"现代日语动词的认知研究"的阶段性成果。

① "终点指向容器动词"一词为本文作者首次使用的术语，其语义内涵与特性在文中2.3有详细论述。

言，形成反映该语义框架的构式"。

动词是人类语言结构中不可或缺的要素，特别是日语属于动词框架型语言，动词是整个句子结构的核心。目前日语中关于空间范畴动词的研究主要集中在移动动词（影山太郎，2001，方美丽，2004，王轶群，2009，徐靖，2011），侧重对动词的空间移动属性进行挖掘。但笔者认为空间范畴动词的研究范围不限于此，像「出る（出）、入る（进入）、潜る（潜入）、満ちる（充满）、溢れる（充满、溢出）」等动词本身语义中蕴含着与容器意象空间的关系，受容器空间性的制约，此类动词在语义和语法上表现出独有的特征。但迄今为止挖掘这种具有容器空间属性动词语义特征的研究成果还不多见。

本文以认知语义学的容器意象图式理论为依据，结合框架语义学的观点，以日语中具有容器空间属性的终点指向容器动词为研究对象，通过考察分析该类动词的意象图式特征、语义特征、对格成分的选择以及在句式上的表征方式，解释人们基于容器空间经验的动作的词汇化过程以及投射到句式上的认知过程，即"空间经验→意象图式→语义概念框架→词的语义特征→词组构造→句式构造"这一具有连续性的语言编码过程。

❷ 容器意象图式与终点指向容器动词

2.1　容器与容器意象图式

容器通常被认为是用来包装或装载物品的贮存器，比如"箱子、罐子"等，"人体、汽车"也常被人们作为非典型的容器来认知，这些事物的共同特征是具有"内、外、边界"的空间结构。人们基于这种"内—外"的空间经验形成了容器意象图式。

山梨正明（1995：99）认为容器意象图式是一种基于经验形成的心理表象。具体事物和抽象事物都可以具有容器意象图式。具体事物如"酒盅、盘子、水桶"，抽象事物如"视野、思想"等。我们把这种基本的容器意象图式称为"静态容器意象图式"。容器属性为三维容器，在空间属性上具有立体性，容器的基本要素为"内、外、边界"。谷口一美（2006：38）②将静态的容器意象图式表示为图1：

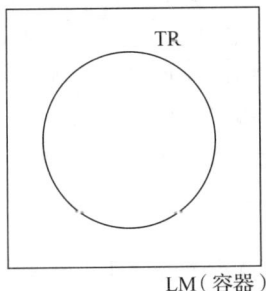

TR

LM（容器）

图1　谷口一美：容器意象图式

---

② 谷口一美（2006）用方形表示容器，作为界标（LM），用圆形表示容器中的容纳物，作为射体（TR），体现了容纳物在容器中的包含关系。

动态容器意象图式是在静态容器意象图式基础上的延伸，能体现物体由容器内向外或由容器外向内移动的过程。比如从外面进入一个房间、从盒子里拿出铅笔等，这些出入容器空间的过程具有动态的容器意象图式特征，多用动词表示。山梨正明（1995：98）③将这种移动物出入容器空间的过程图式为：

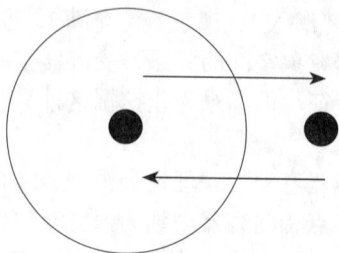

图2　山梨正明：容器意象图式

这种动态的容器意象图式与静态的容器意象图式相比，基本构成要素除了"内、外、边界"之外，增加了移动意象图式的构成要素，即"起点、终点、路径、方向"等要素。

2.2　容器动词

在日语中，我们把能够体现静态与动态容器意象图式特征、表达物体出入容器空间的过程、体现物体与容器空间的位置变化及容器内部状态变化的一类动词称作"容器动词"。比如动词「入れる（放入）、入る（进入）、潜る（潜入）、満たす（填满）、満ちる（充满）、溢れる（充满、溢出）、こぼす（漏）、こぼれる（洒落、漾溢出)」等，其中大多为成对的自他动词。

[1]　欲しいものを心に思いながら<u>ポケットに手を入れる</u>。

（世田谷ドラえもん研究会『ドラえもんの秘密』1993）④

（一边心里惦记着想要的东西，一边<u>把手插进衣袋里</u>。）

[2]　早食い大会などが行われると、口いっぱいにほお張る挑戦者の様子に、<u>場内から笑いがこぼれていました。</u>　　（広報紙2008年09号『広報遠野』）

（举行速食大赛时，人们被挑战者嘴里满是食物、腮帮子鼓鼓的样子逗得大笑，<u>笑声不时从会场传出来</u>。）

[3]　暖房のきいた<u>車内に笑い声が満ちる</u>。（角田光代『対岸の彼女』2004）

（开着暖气的<u>车里充满笑声</u>。）

例1中动词「入れる（放入）」表示"手"由外向内移入容器空间「ポケット

---

③　山梨正明（1995）用圆形表示容器，圆形中的实心黑点表示出入容器的移动物，箭头表示移动方向。

④　本文中出现的语料均出自日本国立国语研究所开发研制的「現代日本語書き言葉均衡コーパスBCCWJ（少納言）（现代日语书面语均衡语料库BCCWJ - 少纳言）」。例句的中文译文为笔者译。

（衣袋）」里；例2中动词「こぼれる（洒落、漾溢出）」表示"笑声"从有容器意象的「会場（会场）」由内向外传出去，例3的动词「満ちる（充满）」体现了具有容器意象的「車（车）」内部"充满"笑声的状态。动词所表示的事态都与表示容器意象的名词性成分发生联系。

2.3 终点指向容器动词的界定及其意象图式特征

我们把上述容器动词按照物体（包括有生物和无生物）出入容器空间这一事件的时间性，将事件结构分为几个阶段，以物体与容器的位置变化关系即"移入→存留→移出"为分类基准，将容器动词进行下位分类。本文着重对表示"移入"阶段的动词的语义特征和句法表征进行考察。

[4] 「どうぞ」水原に招かれ、姫君が中へ入った。

（早坂律子『超魔炎獄変』1991）

　　　（"请进。"在水原的邀请下，姫君走进去了。）

[5] これら原材料を均一に攪拌し、箱に詰めるが含水率は60%位に停めておく。

（西丸龍雄『植物工場システム』2001）

　　　（把这些原材料搅拌均匀，装入箱里，把水分含量控制在60%左右。）

动词「入る（进入）、詰める（装入）」分别表示「（部屋の）中へ入った（进入房间里）、「原材料を箱に詰める（把原材料装入箱里）」，体现出事件结构的"移入"过程，具有以下共同特征：

　　a. 物体在自力或外力作用下由容器外部移入容器内部，具有位置变化特征；

　　b. 容器的状态由于有物体的进入而产生内部状态的变化；

　　c. 物体移动的终点指向为容器的内部空间。

由此，我们把上述移入终点为容器或具有容器意象事物的一类动词称作"终点指向容器动词"，并将其定义为：体现物体在自力或外力作用下由容器外部移入容器内部的位置变化、终点指向为容器内部、且使容器内部状态发生变化的动词。由于此时动词的移动性语义特征强，我们把从容器外部移入容器内部的物体称作移动物，因自力产生移动的移动物称为"移动主体"，因外力产生移动的移动物称为"移动客体"。

我们借鉴谷口一美和山梨正明的容器意象图式，设定圆形为移动物（X），方形为容器（Y），箭头方向为移动方向，把终点指向容器动词的意象图式表示为图3。

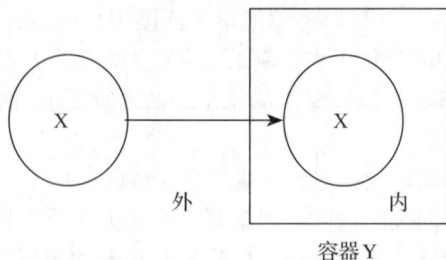

图3　终点指向容器动词的意象图式

终点指向容器动词的语义框架要素为移动物、移动方向、路径、终点、力、容器边界、容器内部、容器外部。

❸ 终点指向容器动词的语义特征

3.1　考察对象

我们从『日本語表現活用辞典』⑤的常用和语⑥动词（不含复合动词）中选取具有终点指向容器动词特征的动词，考察其语义和句式特征。

和语动词（21个）：

入る（进入）、潜る（潜入）、入れる（放入）、汲む（打水）、泊める（留人住宿）、うずめる（埋）、うめる（填）、込める（装填）、沈める（把……沉入水中）、しまう（放到……里边）、溜める（积存）、漬ける（腌）、埋ける（埋）、つぐ（灌）、そそぐ（灌入）、盛る（盛）、満たす（填满）、詰める（填塞）、収める（收）、納める（收纳）、浸す（浸）。

3.2　终点指向容器动词的语义特征

3.2.1　终点容器的三维空间性

终点指向容器动词的移动终点为具有三维空间属性的容器或具有容器意象的事物。

[6]　彼は気を静めるため二つの茶碗に茶を注いだ。

（ジョー・シャーロン著，田中昌太郎訳『上海の紅い死』2001）

（他为了镇定心神，把两个茶杯里都倒上了茶。）

[7]　両の掌を器の水に浸すとき心にたてるさざ波がある。

（岡部桂一郎著『戸塚閑吟集』2002）

---

⑤ 『日本語表現活用辞典（日语表达活用辞典）』（姫野昌子，研究社，2004）是一部反映日语常用动词和形容动词的词组搭配、句式搭配的辞典，体现了与动词共现的主要成分和句式，这也是本文选取该辞典中动词作为考察对象的目的所在。

⑥ 「和語」是指相对于漢語（汉语）和外来語（外来语）的日本原本使用的固有词汇，也称作「やまとことば」。（参照『日本語教育事典』，1987，日本語教育学会编，大修館書店。）

（把双掌浸入容器的水中时，心中会泛起涟漪。）

例6中，「茶碗（茶杯）」是容纳「お茶（茶）」的容器。山梨正明（1995：100）曾指出，容器意象不仅限于典型的容器，还包括非典型的容器。「茶碗（茶杯）」被认为是不封口的容器，是立体的、能够容纳「お茶（茶）」的有界空间，具有三维空间属性。例7中，「器の水（容器的水）」虽然并非容器，但是将「両の掌（双掌）」浸入「器の水（容器的水）」中时，「器の水（容器的水）」和「両の掌（双掌）」形成包含关系，「器の水（容器的水）」也被认为具有"内、外、边界"三个要素，因而我们认为它也是一种隐喻意义上的容器。

3.2.2 终点指向性

终点指向性是指动词语义中含有的指向移动目标（终点）的特性，这是终点指向容器动词最显著的语义特征。终点是构成移动事件的重要要素，终点指向原本为移动动词的特性之一，由于终点指向容器动词的移动性特征明显，与移动动词的特性有相似之处。冈智之（2013：234）将移动事件的意象图式表示为：[⑦]

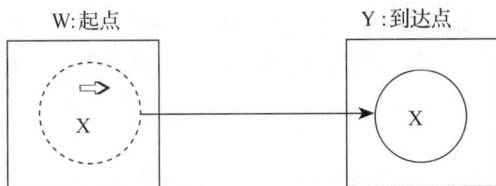

图4　冈智之：移动的意象图式

其中具有终点指向特性的到达型动词「着く（到达）」的意象图式为

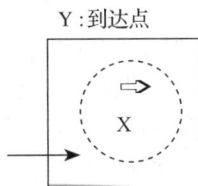

图5　冈智之：到达型动词「着く（到达）」的意象图式

终点指向容器动词的意象图式中包含移动意象图式的部分特征，即移动物的移动目标也是终点（参照图3），这一特征与到达型动词相似（参照图5）。但与移动动词不同的是，终点的属性存在差异。终点指向容器动词的移动终点是具有内外属性

---

⑦　冈智之（2013）的移动意象图式中，圆形X表示移动物、方形W表示起点、方形Y表示终点、实线箭头表示移动方向、空心箭头表示力。由于移动物（X）离开起点（W）移向终点（Y），因此起点（W）内的移动物（X）的圆形用虚线表示。

的立体容器或有容器意象的事物，且关注经过容器的边界由外部进入容器内部的过程。而移动动词到达的终点多为表示处所的名词，可以是点或平面，也可以是三维立体空间，不关注是否进入其内部。

终点指向容器动词终点要素是必要要素，如果缺失会影响语义的表达。与之相比，起点要素可有可无，不会造成语义表达不完整现象。

[8] （前略）忽ち井戸水を汲み上げて盥に満たす。

（子母澤寛『逃げ水』1996）

（不大工夫就打上井水，把盆装满了。）

[9] 澱があまり動かないようにボトルから直接グラスにそそぐ方がよいといえます。

（田崎真也『ワイン生活』1996）

（可以说为了不让沉淀物飘起来，最好直接从酒瓶里倒进玻璃杯里。）

例8中动词「満たす（装满）」与表示终点指向的「ニ」格成分共现表达了动词语义中的终点指向性。倘若「盥に（盆）」缺失，容易令人产生句子不完整之感。终点指向容器动词的语义更侧重于表达物体移动的终位，而表示起点的格成分「カラ」（例9）则并非一定要凸显出来。

3.2.3 有界性

在人类认知中，任何事物和事件的概念结构都会表现隐性和显性两种结构边界，象征事物和事件结构的语言结构对这一现象必然会反映出来。显性的语言结构边界指在句法结构中可以明显观察或感知到的结构－边界（刘辰诞，2008: 84）。比如表示起点和终点的句子成分，而隐性的语言结构边界则隐藏在由单个词所象征的概念结构中。

终点指向容器动词为有界动词，其语义特征具有"有界性"，即其表示的动作具有内在的终点。这种语义特征体现在语法和句式上，分为显性和隐性两种，主要表现在三个方面。第一，显性的有界性表现为与表示移动终点的格成分「ニ、ヘ、マデ」（-ni、-he、-made）共现；第二，隐性的有界性体现在表示移动终点的名词性成分属性为表示容器意象空间的名词，本身含有有界性的概念结构；第三，表示移动物的名词性成分中的名词由于最终移入容器空间内部，与容器构成包含关系，也具有隐性的有界性。

[10] 入浴の際、水道の水をバケツに汲みお風呂のお湯に1分、水に1分と10回繰り返します。　　　　　　　　　　　　　　（Yahoo! 知恵袋2005）

（洗澡时，把自来水管的水打到桶里，一桶洗澡用的热水，一桶凉水，反复10次。）

例10中，把"水"倒入"水桶"里时，动作就结束了，「汲む（打水）」是有界动词，动词的有界性在句法上也有所体现。「バケツに（水桶里）」格成分具有终点指向性，是显性的结构边界；「バケツ（水桶）」属于容器名词，语义中含有有界性，是隐性边界。此外，还可以对移入物添加限定修饰成分使其具有有界性，「水道（水管）」用来修饰「水（水）」，使得本来具有无界性的「水（水）」变为有界。根据把"水"打到"水桶"中时两者形成的包含关系能够推断"水桶中的水"是具有有界性的，这也是一种隐性边界的体现。因此，通过与有界性名词以及表示有界的语法成分的共现，终点指向容器动词语义特征中的有界性特征得以凸显。

3.2.4 变化属性

终点指向容器动词的变化属性体现在移动物的空间位置变化和容器内部的状态变化两个方面。前者主要为移动物由外向内移动过程中产生的位置变化，后者是因移动物的移入而引起的容器内部状态的变化。

[11] コートやワンピースといった丈の長い衣類をタンスにしまうとき、そのまま吊るすと、タンスの下のスペースがうまく使えなくてもったいない。

（平成暮らしの研究会『家事そんなやり方じゃダメダメ！』2001）
（把大衣、连衣裙这样尺寸长的衣服收拾到衣柜里时，如果只是那样挂着，柜子下方的空间就得不到有效地利用，很浪费。）

例11中，动词「しまう（放到……里边）」表示把衣物收纳在衣柜中的动作过程，不仅使衣物由衣柜的外部移入衣柜内部，使其发生位置变化，同时也因衣柜内添加了衣物，而使衣柜内部的空间分配相应产生变化。

❹ 动词对表示终点指向的格成分选择的优先序列：「ニ」格>「ヘ」格>「マデ」格

日语中表示终点指向的格标记主要有「ニ」、「ヘ」、「マデ」。学者们对这三个格标记所表示的语义特征众说纷纭。堀川智也（1988：321-333）认为「ニ」表示"终点"意义，与表示"附着对象"的意义密切相关。国広哲弥（1986：199）的观点与堀川智也相近，认为「ニ」既体现移动的方向性，也表示移动的目标和附着对象。铃木康之（2013：38）认为：从属名词与主导动词构成空间位置变化性词组时，「ニ」格具有一种空间义，表示进入关系时，「ニ」格、「ヘ」格等从属名词都表示处所，具有方向性，主导动词为表示进入该处所的动词。此外，森山新（2008：215）指出：「ヘ」、「マデ」在"终点指向性"上是相同的，但两者不同的是，「マデ」包含"到达终点"的含义，而「ヘ」侧重表示向"终点"移动的过程，更侧重强调"方向、目标"而不是"到达"。

由此可见，「二」表示向终点或目标移动，具有"方向性、终点指向性、到达性、附着性"特征。「へ」表现移动的"方向性、目标性（终点指向性）"，但不包含"到达性"特征。「マデ」表示终点、移动的范围，含有"终点指向性、方向性、到达性"特征，但不具有"附着性"。我们将以上内容归纳为表1。

表1　终点指向格标记的语义特征[8]

语义特征 格标记	终点指向性 （目标性）	方向性	到达性	附着性
二	○	○	○	○
へ	○	○	×	×
マデ	○	○	○	×

　　我们通过检索日本国立国语研究所开发的日语语料库（少纳言），对终点指向容器动词与终点指向格标记的共现情况进行考察，发现作为考察对象的21个动词最容易与「二」格共现，其次为「へ」格，最后为「マデ」格。

表2　终点指向容器动词与「二」格、「へ」格、「マデ」格的共现

格成分	终点指向容器动词
「二」格	（21个）入る、潜る、入れる、汲む、泊める、うずめる、うめる、込める、沈める、しまう、溜める、漬ける、埋ける、つぐ、そそぐ、盛る、満たす、詰める、収める、納める、浸す
「へ」格	（16个）入る、潜る、入れる、泊める、うずめる、うめる、沈める、しまう、漬ける、埋ける、つぐ、そそぐ、詰める、収める、納める、浸す
「マデ」格	（9个）入る、潜る、入れる、うずめる、うめる、沈める、満たす、詰める、納める

　　但是，当动词与「マデ」格共现时，「マデ」格还具有特殊的语义特征。井上拡子（1983：427-454）、荒正子（1983：455-471）认为「マデ」格除了标记"终点、移动范围"之外，还能够标记"程度、界限、情状和量"的范围。

[12]　水道水を口もとまで詰めておいたので、四十二、三リットルはあったはずです。

（吉岡忍『ある漂流者のはなし』2005）

（桶里灌满自来水，到桶口的位置应该有四十二、三立升。）

---

[8]　"○"表示格标记具有以上语义特征，"×"表示格标记不具有以上语义特征。

例12中，「マデ」标记的名词为「口もと（水桶的桶口）」，表示水位到达容器内部的某一点，体现了容器的内部状态和容纳物与容器量的分配关系。

综上所述，终点指向容器动词对表示终点指向的格成分选择的优先序列为：「二」格>「へ」格>「マデ」格。

❺ 终点指向容器动词的下位分类及动词语义框架在句法上的投射

根据动词语义框架中要素"力"的性质以及主体、客体的位置变化关系，我们将终点指向容器动词分为：

Ⅰ 自移主体位置变化动词

Ⅱ 致移客体位置变化动词

自移主体位置变化动词是指移动主体在自身能量的驱动下移动进入容器内部产生位置变化的动词，主要包括「入る、潜る」。自移主体位置变化动词的意象图式特征如图6。

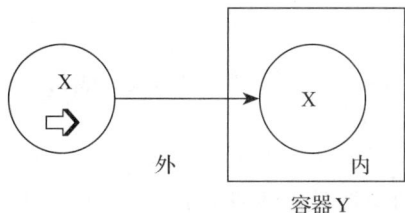

图6　自移主体位置变化动词的意象图式

图6中，表示力的空心箭头在移动主体（X）内部时，表示移动主体自力移动。图6体现了移动主体在自身动力驱动下移入容器（Y）内部的过程。该类动词的语义框架为：移动主体+移动动作+[终点+方向+路径]+([容器内部状态变化])。其中"容器内部状态变化"为内隐属性。日语由于属于SOV型语言，与动词的语义框架对应的句式格式为「～ガ/ハ～二（へ、マデ）V」。

[13] あなたは、水の上を泳いだり、水の中に潜るのがお好きですか。
（Andersen,Hans Christian著，浦山明俊訳『絵本とは違いすぎる原典アンデルセン童話』1999）

（你喜欢在水面上游泳、在水中潜水吗？）

[14] クジラの生態はわからないところがまだ多く、たとえば、定期的に海上に出て空気を吸わなければならないのに、相当深くまで潜ることもあるようです。

（中村幸昭『鳥羽水族館長のジョーク箱』2002）

（鲸鱼的生活状态还有很多让人不可理解的地方，比如它们必须定期浮出海面呼吸空气，但也时常潜入深海。）

例13的句式结构与动词的语义框架呈现一种映射关系，如图7所示。

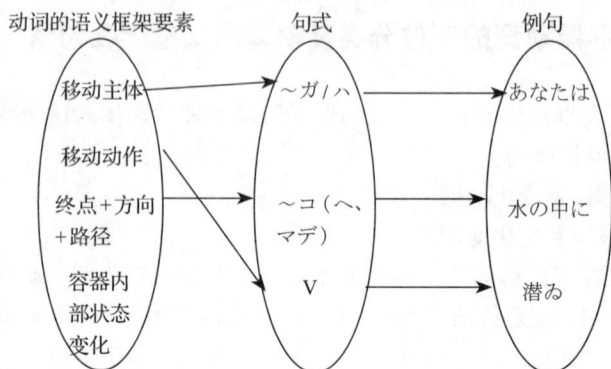

图7　自移主体位置变化动词语义框架与句式对应图

　　动词语义框架中的"移动主体"投射到句式中成为主语，用「ガ」（-ga）格或「ハ」（-ha）格表示，"移动动作"投射为自移主体位置变化动词，"终点+方向+路径"投射为「ヲ」格、「ヘ」格或「マデ」格。

　　致移客体位置变化动词表示在外力（主要为致使力）的驱动下客体产生移动，进入容器内部空间，使容器内部状态发生变化的过程。致移客体位置变化动词主要有「入れる、汲む、泊める、うずめる、うめる、込める、沈める、しまう、溜める、漬ける、埋ける、つぐ、そそぐ、盛る、満たす、詰める、収める、納める、浸す」。其意象图式为图8。

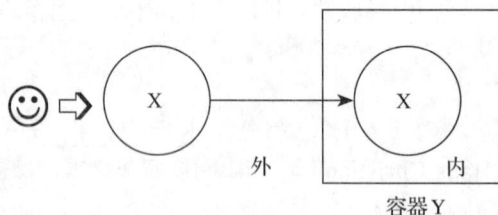

容器Y

图8　致移客体位置变化动词的意象图式

　　图8中，空心箭头置于移动客体（X）外部时，表示外力（致使力），由致使者发出，致使者用人脸表示，移动客体在外力驱动下移入容器内部。致移客体位置变化动词的语义框架为：致使者+致使移动动作+[客体移动终点+方向+路径]+（[容器内部状态变化]）。投射到句法上的格式为「～ガ/ハ～ヲ～ニ（ヘ、マデ）V」。

[15]「かじきまぐろ」女は言い、自分のグラスにワインを満たし、思い出したようにぼくのグラスにも注ぐ。（角田光代『人生ベストテン』2005）

（"旗鱼"，女人说着给自己的杯子斟满葡萄酒，也心血来潮地给我倒上一杯。）

[16] ニンフを水底まで沈めてから引っ張ってみると、今度は同じくらいの大きさのオオクチバスが釣れた。（平田剛士『ルポ・日本の生物多様性』2003）

（把蜻蜓幼虫沉入水底后一拽，这次钓上来一条大小差不多的加州鲈鱼。）

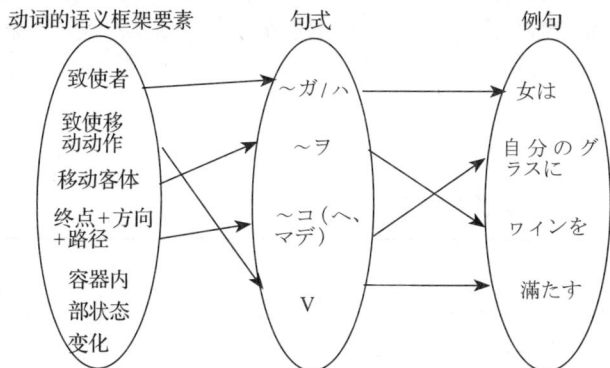

图9　致移客体位置变化动词语义框架与句式对应图

动词语义框架中的"致使者"投射到句式中成为主语，用「ガ」格或「ハ」格表示，"致使移动动作"投射为致移客体位置变化动词，"移动客体"投射为「ヲ」（-wo）格，"终点+方向+路径"投射为「ニ」格、「ヘ」格或「マデ」格。

❻ 结语

本文在对日语终点指向容器动词的语义内涵进行界定的基础上，通过对该类动词的意象图式特征、语义框架要素、动词语义支配下的格成分乃至句子结构进行分析，总结了该类动词普遍性、典型性的语义特征，验证了语言的编码过程即"空间经验→意象图式→语义概念框架→词的语义特征→词组构造→句式构造"这一连续统存在的假设，得出以下结论。

第一，终点指向容器动词的定义为：体现物体在自力或外力作用下由容器外部移入容器内部的空间位置变化，终点指向为容器，移入动作使容器内部状态发生变化的动词。其下位分类为"自移主体位置变化动词"和"致移客体位置变化动词"；

第二，终点指向容器动词的语义框架要素为：移动物、容器边界、容器内、容器外、移动方向、终点、路径、力；

第三，终点指向容器动词的语义特征为：终点容器的三维空间性、终点指向性、有界性和变化属性；

第四，终点指向容器动词可与表示终点指向的格成分「ニ」格、「へ」格、「マデ」格共现，体现动词的［移动终点+方向+路径］属性，动词对格成分选择的优先序列：「ニ」格>「へ」格>「マデ」格；

第五，终点指向容器动词的语义框架投射到句法上，分别与句法上的成分相对应。自移主体位置变化动词的语义框架"移动主体+移动动作+［终点+方向+路径］+（［容器内部状态变化］）"的句法投射格式为「～ガ／ハ～ニ（へ、マデ）V」；致移客体位置变化动词的语义框架"致使者+致使移动动作+［客体移动终点+方向+路径］+（［容器内部状态变化］）"的句法投射格式为「～ガ／ハ～ヲ～ニ（へ、マデ）V」。

参考文献

❏ 荒正子，1983，まで格の名詞と動詞とのくみあわせ。言語学研究会『日本語文法・連語論』：455-471。東京：むぎ書房。

❏ 井上拡子，1983，格助詞「まで」の研究。言語学研究会『日本語文法・連語論』：427-454。東京：むぎ書房。

❏ 王軼群，2009，『空間表現の日中対照研究』。東京：くろしお出版。

❏ 岡智之，2013，『場所の言語学』。東京：ひつじ書房。

❏ 影山太郎，2001，『日英対照動詞の意味と構文』：100-127。東京：大修館書店。

❏ 国広哲弥，1986，意味論入門。『言語』（15-12）：194-202。

❏ 谷口一美，2006，『学びのエクササイズ：認知言語学』。東京：ひつじ書房。

❏ 方美麗，2004，『「移動動詞」と空間表現—統語論的な視点から見た日本語と中国語』。東京：白帝社。

❏ 姫野昌子，2004，『日本語表現活用辞典』。東京：研究社。

❏ 堀川智也，1988，格助詞「ニ」の意味についての一試論。『東京大学言語学論集』（88）：321-333。

❏ 森山新，2008，『認知言語学から見た日本語格助詞の意味構造と習得—日本語教育に生かすために』。東京：ひつじ書房。

❏ 山梨正明，1995，『認知文法論』：95-166。東京：ひつじ書房。

❏ 山梨正明，2012，『認知意味論研究』。東京：研究社。

❏ 陆俭明，2009，构式与意象图式。《北京大学学报》（哲学社会科学版）（3）：103-107。

❏ 刘辰诞，2008，《结构和边界——句法表达式认知机制探索》。上海：上海外语教育出版社。

❏ 铃木康之（著），彭广陆、毕晓燕（译），2013，《现代日语词组学》。北京：北京大学出版社。

❏ 徐靖，2011，《移动与空间——汉日对比研究》。上海：复旦大学出版社。

Semantic Features and Syntactic Representations of Japanese Goal Orientation Container Verbs

Abstract: This paper examines goal orientation container verbs are in Japanese. Based on the theory of container image schema of cognitive semantics and frame semantics, issues such as image schema, semantic features, case members' selection, and sentence formation are discussed. The main findings are the following: (1) semantic frame elements of Japanese goal orientation container verbs include moving object, container border, inner container, outer container, direction of movement, goal, path, and force; (2) semantic features include three-dimensional space of container, goal orientation, bounding, and changing property; (3) the priority selecting order of the case members is as *-ni>-he>-made*; (4) the semantic frame of verbs of self-moving subject position change is "self-moving subject + Movement action + [goal + direction+path] + [State change inside the container]", and the syntax project form is " ～ *-ga/ha* ～ *-ni/he/made* V"; (5) the semantic frame of verbs of causing object position change is "causing object + causing Movement action + [object moving goal + direction + path] + [state change inside the container]", and the syntax project form is " ～ *-ga/ha* ～ *-wo* ～ *-ni/he/made* V".

Key words: goal orientation; container schema; semantic feature; syntactic representation

（责任编辑：赵华敏）

日语形容词修饰语限制性与非限制性解释的优选规则

[提　要]　日语的形容词性修饰成分大多存在着限制性修饰与非限制性修饰两种解释的可能性，然而在语义层面上，中心名词N与形容词A的语义特征会导致AN优先解释为某种结构。具体而言，当中心名词为指称个体或同质性集合的名词，且形容词程度义被激活时，AN优先解释为非限制性修饰结构；当中心名词为指称异质性集合的名词，且形容词的对比义被激活时，AN优先解释为限制性修饰结构。本文提取的语义规则对于修饰成分本质意义的探讨以及形容词句法功能的分析而言都是一次有意义的尝试。

[关键词]　同质性；异质性；程度义；对比义

❶ 引言

名词的修饰成分根据其与中心名词的语义关系，可以分为限制性修饰（restrictive modifier）和非限制性修饰（non-restrictive modifier）。[①]有些语言中，二者具有形式上的区分手段，尤其是对于后置的关系从句。在英语、西班牙语等语言中，可以利用停顿（书面语中的标点以及口语中的语音停顿）来判断是限制性或是非限制性修饰（陈玉洁，2009：178-179）。在日语中，二者没有形式上的区分手段，无论是关系从句或形式简单的形容词定语，大多存在着两种解释的可能性。

与此同时，我们也观察到有些例子存在着解释的倾向性，即容易解释为限制性

---

*　作者简介：周彤，北京科技大学外国语学院亚欧语系副教授、博士。研究方向：日语语言学、汉日对比语言学。Email：syuu_tou@126.com。通信地址：100083 北京科技大学外国语学院。
本文为国家社科基金项目“现代日语形容词语法语义互动机制的实证研究(13cyy091)”、中央高校基本科研业务费专项资金资助项目“现代日语格体系的理论研究(FRF-TP-11-004B)”的阶段性成果。感谢匿名审稿专家与责编老师对本文提出的宝贵意见！

① “限制性修饰/非限制性修饰”也被称为“限定性修饰/非限定性修饰”。本文统一采用前者的说法。关于“限制性修饰/非限制性修饰”的定义，详见下文叙述。

或非限制性修饰中的其中一种，我们来看两组形容词做定语的名词修饰结构：

[1]　<a组>限制性修饰　　　　　<b组>非限制性修饰
　　　白いワンピース（白连衣裙）　白い雪（白雪）
　　　丸いテーブル（圆桌）　　　　丸い地球（圆圆的地球）
　　　辛い料理（辣的菜肴）　　　　辛い四川料理（辛辣的四川菜）

以上两组例子，在自由语境下，a组更易解释为限制性修饰，b组则更易解释为非限制性修饰。那么，限制性修饰与非限制性修饰解释的优先条件是什么，二者在本质上有着什么样的差异？围绕这两个问题，本文对日语中形容词作定语的名词结构（以下标记为AN）进行考察。[②]为行文方便起见，下文也用R和NR分别代替限制性修饰和非限制性修饰。

❷ 限制性修饰与非限制性修饰的概念

所谓限制性修饰，是指对中心名词指称的集合进行划分，从中划分出子集的功能。[③]例如，「丸いテーブル（圆桌）」，是对「テーブル（桌子）」这一集合进行划分后得到的子集，因此，「丸い（圆）」对于「テーブル（桌子）」而言起到了限制修饰的功能。所谓非限制，是指对于中心名词的指示对象附加某种属性、信息的功能，例如「丸い地球（圆圆的地球）」，地球是独一无二的个体，无法对其分割，「丸い（圆）」起到了凸显其属性的作用，是非限制性修饰（寺村秀夫，1984，金水敏，1986，三宅知宏，1995，澤田浩子等，2003，加藤万里，2005，木下リカ，2006）。

在不同语境下，同一结构可能会产生不同的解释。例如金水敏（1986：607）举出了如下的例子。

[2]　a. どの映画を見ようかと家族で相談した結果，今回は<u>息子が好きな映</u>
　　　　<u>画</u>を見ることにした。（=R）
　　　　（究竟去看哪部电影呢？家里人商量的结果是这次去看儿子喜欢的电
　　　　影。）
　　b. 日曜日に何をしようかと家族で相談した結果，今回は<u>息子が好きな</u>
　　　　<u>映画</u>を見ることにした。（=NR）
　　　　（星期天去干什么呢？家里人商量的结果是这次去看儿子喜欢的电影。）

「息子が好きな映画（儿子喜欢的电影）」在具体使用中受到前后语境影响，在a

---

② 从形态学上来看，一些词根为动词的派生形容词如「食べたい（想吃）」「書きやすい（好写）」等也属于形容词之列，但由于其语义特征与一般形容词有较大区别，本文将其排除于研究对象之外。

③ 本文所说的集合是指具体的或抽象的对象汇总而成的集体，这些对象称为该集合的元素。构成集合的元素可以是可数的事物，也可以是不可数的事物，这与"集合名词"中的"集合"的概念不同。

句中解释为限制性修饰，在b句中是非限制性修饰，这说明R与NR的对立是语用层面的对立。然而，正如引言部分所提及的那样，在无标记的自由语境下，有些例子存在着解释的倾向性。尽管「息子が好きな映画（儿子喜欢的电影）」有R与NR两种解释的可能性，但「子供が好きな食べ物／色／もの（儿子喜欢的食品/颜色/东西）」通常只会被解读为R，这就提示我们从语义层面考察R与NR区别的必要性。以下，本文拟从名词及形容词的语义特征入手，围绕着R与NR的功能，分析限制性修饰与非限制性修饰的成立条件。

❸ 中心名词的语义特征

3.1 前人的研究成果

三宅知宏（1995：53）指出，当中心名词为不定指（indefinite）时，修饰语是限制性用法；当中心名词为定指（definite）时，则为非限制性用法。这一原则可视为语用层面的操作规则。加藤万里（2005：3-19）则从语义角度入手，指出语义范围宽广的上位概念容易解释为限制性修饰，下位概念则倾向于非限制性修饰。例如：

[3]　「音楽」を修飾する例
　　　1.　彼女の好きな音楽　　　　　　　（她喜欢的音乐）
　　　2.　彼女の好きなクラシック音楽　　　　（她喜欢的古典音乐）
　　　3.　彼女の好きなバロック音楽　（她喜欢的巴洛克音乐）
　　　4.　彼女の好きなバッハのソナタ　　　　（她喜欢的巴赫的奏鸣曲）
　　　5.　彼女の好きなバッハの無伴奏ヴァイオリンソナタ第一番

　　　　　　　　　　　　　　（她喜欢的巴赫无伴奏第一小提琴奏鸣曲）

例[3]之中，中心名称按照「音楽（音乐）＞クラシック音楽（古典音乐）＞バロック音楽（巴洛克音乐）＞バッハのソナタ（巴赫的奏鸣曲）＞バッハの無伴奏ヴァイオリンソナタ第一番（巴赫无伴奏第一小提琴奏鸣曲）」的顺序语义范围逐渐缩小，按照1→5的顺序，解释为限制性修饰的可能性递减，解释为非限制修饰的可能性递增。④

加藤的解释很有说服力，不过语义范围终究是一个相对概念，在[3]那样的序列中很容易判断上下位关系，如果单独将一个语言片段拿出来，则无从判断是上位概念还是下位概念。另外，上下位范畴是一个纵向的视角，对于「白いバラ（白玫瑰）

---

④　由于R与NR本质上来说是语用的概念，因此R与NR的解释也不是绝对的，即便是5，在特殊语境下，仍然存在着解释为R的可能性。例如，「彼女の好きなバッハの無伴奏ヴァイオリンソナタ第一番といったらきっとシェリングだと思う。ほかの演奏家のではあまり気に入らないだろう」（她喜欢的巴赫无伴奏第一小提琴奏鸣曲一定是谢林演奏的版本，其他演奏家的恐怕她不会喜欢。）（加藤万里，2005：7）。

/白い雪（白雪）」这样横向对立的语言结构而言，无法用上下位的概念说明其优先解释的原因。也就是说，上下位概念在解释上存在一定的局限性，是判断R或NR的充分条件而非必要条件。

3.2 本文的观点

从语义角度来看，限制性修饰的本质在于集合的分割，因此，中心名词应当是可以分割的集合概念，凡是无法进行分割的个体，或者无须进行分割的集合，一般修饰成分均为非限制性修饰。也就是说，如果中心名词的指示对象是个体概念，那么可以直接判断修饰成分为NR。指称个体概念的词汇，比较典型的有专有名词、代词以及受指示词修饰的名词。由于中心名词的语义内涵已经确定，因此无须限定外延。

- 专有名词
[4] 通達で全国一律に、暖かい沖縄と寒い北海道で同じようにケアができますか。（朝日新聞1998.06.09日朝刊・特集）

（无论暖和的冲绳还是寒冷的北海道，快递能够坚持全国统一的服务标准吗？）

- 代词
[5] 週2回はここに来るが、いまだに朝鮮の女性と踊ったことがないという。結局、やさしい彼女は、彼と踊った。（朝日新聞1991.02.19日 朝刊・大阪）

（他每周来两次，但据说还没有和朝鲜女性跳过舞。最后，善良的她与他共舞。）

- 受指示词修饰的名词
[6] 30年ほど前に比べると同じ通りにある店は減ったが、真新しいこの店が若い力で人気を集めている。（毎日新聞2011.10.17 福岡）

（与30年前相比同一条街道的商店减少了，刚刚开张的这家商店旭日初升，聚集了大量人气。）

当中心语为指称集合的名词时，语义就产生了R与NR分化的可能性。

[7] a. 甘いキャンディー（甜甜的糖果）　　b. 甘い料理（甜的菜肴）
　　　恐ろしい火事（恐怖的火灾）　　　　恐ろしい映画（恐怖的电影）
　　　重いピアノ（沉重的钢琴）　　　　　重い箱（沉重的箱子）
　　　冷たい氷（冰冷的冰块）　　　　　　冷たい空気（冰冷的空气）
　　　楽しい遊園地（有趣的游乐场）　　　楽しい授業（有趣的课堂）

a组与b组各例都是合法的AN结构，二者的差异可以通过以下的转换测试体现出来。

a'. キャンディーは甘いものだ。	b'. *料理は甘いものだ。
（糖果是甜的东西。）	（菜肴是甜的东西。）
火事は恐ろしいものだ。	*映画は恐ろしいものだ。
（火灾是恐怖的事情。）	（电影是恐怖的事情。）
ピアノは重いものだ。	*箱は重いものだ。
（钢琴是沉重的物件。）	（箱子是沉重的物件。）
氷は冷たいものだ。	*空気は冷たいものだ。
（冰块是冰冷的东西。）	（空气是冰冷的东西。）
遊園地は楽しいところだ。	#授業は楽しいものだ。
（游乐场是有趣的地方。）	（课堂是有趣的地方。）

如上所示，a组各例中的形容词均可满足句法槽

Nは＿（A）＿もの（ところ／人……）だ。（N是＿（A）＿物、地方、人……）

这就说明，例［7］当中，a组各例中的形容词指称的性质，表示的是中心名词指示对象的刻板（stereotype）印象，中心名词所指示集合的所有构成元素均拥有这一共同特征，这就意味着该集合在这个特征上是均质化的集合。除非特殊语境，一般而言，糖果没有不甜的，火灾没有不令人生畏的，钢琴没有不重的，冰块没有不凉的，游乐场没有不好玩的，因此「キャンディー（糖果）、火事（火灾）、ピアノ（钢琴）、氷（冰块）、遊園地（游乐场）」从各自形容词指称的属性角度看，都是一个均质化的集合，因而也就无须对其进行分割。由于限制性修饰的本质是分割集合，如若中心名词所示集合没有分割的必要性，自然就取消了限制性修饰的可能。因此，a组中的修饰成分都是非限制性的。与此相比，b组中的各例，在形容词指称的属性方面，存在着多种可能性。例如，菜肴可以有甜的，也可以有不甜的；电影可以有恐怖的，也可以有不恐怖的，等等。从定语形容词指称的属性来看，b组各例的中心名词分别是一个异质化元素共存的集合，该形容词的属性正是划分集合的操作标准，按此标准可将集合分割为子集AN及其补集→AN。⑤

于是，一个定中结构究竟是限制性修饰还是非限制修饰，首先可以从中心名词的语义特征入手进行辨识。如果中心名词的指示对象为个体概念，其修饰成分一定是非限制性的；如果指示对象是集合，需要看在定语形容词指称的属性方面，集合是同质化还是异质化的。同质化的集合由于各个元素的均一性，其整体性质趋近于个体，无须继续分割，因而其修饰语为非限制性用法；异质化的集合由各种元素构成，于是有了对其进行规约分类的表达需求，因此修饰语为限制性用法，对中心名

---

⑤ 本文所说的同质化、异质化均是指在形容词所指称的属性特征上，构成集合的元素表现为同质还是异质。

词起到分类的作用。这个辨识路径可以图示如下:

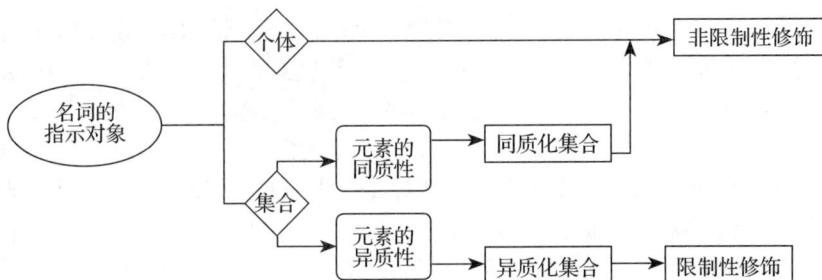

图1 基于名词语义特征的 R 与 NR 辨识路径

3.1中介绍了利用加藤万里上下位概念进行N、NR的判断手段,我们认为这一规则可以与本规则进行合并。如图2所示,构成上位概念集合的元素依靠一个非常宽泛的标准聚合在一起,因此异质化程度较高。随着集合逐渐靠近下位概念末端,其构成元素之间的共同性在不断增多,因此集合趋于同质化的群体,最极端的情形就是专有名词指称的个体概念,只保留下一个个体。例[3]中加藤举出的名词序列,「音楽(音乐)>クラシック音楽(古典音乐)>バロック音楽(巴洛克音乐)>バッハのソナタ(巴赫的奏鸣曲)>バッハの無伴奏ヴァイオリンソナタ第一番(巴赫无伴奏第一小提琴奏鸣曲)」,在我们看来,就是异质性减弱、同质性增强的序列。同质化、异质化的概念不仅可以涵盖上下位概念,而且还可以解释为何「白いバラ(白玫瑰)」「白い雪(白雪)」的优先解释不同——「バラ(玫瑰)」在色彩方面存在着白色以及非白色的对立,是一个异质化元素的集合,因而优先解释为限制性修饰;而「雪(雪)」的色彩默认值(default value)为白色,在色彩方面是一个同质化元素的集合,因此优先解释为非限制性修饰。

图2 上下位概念与异质性同质性的关系

④ 形容词的语义特征

如上文所述,限制性修饰的本质是对集合N进行分割,子集AN的成立意味着补集—AN的存在。因此,限制性修饰的形容词需要凸显对比性的含义,与之相反,非限制性修饰需要取消这种含义。

陈光(2008:37)指出,"量在语言中具体有两种表现:一是强调量的'大小',二是强调量的'有无'。'大小'是说某性状在程度量上的高低,即具体的量值大小,'有无'是说某种性状存在与否,而不是强调其程度量上的高低,不是就具体的量值大小进行比较。"依照该观点，形容词所示属性有两种表现，一是强调属性的有无，另一种是强调属性程度的高低。

定延利之等（2001：52）基于认知科学，指出对于属性的识解过程中存在两种对立的意识——范畴意识（カテゴリ意識）以及程度意识（程度意識）。范畴意识指的是将物体划归为何种范畴的识解过程，例如说到「大きい服（大的衣服）」，如果是相对「小さい服（小的衣服）」而言的，那么此时的「大きい（大）」是凸显属性的范畴意识。与此相比，程度意识指的是对属性达到何种程度的认知过程，凸显程度意识情况下的「大きい服（大的衣服）」，表现的是「大きい（大）」的程度值。换句话说，范畴意识下的「大きい（大）」关注的是大还是小，而程度意识下的「大きい（大）」关注的是有多大。在汉语中，单音节形容词与其重叠形式之间的区别有着与之类似的对应，例如"红"与"红红的"，说到红苹果，我们关注的是这个苹果是红的而不是绿的，"红"凸显的是属性的范畴意识；而说到"红红的苹果"，我们关注的是红得程度非常高，它凸显的是属性的程度意识。日语形容词的长音化有着与汉语形容词重叠式相同的功能，因此「あかーいりんご（红红的苹果）」只能存在于强调程度的表达中。

综合上述观点，可以看出"范畴意识"的凸显是对"属性有无"的强调，"程度意识"的凸显是对"程度量值"的强调。如果我们将形容词的语义特征分解为"基本词汇义+附着义（包括程度性语义、评价性语义等）"的话，⑥范畴意识主导下的形容词的基本词汇义前景化，即凸显属性是"大的而不是小的"，是"高的而不是低的"，这种对立意识恰好是限制性修饰的成立条件，即对集合的划分。如「大きいかばん（大包）」「高い山（高山）」中的形容词其对比义处于前景化的位置，因此很容易激活意义对立的补集——「小さいかばん（小包）」「低い山（低矮的山）」。据此我们认为，凡是对比义容易被激活的形容词，作定语时易于解释为限制性修饰。与此相比，程度意识的前景化是对量值高低的强调，此时的程度性语义被充分激活而凸显出来，强调的是"有多大""有多高"，而非"是大还是小""是高还是低"。由于不再关注对比义，因此也就与集合分割无缘，故失去限制性修饰的可能性，非限制性修饰是其唯一的功能。

当形容词的对比义被激活时，AN优先解释为限制性修饰结构；当形容词的程度义被激活时，AN优先解释为非限制性修饰结构。这可以通过以下例子得以证明：

[8] 5月13日の日曜日は母の日でした。今年も<u>大好きなお母さん</u>に感謝の気持ちをこめ、何かしたいと思いました。（朝日新聞2007年06月03日朝刊）
→＊好きなお母さん

---

⑥ 程度义是形容词最重要且最具有跨语言意义的语义特征，对于形容词语义语法特性的讨论，离不开对程度义的考察。关于日语形容词的程度性语义特征，可参考西尾寅弥（1972:143-176）、周彤（2012:23-27）。

（5月13号周日是母亲节。今年我也想怀着感恩之心为亲爱的妈妈做点事。）

　　例[8]中的「大好き（非常喜欢）」一词通过词汇化手段（附加程度义前缀「大（非常）」凸显了形容词「好き（喜欢」的程度义，「大好きなお母さん（非常喜欢的妈妈）」构成了非限制性的修饰结构。如果将此处的「大好きなお母さん（非常喜欢的妈妈）」换成「好きなお母さん（喜欢的妈妈）」，经向母语人士确认，是不合法的表达。⑦为何削减了程度值就导致了表达的不成立呢？这是因为「好きなお母さん（喜欢的妈妈）」中的「好き（喜欢）」容易激活对立语义「嫌い（讨厌）」，然而根据人们的一般认知，「お母さん（妈妈）」是独一无二的个体。也就是说，名词的语义特征要求非限制性修饰，而形容词本身的特征又引导其趋向做限制性修饰，二者之间的语义摩擦导致了该结构的不合法。为验证这一猜测，我们通过语料库「朝日新聞データベース・聞蔵」进行了词例检索，结果如表1所示，作为「お母さん（妈妈）／お父さん（爸爸）／ママ（妈妈）／パパ（爸爸）」的定语形容词，「大好きな（非常喜欢）」的使用频率远高于「好きな（喜欢）」。⑧

表1　「好きな（喜欢）／大好きな（非常喜欢）」的使用频率

A＼N	お母さん（妈妈）	お父さん（爸爸）	ママ（妈妈）	パパ（爸爸）	合計（合计）
好きな（喜欢）	2	3	3	1	9
大好きな（非常喜欢）	71	51	18	22	162

　　顺便说一下，我们检索到的「好きなN」其实也多为限制性修饰的用法，例如：

[9]　私は、お母さんが好きなときと、きらいなときの差がはげしい。（中略）私の頭の中には好きなお母さん・きらいなお母さんがいるが、もしかすると、両方"好きなお母さん"なのかもしれない。（朝日新聞1999年11月13朝刊）
（对我而言，有喜欢妈妈的时候和讨厌妈妈的时候，二者差别很大。〈略〉我脑子里有喜欢的妈妈和不喜欢的妈妈，不过，也许二者都是我"喜欢的妈妈"。）

　　类似的证据还有不少，例如「*まるい丸を描いた（画了一个圆的圆圈）」是不合法的表达，而增加「まるい（圆）」的程度值，变成「真んまるい丸を描いた（画了一个很圆的圆圈）」的话，句子就可以成立了。这也说明了程度性表达与非限制性

---

⑦　也有母语人士认为这一表达称不上不合法，但非常不自然。
⑧　调查于2013年11月进行。

修饰在语义上高度兼容。

❺ 非限制修饰的述谓性问题

限制性修饰的形容词凸显对比义，它负载着AN结构的语义重心，是该结构的焦点成分，这一点，可以通过加重音的手段得以证明。因此，对于AN结构而言，限制性的修饰具有很高的信息价值，有些甚至是义务性的成分。例如：

[10] <u>緩やかな</u><u>カーブ</u>をまわると，すぐ先に<u>白い</u><u>服</u>を着た男の人が立っていた。

（拐过缓缓的弯，看到不远处站着一个穿着白衣服的男子。）

→[10'] <u>カーブ</u>をまわると，？すぐ先に<u>服</u>を着た男の人が立っていた。

（拐过弯，看到不远处站着一个穿着衣服的男子。）

「緩やかなカーブ（缓缓的弯）」「白い服（白衣服）」很容易激活对立的子集「急なカーブ（急转弯）」「黒い（赤い／青い……）服（黑、红、蓝……衣服）」，因此这两个AN都是限制性修饰结构。如[10']所示，削减限制性修饰成分，句子会变得语义不足，甚至不可接受。与此相比，一般而言，非限制性修饰由于是附加信息，或者指称集合的共同特征，而这些信息、特征往往已经是被众人熟知的知识，信息价值并不高。例如「重いピアノ（沉重的钢琴）」，既然没有钢琴是不重的，那又为何要在言语层面将其编码出来呢？关于这个问题，我们认为，如果将限制性修饰认为是纯粹的定语的话，那么非限制性修饰虽然处在定语的位置上，却具有一定的述谓性。[9]所谓述谓性，是指动词或形容词对事物具有的陈述描写说明功能（张宗正1986：74），这是句子的主要属性（郝斌1988：8）。请看以下例子：

[11] <u>重い</u>ピアノの搬入で床石が割れることなどが理由だという。（朝日新聞 2005年03月10日 朝刊 奈良1）

（搬运沉重的钢琴，导致了地板的开裂。）

例[11]省略掉「重い（重）」，句子也完全可以成立。「重い（重）」在此处的功能，是解释了「床石が割れる（地板开裂）」的理由。例[11']可以视为[11]的平行表达。

[11'] <u>ピアノ</u>が<u>重い</u>から、その搬入で床石が割れる。

（因为钢琴很沉重，所以搬运它导致了地板的开裂。）

---

⑨ 关于此问题，参见寺村秀夫（1984：201-206）。

也就是说，「重いピアノ（沉重的钢琴）」虽然是一个名词结构，却负载了「ピアノが重い（钢琴沉重）」这样一个主谓谓语句的功能。

再看一个更为典型的例子。

日语中有少量形容词通常是不能做定语的，如「多い（多）、少ない（少）」，不过，中川正之（2009：61）给出了一些可以做定语的例子。

[12]　a. 少ない給料でなんとかやりくりする。
　　　　　（用微薄的工资勉强维持生计。）
　　　b. （海難事故のニュースのおりなどに言われる）
　　　　　少ない情報にいらだつ家族
　　　　　<听到海难的消息>
　　　　　（因为仅有的少量信息而焦虑不安的家属）

关于这些表达成立的理由，该文未进行详细分析。以上二例均是非限制性修饰，从本文的观点来看，我们认为「少ない（少）」能够做定语的原因正是在于非限制性修饰的述谓性。以上两例分别平行于下列结构。

[12']　a. 給料が少ないけど、なんとかやりくりする。
　　　　　（工资虽然微薄，但还能勉强维持生计。）
　　　b. 情報が少ないから、（家族が）いらだつ。
　　　　　（因为信息太少（家属）焦虑不安。）

也就是说，少ないN（少N）其实相当于「Nが少ない（N少）」的变形形式，语义信息没有丢失，且更符合经济性原则，因此它们的存在是合情合理的。

❻ 结语

以上，本文从中心名词与形容词性修饰成分的语义特征入手，对于限制性与非限制性的解释倾向性进行了考察，其优选规则可归纳如下：

(1) 当中心名词为指称个体或同质性集合的名词时，AN优先解释为非限制性修饰结构；当中心名词为指称异质性集合的名词时，AN优先解释为限制性修饰结构。

(2) 当形容词的程度义被激活时，AN优先解释为非限制性修饰结构；当形容词的对比义被激活时，AN优先解释为限制性修饰结构。

(3) 限制性修饰是一种纯粹的定语，非限制性修饰虽然处在定语的位置上，却具有一定的述谓性，这也是非限制性修饰结构使用的重要动因。

关于限制性与非限制性的问题，以往的研究多集中于小句层面，本文对于最基本的形容词性修饰进行了考察，这对修饰成分本质意义的探讨以及形容词句法功能的分析都是一次有意义的尝试。

参考文献

❑ 尾谷昌則，2012，装定用法における形容詞並置構文に関する一考察—総合的認知と離散的認知の観点から—。山梨正明他『認知言語学論考 NO.10. ひつじ書房』：105-141。

❑ 加藤万里，2005，日本語の制限・非制限修飾に関する一考察。『日本語文法』5巻1号：3-19。

❑ 木下りか，2006，形状を表す名詞と形容詞の対立をめぐって。『人文科学部論集』第7号：49-59。

❑ 金水敏，1986，連体修飾成分の機能。『国語研究論集　松村明教授古稀記念』：602-624。東京：明治書院。

❑ 定延利之・澤田浩子・中川正之・松本恵美子，2001，カテゴリとプロソディ。日本認知科学会『日本認知科学会第18回大会発表論文集』：52-53。

❑ 澤田浩子・朱春躍・中川正之，2003，形容詞連体修飾における文法と音声。『日本語文法』3巻1号：100-116。

❑ 寺村秀夫，1984，『日本語のシンタクスと意味 II』：201-206。東京：くろしお出版。

❑ 中川正之，2009，中国語から見た日本語の文法記述—とくに「多い・少ない・遠い・近い」をめぐって」。『言語』1月号：56-63。

❑ 西尾寅弥，1972，『形容詞の意味用法の記述的研究』：143-176。東京：秀英出版。

❑ 三宅知宏，1995，日本語の複合名詞句の構造——制限的／非制限的連体修飾節をめぐって——。『現代日本語研究』第2号：49-66。

❑ 陈光，2008，对现代汉语形容词重叠表轻微程度的重新审视。《语言教学与研究》（1）：35-41。

❑ 陈玉洁，2009，汉语形容词的限制性和非限制性与"的"字结构的省略规则。《世界汉语教学》（2）：177-190。

❑ 郝斌，1988，句子的述谓性。《外语学刊》（2）：8-13。

❑ 张宗正，1986，"转类"的语法基础——谈名词具有述谓性的强制条件。《河南师范大学学报》（哲学社会科学版）（1）：73-81。

❑ 周彤，2012，论日语形容词的程度性。《解放军外国语学院学报》（5）：23-27。

The Optimal Rules for the Restrictive and Non-Restrictive Interpretation of Japanese Adjectives

Abstract: There are two possible ways that the function of adjectival modification in Japanese might be explained, restrictive and non-restrictive. However, on the semantic level, people might tend to interpret the adjective and the noun structure (AN structure) based on semantic features of the head noun and adjective. To be more specific, an AN structure tends to be interpreted as a non-restrictive modifier on the condition that the head noun refers to an individual or a homogeneous set, and the gradable meaning of adjective is activated. On the other hand, an AN structure tends to be interpreted as a restrictive modifier if the head noun refers to a heterogeneous set, and the contrastive meaning of adjective is activated. The semantic rules proposed in this paper are of great significance for understanding both the essential meaning of the modifier and syntactic functions of adjectives.

Key words: homogeneity; heterogeneity; gradable meaning; contrastive meaning

（责任编辑：赵华敏）

日语中时间因素在各义项中的统摄作用
——以「また」为例

北京语言大学　孙佳音*

［提　要］　当一些词具有时间副词等多种词性、多个义项时，那些貌似无关的用法可由时间因素来统一解释。本文以「また」为例对该现象进行了分析和论证，并指出时间因素在各义项中的统摄作用：当句子表示时间流逝过程中的具体事件时，「また」表示先后关系（对于相同事件而言为再次发生）；当句子表示不随时间流逝而轻易改变的属性、规律时，「また」表示并存关系。简言之，对语义起主要作用的是时间因素，而非词性。

［关键词］　时间因素；语义关联；「また」；时间副词；连词

❶ 引言

　　在时间范畴的研究中，人们往往关注时间因素对谓词性成分（尤其是动词）的影响。笔者发现，时间因素对副词性成分同样发挥作用，当某些副词性成分具有其他词性或多个义项时，那些貌似无关的用法最终可由时间因素来统一解释。换言之，时间因素对各义项起着统辖、支配的作用，我们将这种作用称为"统摄作用"。

　　「また」（又，再）一词兼有副词、连词词性，同时还有名词前缀等用法。一般认为「また」做副词时表示再次（或先后），做连词时表示并存。我们观察到，该词做副词时也可表示并存，做连词时也可表示先后，可见词性并不能彻底、全面地解释该词的用法（实际上，很多连词源于副词）。我们尝试不拘囿于词性，从新的角度对该词各用法之间的关系进行阐释，"时间因素"不失为一个重要的切入点。本文将

---

*　作者简介：孙佳音，北京语言大学副教授，博士。研究方向：日语语言学。E-mail:sunjiayin2002@hotmail.com。通信地址：100083 北京语言大学外国语学部。
　本文为国家社会科学基金项目"现代日语时间副词的句法语义互动研究"（12CYY071）、北京语言大学"中青年学术骨干支持计划"、北京语言大学院级科研项目（中央高校基本科研业务专项资金资助，16YJ020011）的阶段性成果。

以「また」为例，分析时间因素是如何在各义项中起到统摄作用的。

各种词典和语法书对「また」的解释大同小异，我们以『大辞泉』（第2版）为例看一下该词的一般用法（限于篇幅，省略部分例句）。

［副（副词）］

1　前にあったことがもう一度繰り返されるさま。ふたたび。「あした—来ます」
　　之前发生的事再一次重复。再次。"明天再来"

2　ほかのものと同じ状態にあるさま。ひとしく。同じく。「息子も—父親と同様、学者だ」
　　和其他事物处于相同的状态。等同。相同。"儿子和父亲一样，也是学者"

3　そのものと別であるさま。「忙しいから—にしてくれ」
　　另外的。"忙着呢，再说吧"

4　さらに別の事柄がつけ加わるさま。その上に。「秋は—収穫の季節でもある」
　　外加其他事物。在此基础上。"秋天也是收获的季节"

5　驚きや疑問の気持ちを表す。まったく。それにしても。「—えらい失敗をしたものだ」
　　表示惊讶、疑问的心情。真是。即便如此。"真是又搞砸了"

［接（连词）］

1　事柄を並列・列挙するときに用いる。ならびに。「彼は、英語もドイツ語も、—フランス語も話せる」
　　用于列举事物。及。"他既会英语、德语，又会法语"

2　さらに別の事柄をつけ加えるときに用いる。その上。「医者であり、—文学者でもある」
　　用于外加其他事物。在此基础上。"既是医生，又是文学家"

3　並列・列挙した事柄のうち、どれを選択してもいいときに用いる。あるいは。または。「行ってもいいし、—行かなくてもいい」
　　用于表示"在并列的事物当中，可任选一个"。或。和。"去也行，不去也行"

［接頭（前缀）］

名詞に付いて、間接である意を表す。「—聞き」「—貸し」
接在名词之前，表示间接之意。"间接听到""转租"

该词典列出了「また」的9种用法，笔者认为：从语义来看，副词用法中的1、3、5项以及名词前缀的用法可归为一项，表示"再次"，其他所有用法可归为一项，表示"并存"；"再次"和"并存"也是同根同源的关系，均可由时间因素来统一解释，即当句子表示时间流逝过程中的具体事件（动作、变化等）时，「また」表示"再次"，而当句子表示不随时间流逝而改变的属性、规律时，「また」表示"并存"。简言之，与「また」关联的两个事物之间的关系是由时间因素决定的。

以下我们分别对表示"再次"和表示"并存"的两种用法进行具体分析，然后探讨这两种用法之间的语义关联以及时间因素的统摄作用。

❷ 表示"再次"的用法

笔者从3部文献①中收集了287个「また」的用例，其中表示"再次"的256例，占总数的89.2%，从数量上看，这是「また」的最主要用法。该用法例句繁多，使用情况也不尽相同，我们先看最典型的情形。

[1]　「そろそろ帰りのバスの時間ですから、明日また参ります」（筒井）②
　　　"回去的巴士马上就来了，我明天再来。"

[2]　またどこかへ旅行でもしようかしら、と久子は思った。ハワイはもう
　　　行ったから、今度はヨーロッパにでも……。（赤川）
　　　"再去什么地方转转"，久子琢磨着："夏威夷已经去过了，这次去去欧洲
　　　什么的……"。

在［1］中，「また」表示「参る（来）」这一动作将再次发生，这由句中的「そろそろ帰りのバスの時間です（马上就到返程巴士的发车时间了）」可以得到证实，即说话人今天来到某地，乘车回去之后明天再次前往该地。在［2］中，「また」表示「旅行する（旅行）」这一行为将再次发生，句中的「ハワイはもう行ったから、今度はヨーロッパにでも（夏威夷已经去过了，这次去去欧洲什么的）」提供了依据，即此前去过夏威夷，这次将去欧洲等地再次游玩。

谓语为形容词或名词时，「また」的用法相同。以下两例分别表示"此前迟到过，这回再次迟到"和"此前没中奖，这回再次落空"。

[3]　「あのボーイ、また遅いね。しようがないねえ」（沢木）
　　　"那小子，又晚了，真没办法。"

[4]　「今度はいいのに当たるかな」「またはずれさ」（沢木）
　　　"这次或许能中个不错的吧。""恐怕还是中不了。"

在以下两例中，「また」表示移动动作的再次发生，只不过前后两次移动动作方向相反，如「やってくる→飛び立っていく」（飞来 →飞走）和「行く→帰ってく

---

① 分别为『女社長に乾杯！』『ブンとフン』『一瞬の夏』。
② 例句中的下画线为笔者所注，下同。

る」（去 → 回）。换个角度看，也可理解为动作主体再次出现在同一位置，如在 [5] 中 "鸟原先在天空中，飞到枝头稍事休息后再次飞回（出现在）天空"，在 [6] 中 "从某地离开后再次回到（出现在）某地"。

[5]　「（前略）そんな鳥がやってきて、しばらく枝の上で休んで、<u>また</u>どこか に<u>飛び立っていく</u>の。（後略）」（村上）

"那种鸟飞过来，在枝头上稍事休息，<u>又</u>飞到什么地方去了。"

[6]　「一度<u>行って<u>また</u>帰ってきた</u>のよ。そんなにのんびりしてるわけないで しょ。（後略）」（村上）

"<u>去了</u>一会儿<u>就又回来了</u>，我可没那么清闲。"

以上是词典中 [副] 1 的用法，我们再来看 [副] 3 的用法。

[7]　もちろん私が選ばなかったものにも幾多の秀作はあるので、それらは、 <u>またの機会</u>に短篇集として編まれ、世に伝えられていけばと願ってい る。（野上）

"当然，我没选中的作品当中也不乏佳作，我希望能<u>另觅良机</u>将这些作品 汇集成短篇文集，流传于世。"

[8]　「もういいわ。考えるのは<u>またに</u>しましょう。そのうちに何かふと思い だすかもしれないしね」（村上）

"算了，<u>回头再</u>想吧，也许过一阵儿能突然想起点儿什么。"

　　[7] 中的「また」表示针对这一次编辑成册而言，"下一次"编辑成册的机会，或编辑成册的机会"再次"出现。在 [8] 中，仅凭这一句似乎很难判断「また」是否表示「考える」这一心理活动的再次发生，但可以预测：上下文中一定存在相关的提示。我们查阅的结果是：前文中出现了「僕は肯いて、もう一度意識を集中して占い世界の埋もれた記憶を掘りかえしてみようと試みた。しかし……頭が再び痛みはじめた。（我点点头，再一次尝试凝神挖掘埋没了古老世界中的记忆，但是……头再次开始疼起来。）」等相关信息。该信息表明，在说话时点之前听话人「僕」已进行过思考，但因头痛暂时放弃了该行为，对此说话人建议换个时间"再次"思考。可见，[副] 3 和 [副] 1 并无本质区别，均表示"再次"，二者之间仅是句法成分的不同，「また」在 [7] 中作定语，在 [8] 中和格助词连用，多少带有一些体词性的特征。

　　[副] 5 的用法指出「また」表示惊讶或怀疑的语气，我们发现该用法多出现于「なんでまたそんなことをするんだ（怎么又做这样的事）」、「またどうしたの（又怎么啦）」等表示疑问（反问）的句式或「またえらい失敗をしたものだ（真是又搞砸了）」、「またなんときれいな花だ（好美的花）」等表示感叹的句式，应该说惊讶、

怀疑的语气主要是受句式的影响，「また」仅是加强了这种语气，但仍脱离不了表示"再次"的本义。对于「またなんときれいな花だ」之类的表达。方式可以这样理解：说话人此前曾经历、见识过类似的美好事物，在说话时点美好的事物（花）再次出现在眼前。假设一个人从未见到过类似事物，则很难用这样的方式来表达。近似的表达方式如果置于上下文中则更容易看出「また」的实际意义，如在以下两例中，由上下文很容易判断出「また」分别表示发烧的症状"再次"出现以及因睡眠不足而犯困、打哈欠的情形"再次"出现，说话人惊讶、疑虑或不满的情绪则通过「どうして～のか（怎么～）」或「ほら（哎呀，看看）」表达出来。

[9]　どうして<u>また</u>熱が出てきたのか。風邪が治って熱が下がったと思った途端家を出てきて、セックスまでしたのだから、また熱が出るのも仕方ないかとも思うが、それにしても不甲斐ない。（愛の）

<u>怎么又</u>烧起来了。感冒好了、烧退了就立刻跑出家，甚至做了爱，这么折腾又烧起来也是没办法的事儿，可也真是不中用了。

[10]　「夜遊びはいけませんよ」と、谷口が言った。「何もしてないわよう」と言いながら、<u>また</u>純子は欠伸をした。「<u>ほらまた</u>。昨夜は一体何時に寝たんですか？」（赤川）

"玩儿到那么晚可不行啊"，谷口说。"什么也没干"，纯子边说边又打了哈欠。"<u>看看，还是吧</u>，昨晚到底几点睡的？"

　　有的词典将该用法视为近似于叹词的用法，最常见的场合是用于分别时，表示希望"再次"相见，如[11]。

[11]　「ごめんなさい。じゃ、もう行くわね。<u>またね</u>」（天使）

"抱歉。那我这就走了，<u>回头见</u>。"

　　「また」做名词前缀的用法源于副词，常见的形式有「また聞き（间接听到）」「また貸し（转租）」等。「また聞き」的意思是"B听A说，C又听B说（相同的内容）"，对于C来说，这一行为可以称作「また聞き」。尽管「聞く（听）」这一行为的主体不同（分别为B和C），但「聞く」这一行为本身却是再次发生，因此「また」依然表示"再次"。「また貸し」亦如此，其意为"A租给B，B又租给C（相同的物品）"。尽管「貸す（租）」的主体和对象不同，但「貸す」这一行为本身是"再次"发生。

[12]　「私が直接、聞きに行くわ。<u>また聞き</u>よりも正確だから」（走り）

"我直接去问。比<u>间接听</u>来的要准。"

❸ 表示"并存"的用法

3.1 作副词

观察第2节中「また」的用例，我们发现了一个共同特点：这些句子表示的都是在时间流逝过程中的具体事件，换言之，是发生在具体、特定时间内的动作、变化。如[1]中的"来"发生在明天，[2]中的"旅行"发生在说话时点之后的某一时间，[3]中的"迟到"和[4]中的"没中，落空"发生在说话时点（之前的某一时刻）……。在语言表达中还有另一种情形：人们在提到属性、规律、习惯以及某些不轻易发生变化的现象等时往往忽略时间的流逝，或者说，这些属性、规律、习惯、现象不会随着时间流逝而改变。当然，以自然科学和哲学的观点看，万事万物随时随地都在运动着、变化着，不存在绝对的静止，而我们这里所说的"不会改变"是相对而言的，即在人们的认知层面，在一定时期内保持相对稳定、不易发生变化。对于语言中的这两种时间类型，不同的学者从不同的角度给予了不同的称谓：体现时间流逝的可称为"具体的""现实的（actual）"时间或"过程"；不体现时间流逝的称为"抽象的""潜在的（potential）"时间或"非过程"等。③对于后者，日本学者还习惯称之为「脱時間的（超时的）」。

这种时间类型上的差异不仅体现于谓词性成分，对副词的用法也产生了影响。就「また」而言，与「また」关联的总是两个元素，当这两个元素置于时间流逝的过程中、体现为一个具体事件时，简言之，当这两个元素置于时间轴上时，它们之间呈线性的先后关系，即表示"再次"的时间意义。而当人们忽略时间流逝、这两个元素无法在时间轴上线性排列时，它们之间为并存的关系。

时间因素对「また」语义的影响可以从大量实例中得到验证。如在下例中，「また」关联的是同一主体的两种属性「アルコールに関して正に底抜けに近い（对于酒，简直是无底线）」和「女に関して人並外れた体力を誇っている（对于女人，体力过人）」。众所周知，恒定不变的性质才称为属性，因此该句不涉及时间流逝，「また」表示两种属性的并存。④

[13] アルコールに関しては、正に底抜けに近い真鍋だが、女に関しても、<u>また</u>人並外れた体力を誇っている。（赤川）
真锅⑤对于酒，简直是无底线，对于女人，<u>也</u>是体力过人。

---

③ "具体的——抽象的"、"现实的——潜在的"为语言学中的一般说法，"过程——非过程"参见郭锐（1997：162-175）。
④ 一般来说，日语的句子重点位于后部，所以在实际使用中，说话人强调的往往是后一种属性，这一特点在其他句中也有所体现，限于篇幅，不做逐一说明。
⑤ 日本的姓氏之一。

下例中的两个主体「彼」和「リチャード・ロング」具有相同的特点「日本の秋の美しさに魅せられた一人である」，「また」表示二者（具有相同特点的两个主体）之间的并存关系。

[14] 彼も<u>また</u>、すでに紹介したリチャード・ロングと同様、日本の秋の美しさに魅せられた一人である。（彫刻）
　　和已经介绍过的理查德·朗一样，他<u>也</u>感怀于日本的秋色之美。

词典中列出了［副］4的用法，并举例「秋はまた収穫の季節でもある」，其实该用法和［13］［14］并无本质区别。在实际使用中，「秋はまた収穫の季節でもある」之类的句子一般不会单独出现，一定会有预设或前提，⑥如在之前的段落或会话中出现「秋はスポーツの季節である」/「秋はお祭りの季節である」/「秋は芸術を楽しめる季節である」（秋天是体育运动/节日祭典/艺术鉴赏的季节）等内容，当再次提及「秋」这一主题时才会使用「秋はまた収穫の季節でもある」的方式表达。「また」在此处表示「秋」的两种属性（「収穫の季節」和预设中提及的属性）之间的并存关系。如果我们把这种预设"明示"出来，将句子变为「秋はスポーツの季節であり、また収穫の季節でもある。」（秋天是体育运动的季节，也是收获的季节）的形式，则该句与［17］［18］句式相同。

3.2　作连词

「また」作连词时，多数情况下句子表示不随时间流逝而改变的属性、规律或长期稳定的现象等，此时「また」表示所连接的两个元素之间的并存关系。连词可以连接词与词（短语与短语）、句子成分与句子成分、分句与分句、句子与句子等，下面我们讨论一下「また」作连词的情形。

在［15］中，「また」连接的两个部分（波浪线所示，下同）为「彼」的交往对象；在［16］中，「また」连接的两个部分为「私」的属性。它们均不是发生在某一具体、特定时间内的事件，显而易见，两个部分之间是并存的关系。

[15] 彼は<u>同僚</u>とも、<u>また上司</u>とも要項良くつきあえる将来有望な社員である。（日本）
　　他是一位很有前途的职员，<u>和同事</u>、<u>和上司</u>都能相处得十分融洽。
[16] 私にはそのような<u>経験</u>もなく、<u>また力量</u>もない。（沢木）
　　我<u>既</u>没有那样的<u>经验</u>，<u>也</u>没有实力。

「また」还常用于「～であり、また～でもある」的句式中，很明显，「～であり、～でもある」是表示事物属性的常见表达方式，「また」表示两种属性之间的并

---

⑥ 「収穫の季節でもある」中的「も」也提示了这种预设或前提。

存关系。

[17] 彼は政治家であり、また文学者でもある。⑦
他既是政治家，也是文学家。

[18] この辺が、相手の気持ちを考えながら会話を進め、判断を相手に任せる
という日本語の良さであり、また留学生にとっては難しい点でもある。
（日本）
这是日语的优点，即进行对话时考虑对方的感受，让对方做出判断，同时
对于留学生来说，也是难点。

此外，「～し、また～」的句式也较为常见，在以下两例中，「また」连接的两
个分句表示在一定时期内相对稳定的现象，「また」表示两种现象之间的并存关系。

[19] いまの大都会では子どもたちはもはや、そこで遊ぶことのできる路を
持っていませんし、またそこで自由に遊ぶことのできる仲間を持ってい
ません。（戦後）
如今大城市的孩子已经没有可供玩耍的地方，也没有可以在那里一起自由
玩耍的伙伴。

[20] この国ではいったい誰が外国人なのか外見では判断できないだろうし、
また外国人かどうかを判定する必要もないのだ。（沢木）
在这个国家，恐怕无法从外表分辨究竟谁是外国人，也没有必要分辨是不
是外国人。

在以下两例中，「また」连接的是两个句子，究其本质，和上述情形没有区别。
从意义上看，「また」同样表示两个元素（前例为两种人物类型，后例为两种现象）
之间的并存关系；从形式上看，句子也可转换为分句，如［21］可转换为「～人も
いれば、また～人間もいる。」的形式。

[21] 自分の性格や考え方に、どうしても合わない人もいる。また、親切そう
な態度だが、なんとか取り入って儲けようと考えている悪い人間もいま
す。（人を）
有一种人，与自己的性格、想法怎么也合不来。也有一种人，貌似态度温
和，实际上总想逢迎获利，真是不怎么样。

[22] なぜ好きな人とご飯を食べると美味しいのですか。また、なぜ嫌な人の
作った物は不味いの？（知恵）

---

⑦ 借自森田良行（2005：1067）。

为何与心仪的人共餐就感到美味无比，而为何厌恶的人做的东西就难以下咽？

在作连词的用法中，「山また山」的惯用短语很有代表性，它凸显了「また」表示二者并存的语义特征。具体来说，「また」在该短语中表示两座山的并存，当然如果不止两座山，而是一座挨着一座地绵延下去，便形成了"群山"或"山脉"。在［23］中，「山また山」之后的部分对该短语的意义进行了很好的诠释。

［23］<u>山また山</u>でどこまでいっても山ばかりの土地だ。（木喰）
　　　这片土地<u>群山连绵</u>，无论走到哪里都是山地。

❹ 两种用法之间的语义关联

由上述实例和分析可以看出，当「また」修饰或关联的事物为时间流逝过程中的具体事件（发生在具体、特定时间的动作、变化）时，「また」表示该事件的再次发生，而当「また」修饰或关联的事物为不随时间流逝而改变的属性、规律、现象等时，「また」表示它们之间的并存关系。究其根源，「また」表示的是两个事物之间的关系，这两个事物之间呈何种关系，与时间因素有关。如果两个事物置于时间轴上，则「また」表示二者之间的先后关系，对于相同的动作、变化而言即为"再次"发生；如果两个事物脱离时间轴，则「また」表示二者之间的并存关系。

对于何为"置于时间轴上"有必要略做说明。如以下两例所示，在［24］中，尽管「足蹴にかけていただきました（用脚踢我）」「呼んでくださった（称我为……）」为过去时，但说话人并不是将这些事件置于说话时点之前的时间框架内并按照发生的先后顺序来叙述的，而是为了说明某些情况而罗列这些事实，这些事实之间没有明确的先后关系，等同于一个记录，其性质近似于体词性成分，这由句中具有名词化作用的「こと（形式名词，意为"事"）」即可看出。［25］亦如此，「エディの日本語はあまりにもたどたどしかった（艾迪的日语还很不流利）」和「情報も不足していた（信息也不充足）」也是作为「そのようなことをするには（为了那么做）」的条件而出现的，即表示为了实现这一目标，在条件上仍有所欠缺。

［24］「これは、これは、旦那樣、この前の水曜日には唾を頂戴いたし、—それに某日は<u>足蹴にかけていただきました</u>—<u>また</u>、別のとき、犬と呼んでくださった<u>こともございます</u>。（後略）」（福田）
　　　哎呀，哎呀，主人啊，上周三您啐了我，某一天您还用脚踢了我，<u>此外</u>，还有一次，您还称我为狗。
［25］そのようなことをするには、エディの日本語はあまりにもたどたどしかったし、<u>また</u>情報も不足していた。（沢木）

　　如果要那么做，艾迪的日语还很不流利，<u>另外</u>信息也不充足。

　　以上两例的共同特征是："情况说明"或"解说"性质的用法是脱离具体时间框架的，当「また」出现于该用法时表示并存。试与以下3例进行比较。以下3例均为时间流逝过程中的具体事件，因此「また」表示相同动作的再次发生，即"一个人进了公司，随后另一个人又进了公司""看了一页稿子，随后又看了一页稿子"以及"叩击了一下沙袋，随后又叩击了一下沙袋"。「また」从形式上看连接的是数量词，而从意义上讲关涉的是动作本身，这些数量词分别表示动作主体的数量（「一人（一个人）」）、动作客体的数量（「一枚（一页）」）以及动作本身的次数（「一発（一下）」）。如果认为「また」连接的两个数量词之间是并存关系，从客观事实来看也是说不通的。可见，并非词性决定了「また」的意义，而是时间因素在起作用。

[26]「石頭！」とやり合いながら、パトカーへ乗せられて行くと、残っていた者たちは、何となく顔を見合わせ、やがて、一人、<u>また</u>一人と会社の中へ入って行った。（赤川）
"死脑筋！"边争吵边被带上了警车，留下来的人不由得面面相觑，不一会儿，<u>一个接一个</u>地进了公司。

[27]私は原稿を書くのに行きづまると、よく編集室に泊り込んだ。そのような場合にも、彼らのひとりが一緒に泊り込み、一枚、<u>また</u>一枚と書き上がる私の原稿を、待ちかねるようにして読んでくれた。（沢木）
我稿子写不下去的时候，常住在编辑室。那时候，他们当中也会有人和我一同住下，翘首以待地<u>一页一页</u>读我写好的稿子。

[28]三ラウンド分のシャドーを終わらせるとリングを下り、パンチング・グローブをはめてサンドバッグを叩きはじめた。一発、<u>また</u>一発。（沢木）
三轮空拳一结束就退下了拳击台，戴上拳击手套开始叩击沙袋，一下，<u>又</u>一下。

　　以下两例中的「また」也作连词，但因句子表示时间流逝过程中的具体事件，所以「また」并不表示两个动作之间的并存关系，而表示它们之间的先后关系。证明其为先后关系的依据是两个动词的前后顺序不能颠倒。我们在第2节中讨论了同一动作的情形，如果将不同动作的情形也考虑进来，则应该这样表述「また」的用法：当句子表示时间流逝过程中的具体事件时，「また」表示两个动作之间的先后关系，如果这两个动作为同一动作，则「また」表示该动作的再次发生。

[29]丁寧に説明してくださり、<u>また</u>、宿題まで調べて<u>直して</u>くださった。⑧

---

⑧　借自森田良行（2005：1067）。

为我耐心地讲解，又帮我检查订正了作业。

[30] 羽草に関する記事のスクラップを取り出し、また戦績の一覧表を見せて
くれた。（沢木）

拿出了羽草报道的简报，又给我看了业绩一览表。

❺ 结语

本文以「また」为例，探讨了时间因素对「また」语义的影响。

「また（又·亦·復）」是一个多词性、多义项的词，该词源自名词「また（又·
股·胯）」，意为"分叉的部位或事物"（『広辞苑』第6版等），究其根源，「また」
表示的是两个事物之间的关系，这两个事物之间呈何种关系，与时间因素有关：当
这两个事物为时间流逝过程中的具体事件时，「また」表示它们之间的先后关系（对
于相同的事件而言即为"再次"发生）；当这两个事物为不随时间流逝而轻易改变的
属性、规律、现象时，「また」表示它们之间的并存关系。简言之，时间因素关涉各
词性、各义项，起到了统摄全局的作用（参见表1）。

表1 时间因素与语义的关系

时间因素	语义
[+ 时间]	先后（再次）
[− 时间]	并存

以往的研究大多关注时间因素对谓词性成分的影响，本文将时间因素对副词性
成分语义的作用也纳入了研究视野。一般认为，「また」的语义主要由其词性而定，
本文证实了对其语义起主要作用的是时间因素，而非词性。由此而言，我们在研究
词性以及词类划分时，应注意区分词的本质特征和使用中的特征之间的差异。

除了「また」，「それから（然后）、なお（还，另外）、なおかつ（还，而且）
……」等副词也有多种用法，时间因素是如何在这些词的各词性、各义项中发挥作
用的其作用有何异同，对此我们将另文探讨。

参考文献

❏ 松村明，2012，大辞泉（第2版）：3423。日本：小学館。

❏ 森田良行，2005，基礎日本語辞典（第10版）：1067。日本：角川書店。

❏ 郭锐，1997，过程和非过程——汉语谓词性成分的两种外在时间类型。《中国语文》（3）：162-175。

例句出处

CD-ROM版『新潮文庫の100冊』。

国立国語研究所『現代日本語書き言葉均衡コーパス』（BCCWJ）。

The Governing Function of Temporal Relations in Japanese: An Analysis of "*mata*"

Abstract: When the temporal adverb possesses other lexical or semantic items, those usages that are seemingly unrelated to time can be explained by temporal relations. This paper discusses the governing function of temporal relations through the analysis of the temporal adverb "mata".

Key words: temporal relations; semantic correlation; "*mata*"; temporal adverb; conjunction

（责任编辑：赵华敏）

语言应用研究

国外聋人二语习得研究：回顾与展望

作为社会过程的法律语篇
——系统功能语言学框架下的语篇语义观

国外聋人二语习得研究：回顾与展望

天津理工大学　王正胜*

[提　要]　本文以二语习得研究理论为基础，回顾国外聋人二语习得的研究。对相关文献进行分析后发现，国外聋人二语习得研究在学习者外部因素方面论述了：聋人作为语言少数民族的特点，聋人二语输入侧重于书面语，聋教师与医疗专家、家长合作，共同促进聋人的语言发展；在内部因素方面，分析了聋人二语习得中的普遍语法、迁移以及学习的动机、策略；在学习者语言方面，把聋人写作中的词汇、语篇及阅读流利度与健听人比较，发现不同之处及问题。国外的研究可为我国在聋人二语习得领域的探索提供参考借鉴：需要多探讨、综合多方力量来完善聋人的二语输入，了解普遍语法的作用，保持聋人二语学习动机，改进学习策略，提高聋人的抽象思维能力和阅读流利度。

[关键词]　聋人；二语习得；外部因素；内部因素；学习者语言

❶ 引言

大多数聋人的第一语言是手语，第二语言是本国或本民族健听人的母语，二语是聋人融入主流社会的关键，所以，二语习得的成就是衡量聋人在学习、工作、生活上是否成功的标准。国外尤其是美国等发达国家在聋人二语习得研究方面取得了初步成果，为制定聋人教育政策提供了参考，促进了聋人二语教学，提高了聋人教育质量，使聋人能更好地与健听人交流、一起工作。我国有2,054万听力残疾者，[①]聋校456

---

*　作者简介：王正胜，天津理工大学教授、博士。研究方向：应用语言学。Email：wzs70@163.com。
　　通信地址：300384 天津理工大学外国语学院。
　　本研究获得江苏高校优势学科建设工程资助项目"中国语言文学"（2015YB-003）、国家973计划课题
　　"语言认知的神经机制"（2014CB340502）资助，特此感谢！

①　中国残疾人联合会统计的2010年末全国残疾人总数及各类、不同残疾等级的人数。参阅网址：http://
　　www.cdpf.org.cn/sytj/content/2012-06-26/content_30399867.htm.

所，聋生 10 余万人，[②] 但聋人二语习得的研究成果还不甚丰富，这需要我们了解国外的研究成果，引起国内二语习得学者的重视，与特教工作者合作，提高该领域的研究水平与质量。

❷ 分析方法与理论框架

2.1 方法

由于聋人的语言学习与健听人不同，其二语习得研究文献篇名较为复杂，根据聋人二语学习的特点，采用较多的关键词 "the deaf language"（聋人语言）、"the deaf second language acquisition"（聋人二语习得）、"the deaf literacy"（聋人读写能力）、"the hearing loss language"（听障者语言）、"the hard of hearing language"（重听者语言）作为篇名在 Jstor、Sage、Google 等数据库和网站进行检索，共获取相关文章 75 篇，在征求笔者所在大学聋人工学院和外国语学院相关专家的建议之后，选取 23 篇作为本文分析的对象。

2.2 理论框架

2.2.1 聋人、聋人二语的概念界定

聋是听觉障碍的一种程度，指听力部分或完全丧失；聋人在声音放大的情况下也不能理解话语。极重度聋者，听不到听度计发出的最大声音；全聋者，不管是扩音助听或用其他方法，则是一点声音都听不到（Lasak et al., 2014）。本文中，聋人指的是先天或后天形成的重听者、极重度聋和全聋者。

二语不是其使用者的第一语言，但二语在本地区、国家起着主要作用（Richards & Schmidt, 2002）。对聋人来说，他们的第一语言是手语，二语则是本国、本民族健听人的第一语言。

2.2.2 聋人二语习得的研究内容

Ellis（1994）提出了二语习得研究领域的框架，如下：

表1　二语习得研究框架

学习			学习者
描述	解释		
领域1	领域2	领域3	领域4
学习者语言错误的特点	学习者外部因素	学习者内部机制	语言学习者
习得顺序和发展的次序	社会语境	一语迁移	一般因素如动机
可变性	输入和互动	学习过程	学习者策略
语用特征		交际策略	
		普遍语法知识	

---

② 中华人民共和国教育部 2012 年教育统计数据。参阅网址：http://www.moe.gov.cn/publicfiles/business/htmlfiles/moe/s7567/201308/156428.html.

根据该框架，结合收集到的聋人二语习得研究文献，本文确定从学习者外部因素、学习者内部因素和学习者语言三个方面进行讨论。外部因素包括社会语境、二语输入互动（即教与学之间的互动），内部因素包括普遍语法知识、迁移和学习动机、策略等，学习者语言包括语言错误、语篇特征等。

❸ 回顾

3.1 学习者外部因素

聋人二语学习者外部因素的研究主要是外部因素对学习动机和学习者语言的影响，很少有孤立的外部因素的论述。

3.1.1 社会语境的影响

聋幼儿的家庭环境不利于二语的学习，大约90%美国聋幼儿的父母是健听人（Desjardin & Ambrose, 2010），美国聋儿从健听父母处学会二语显得很困难，主要原因在于孩子的语言输入受限：听力丧失阻碍了口语接触，从残余听力、视觉渠道如唇读等口语符号表征上获得的语言输入不完整，再加上健听人父母不会手语，只能是口语加手势。这种碎片式的听觉输入使聋儿难以学好语言。而由许多语前聋和语后聋的青少年和成年人组成的聋社区所使用的视觉–空间语言——ASL（American Sign Language），聋人可以毫不费力习得；并且，ASL形成了聋文化的统一和团结，聋儿童更愿意使用手语而不愿意学习英语；另外，教育机构只用英语作为教学语言给聋人上课，而不用ASL，这也导致聋人对英语产生抵制态度。但在主流文化中，ASL是小语种语言，英语不可避免地对其产生着影响，这又使得聋人对ASL的态度变得复杂起来（Swisher,1989）。在这种情形下，必须强调聋儿童是一个语言少数民族体的概念，他们的语言和文化权力应该受尊重，不能像过去那样把聋儿当作残疾人对待，应把他们看作与健听人一样。只要把聋儿童看作其他非英语少数民族的儿童，有自己的语言、文化和社会规范，那么他们的教育机会、与健听人社会的关系肯定会得到改善（Charrow & Wilbur,1975）。

3.1.2 输入互动

既然聋人的社会语境不利于二语习得，那么在输入、互动方面就需要探索有效的方式，特别是在书面语上，因为书面语是聋人二语输入的主要手段，也是与健听人交流的重要方式，书面语交际不会因为听觉的缺陷而产生曲解。对常人来说，语言输入是口语在先，书面语在后，但聋人难以做到先习得口语，那么，书面语是不是可以直接输入给聋二语学习者呢？经过对日本6位1岁至2岁聋幼儿口语和书面语习得的5年历时研究发现：书面语的习得不受口语影响；书面语教学可以在1岁左右进行；书面语比口语容易学会。这些结果启示书面语教学可以在幼年进行，帮助聋幼儿习得语言（Suzuki & Notoya,1984）。

书面语阅读是输入性技能，与输出性的写作密不可分，正是通过读写，聋人才能融入主流社会，体验大众语言。读写是从文化角度学会的一种由交际得体性、可操作性来支配的社会活动，但教室里聋生的写作很大程度上是课程作业的性质，与现实生活中的交际无关。所以，读写课程应该考虑到聋人的交际需要和家庭读写应用的模式（Maxwell，1985），否则学到的读写很难应用。Tetzchner 等（1997）发现一个有严重阅读障碍的挪威聋儿就是这种情况：尽管该聋儿在标准化测试中表现良好，有充分的学习动机，阅读教学也适合于聋生的手语环境，但他在11岁进入五年级时，仍然是功能性的文盲。于是，研究者们以面向过程的写作、挪威手语图、词预报系统的文字处理为基础，创设了一种写作教学的整体法。该方法使聋生在最近发展区内完成写作，即：在教师适当的帮助和指导下，自己能够学会、完成写作。该聋生积极习得了阅读和写作技能，能独立完成学校作业和自发的写作活动，包括读报纸和看带字幕的闭路电视节目等。

在二语阅读输入方面，南非的Staden（2013）采用了均衡阅读方法研究多感觉生理编码策略和阅读脚手架促进初级阶段聋生的阅读发展，即用SASL（South African Sign Language）这种多视觉、触觉、动觉编码策略和阅读脚手架方法结合提高聋生阅读水平。被试有64位6岁至11岁的聋生，分成控制组和实验组。实验前，两组之间在视觉词的流利度、字识别、接受与表达词汇知识、阅读理解上无显著的区别。实验结果证实接受均衡阅读方法介入的聋生的阅读和词汇能力比接受普通教学的聋生有显著提高。

聋人二语习得的成功，除了教师、家庭起主要作用，还需要医疗专家的帮助。波斯尼亚和黑塞哥维那的言语病理学家、聋儿父母和聋教师合作促进聋儿语言发展。因为聋儿童可能不愿学习口语，他们首先教会聋儿手语，再进行治疗。每一个疗程侧重于语音、言语和听力，先进行6个音的测试来决定聋儿听音的情况。测试音临床医生发/a/, /i/, /u/, /s/, /n/, /m/，看聋儿是否能只靠听觉识别，下一步则是超音段特征音、元音和辅音。言语目标由波黑发音测试和语音水平评价表来决定，据此进行相应的治疗，这明显提高了聋儿的词汇量，促进了概念认知发展（Miller，2002）。

英国16位7—11岁的聋小学生接受了11周SMILE（Strategies and Measurable Interaction in Live English）的治疗，针对特定的交际任务进行训练，目的是让聋生能够在真实生活情境下成为成功的交流者。经过治疗前和治疗后对比发现，在经过受训的交际任务中，聋生的互动显著提高，未受训的则没有变化。这说明聋生学会的技能未能泛化到类似语境的现象可以通过更长的治疗课程来克服，这样可以使学到的交际能力应用到不同的情形中（Alton, Herman & Pring，2011）。

3.2 学习者内部因素

聋人学习者内部因素的普遍语法知识、迁移的研究主要是关于被试语言能力的探讨和手语对二语的影响，学习动机、策略的研究侧重于聋学习者的态度、学习方式对学习结果的作用。

3.2.1 普遍语法知识与迁移

聋人难以听到声音，并不证明他们没有辨别语音的能力。Tucci和 Easterbrooks（2013）研究了学龄前聋儿在早期读写课程中习得音节切分、字母音对应识别和首字母音识别的习得。三位聋儿用手语交流参加多目标的研究，教学中嵌入了音系学和声学的活动，这些活动通过较强的视觉操控使聋儿获取音位知识，视觉声音基础教学法应用其中，研究结果显示使用手语的聋儿能够学会音节划分、字母音对应和首字母音识别。

聋儿不但在发音上，而且在词汇、句法、元语言等语言能力（competence）方面与正常儿童无异，只不过语言表现（performance）显著低于正常儿童。所以，植入人工电子耳蜗可显著提高聋儿的词汇接受、短期听觉记忆和句法能力（Schorr, Roth & Fox, 2008）。

但是，早期有研究证明聋人的认知和言语技能方面的发展与常人不同，Lantz和Lenneberg（1966）采用6岁的聋儿组、健听儿组、聋大学生组和健听大学生组4组被试进行颜色辨识实验，实验结果显示：在颜色识别和交际准确性之间存在正相关。这是因为聋儿和聋成人在色谱点的识别错误方面与健听人不同，说明聋人与健听人在认知和言语技能方面的发展与健听人不同。

在迁移方面，研究发现美国青少年手机短信有从手语迁移的语言结构（Okuyama, 2013），但对于二语水平较高的聋人来说，手语迁移的可能性要低得多。例如，英语水平较高的ASL使用者会在手语中通过重复来简化具有共同语素的手势，而在相同意义的英语表达中却不会使用这种方式，这说明ASL中观察到的词汇组织的形态学原则对熟练的聋读者来说不会扩展到英语的组织结构上（Hanson & Feldman, 1989）。

3.2.2 学习动机、策略

聋人二语学习动机的研究较少，因为很明显，他们学习的主要目的就是为了融入主流社会。所以，重要的是让他们能够更有效地学习，进而改变对二语的畏难情绪。Enns和Lafond（2007）把重复阅读与自律性原则、积极的师生关系融合等方式，形成读写教学法，来教授使用美国手语、英语进行双语学习的有阅读障碍的聋高中生，发现这种方法改善了聋生对读写的态度，增加了学习二语的自信心和交际互动，提高了阅读能力。

聋人二语学习策略的研究多是论述通过策略提高二语习得的效果。Saliés和Starosky（2008）实证探讨了游戏与一位巴西10岁聋儿第二语言葡萄牙语发展的关系，特别是实验者和被试之间面对面互动的关系。实验历时一年，游戏贯穿临床治疗过程，通过相互作用的变量（意向性和主观性/相互主观性）和文本变量（功能词、实义词）获取数据。实验结果证实：游戏对孩子的策略性行为和句法使用进行了情境支持，重复背诵对聋生的语言意义理解、文化学习等起积极作用，是一个需要经常使用的交际策略；而且，实验者和被试间的角色互换，说明游戏对被试的主观性/相互主观性的发展有影响，能促进聋生葡萄牙语的学习。

可见，重复阅读和背诵是聋人学习二语的有效策略。如果聋人对阅读材料进行重复阅读，那么他们会在阅读速度、词汇识别的准确度方面得到显著的提高（Ensor & Koller, 1997）。

3.3 学习者语言

对聋二语学习者语言的研究主要集中在语言错误、语篇特征和阅读流利程度方面。

3.3.1 语言错误

关于聋二语学习者语言错误的论述多和纠正错误的研究结合在一起探讨。例如，聋生在书面表达中明显缺乏描述语，只能在教室通过视觉工具教学来改变此缺陷，缺乏实证研究支持。为改变实践和研究分离的状况，Easterbrooks和Stoner（2006）进行了单一被试变化的标准设计实验，教授三位聋青年如何用视觉工具写出对一系列问题的回答，同时用模仿、共享、视频和独立体验等方式指导他们。教师帮助参与研究的每个学生在写作中增强描述能力，并逐步减少这种帮助。该实验通过写作样本中的形容词数量来测量学生的描述语使用。结果发现：随着聋生写作中形容词的数量增加，行为词和故事结构的成分减少。所以，还需要研究如何帮助学生在保持行为词和故事结构成分的同时提高描述能力。

Okuyama（2013）调查了聋青少年这一少数族群所使用的短信语言特征和社会功能，该个案研究收集了美国寄宿学校的一对高中生通过手机交流的370个短信的语料，还包括短信使用者、教师的访谈。结果发现：聋青少年的短信具有其他研究者所提出的健听青少年短信所具有的各种特征，但语料也显示聋青少年的短信语言有独特之处，如从手语迁移的语言结构。该研究没有发现Easterbrooks和Stoner（2006）所讨论的聋生写作中缺乏描述语的现象，这是因为短信语言不需要过多的描述语。

另外，聋生对概念词汇理解困难，而学术成功与概念词汇密切相关。由于聋生表现出基本概念的缺陷，需要形成性的检测来确定他们是否通过教学习得了词汇。Bowers和Schwarz（2013）使用单一被试实验设计来判断基于测量（BC–CBM，Basic Concept–Curriculum-Based Measure）的基本概念课程是否能够准确监控评价基本概念习得的过程。四个聋儿参加了实验，结果显示BC–CBM的分数在介入期间得到改善。

3.3.2 语篇特征、阅读流利度

叙事指称内容（referential content of narrative）的组织能力通常被研究者看作是语篇技能发展的标志。研究发现意大利的聋高中生与健听生在写作中使用了同样的指称结构，并在多数情况下应用适当。然而，聋生的指称策略更加名词化、前照应少，由此可以得知聋写作者的指称策略只是表面上与健听写作者的新手相似，这说明聋生写作中的指称问题并不仅是语篇技能发展迟缓的结果（Arfé & Perondi, 2008）。

二语习得的流利度研究多侧重于口语领域，对于聋人来说，最重要的是阅读流利度。作为词汇识别和理解的桥梁，阅读流利度可使读者轻松阅读并更好地理解阅读的内容（Luckner & Urbach, 2012）。提高聋人的阅读流利度意义更为重大，Schirmer等（2009）的实验让被试聋生尽可能快地重复阅读四遍符合他们学习水平的短文，通过回答事实和推理问题测量发现：重复的方式可以提高聋生二语阅读的流利度。

❹ 国外研究的特点及启示

国外聋人二语习得研究有以下特点：多用实证实验，方法科学；辅以医学治疗，医教结合；强调读写能力，重视手语作用。而其中较为突出的是实证方法及医学治疗的运用，能为我国的聋人二语习得的研究提供启示。

4.1 实证方法的应用

例如：写作是聋人在社会立足发展的必备能力，以往的研究发现聋人的写作中使用了过多的名词、动词（McAnally, Rose & Quigley, 1994），而代词和形容词过少（Simmons,1962）。学者们尝试用视觉工具来提高聋人的写作水平，Easterbrooks和Stoner (2006)经过学校和家长的同意选择了三位聋被试，实验在无干扰、光线充足的教室里，由教师和研究者进行。自变量是视觉工具的使用，因变量是写作中形容词的数量。在实验开始前，用约10周时间收集了基准数据，获取聋生写作中使用的较为固定的形容词数量。之后，开始进行写作指导，分为四个步骤。步骤一为聋被试介绍视觉工具，并由教师用该工具根据图画写两篇范文；步骤二是教师和被试一起根据步骤一的图画用视觉工具回答与写作有关的问题；步骤三采用新的图画提出问题，通过视觉工具脚手架的作用，教师和被试共同完成写作任务；步骤四由被试在指导下完成写作。写作指导完成后，进行形容词的介入实验，目的是让被试在基准数据的基础上增加50%的形容词使用量。介入实验根据写作指导的步骤增加描述成分，实验结果显示，被试写作中的形容词数量增加，具有显著意义。但是，在聋被试写作中形容词增加的同时，表示动作和叙述图画故事结构的词却减少了，这还需要更多的研究来探索这一原因。

上述的实验对聋人写作领域的探索有较高的借鉴价值，因为写作是聋人与健听人交流的主要方式，写作水平的高低影响着聋人在主流社会的发展，以往只是强调视觉工具对写作能力提高有帮助，但实证研究较少。该实验为我们提供了一个新的视角，并提出了值得进一步探索的新问题。

4.2 医学治疗与实证的结合

虽然我们提倡把聋人作为正常人对待，但聋毕竟是一种缺陷，需要及早对聋儿童进行医学治疗，主要是提高其语言能力。传统的语言治疗侧重于改进听觉、视觉等，而对于聋人日常交际体验的关注不够。Alton、Herman和Pring（2011）运用"SMILE"的方法通过治疗来提高聋小学生的功能交际能力。治疗分为一系列的模块，每个模块对应聋生可能经历的交际场景。在对16位7—11岁小学生的治疗中，选择了两个场景，一个是找校务秘书要膏药，一个是在学校餐厅点菜。前一个场景使用"SMILE"疗法，后一个场景不使用。聋生在治疗前和治疗后的表现都进行录像分析，分析评价的标准采用一套交际功能完成情况的详细列表，采用被试间三因素方差分析，三因素为：两种情境、评价时间（治疗的前后）、评价的子测验（情境中的进去、问询和离开）。结果发现存在显著性差异，在经过治疗的询求情境中，聋生显然做得比未经治疗的餐厅点菜要好得多。这说明有针对性的治疗对学生在日常真实情境中语言表达有明显的帮助。

该治疗研究不但提高了聋生的真实交际能力，还促进了其语言水平的提高，国外的研究有不少这样的实例，这与国内聋人二语习得侧重于纯研究、与治疗结合不密的情况有所不同，对我们在该领域的探索有较高的参考价值。

除了上述特点外，国外的聋人二语习得研究还重视手语作用。因为手语是聋群体的特有语言，聋人用手语能自然、顺利地表达，手语的使用贯穿于各种交际形式中，所以，不能忽视手语的作用。

❺ 未来研究展望

由于聋人语言教育研究属于特教领域，其与二语习得的联系还不够深入，为进一步提高研究质量，扩大研究范围，建议从以下几个方面展开更多的探索：

5.1　社会语境

聋人二语习得面临许多难以解决的问题，除了输入受限，还有语法能力的发展。学习过程中遇到的困难还会减弱学习动机，进而产生失望情绪，这种失望还可能让他们放弃二语的学习。聋人的二语社会语境较为复杂，随着年龄的增长、教育程度的变化，社会语境可能会发生根本的改变，特别是他们学会手语后适应了聋文化，或进入学校掌握了二语技能后。另外，聋程度及二语程度也决定了他们的语境。所以，聋人二语习得社会语境的研究要多注意动态的变化过程。

家庭的读写环境对聋人二语学习至关重要，特别是在学龄前刚发展语音意识的或戴助听器、人工植入耳蜗的聋儿童，父母的积极帮助能加强聋儿语言能力，还需要专业人士如医疗人员和语言学专家的合作，来决定需要的支持技术和语言输入材料。进入学校后，加上教师的指导，随着教育程度的提高，聋人的二语习得就会走上正轨。家庭的学前语言教育对正式二语教育至关重要，语言学工作者应与医疗专家和家庭成员合作，营造适合聋人的二语习得社会语境。

5.2　二语输入互动

聋儿早期读写能力的研究提出了一些重要问题，如他们如何接触、了解语言，早期如何互动、体验和发展读写。然而，由于他们的语言环境特殊，至今对聋儿如何发展读写技能知之甚少。一般来说，语言学习是先学口语，然后书面语，但聋儿童学习口语困难，如何快捷、有效地输入书面语，尽早发展聋儿的语言能力，还需要更多的实验来证实。

对于辅助输入二语，聋人的第一语言即手语起重要作用。聋人擅长学会视觉–空间模式的语言，而不是听觉–有声语言，他们会在视觉空间的交流中产生出一些根本没经过输入的语法结构。熟练的手语对习得二语有帮助，但在二语的"沉浸"环境中，用手语来教授二语，指导聋生分清手语和二语的不同，似乎也不太合适。所以，如何更好地处理聋人二语输入中手语和二语的关系还需要进一步探讨。

5.3 内部因素

现有的研究证明聋儿童和健听儿童一样，具有正常的语言能力，也能很快地学会第一语言——手语，但普遍语法理论应用到聋人的二语习得上的研究较为薄弱，如语素习得研究、习得顺序、过渡性语言能力和普遍语法的可及性方面还无探索。目前，普遍语法框架下的二语习得研究侧重的是语言能力下的某个知识点，而对形成这一知识的过程没有描述。应该说，近年来兴起的认知语法着重于二语习得过程的探索，这将会对普遍语法下的二语习得研究有所补充。因此，对聋人二语习得的研究应该结合各种理论进行，从综合的角度审视。

健听人二语习得领域关于迁移的研究较多，聋人二语习得中迁移研究的范围不广，缺乏深度。现有的研究已证实聋人二语受手语的影响，但如何影响、程度如何、怎么避免等还未知。另外，语内迁移也未见相关论述。

在二语学习动机方面，由于受教育经历、已掌握技能、手语与二语之间的相差程度及和聋社会的联系，聋人对二语的态度各异。但不管他们的态度如何，聋人明白二语的重要性，因为接受教育的聋生大部分还是为了能够在社会上谋生，这就为他们学习二语提供了非常强烈的动机。关键是让他们始终保持学习动机，直至成功习得二语，熟练运用。

聋人的二语学习策略一方面靠自己领悟，更重要的是教师、家长和医疗人员的帮助。例如，阅读对大多数健听人来说可以通过附带学习提高词汇习得，而聋人可能不会像这样学习词汇，就需要通过各种方式促使聋人进行阅读训练，养成阅读的习惯。

5.4 学习者语言

聋人二语习得错误和健听人的主要区别之一在于概念性词汇上，可从认知的角度解释其错误的原因，为概念性词汇的教学提供支持。另外，如Easterbrooks和Stoner（2006）的研究发现，聋人在一种语法能力增强后，另外一种语法能力降低，这正如某些生物体的生理机能，某一部分的技能提高，另一部分的技能随之降低，这是一个期待投入的课题。

聋人在写作中的语篇能力虽然与健听人相类似，但有其独特之处，这应该是有其认知方式与常人不同所引起的，也需要更多的探讨。

口语流利度的研究是常人二语习得流利度研究的重点，而阅读流利度则是衡量聋学习者二语习得的重要标准。进一步的研究需要测试聋人的阅读流利度，与健听人比较，发现差异和存在的问题，探索有效的方法解决问题，以提高聋人的二语阅读流利度。

❻ 结语

聋人的二语习得与健听人的二语习得既有类似之处，也有不同点。他们的社会语境特殊，形成了一个常人很难进入的特殊二语学习群体。目前来看，特殊教育工作者承担聋人的二语教学工作，医疗人员治疗生理的聋，多数二语习得研究者只关注健听人领域，三者之间的配合不够密切。聋人二语习得的成功必须依靠多领域专家的合作，二语习得研究者需要进入这个陌生的领域。国外的聋人二语习得研究在学习者外部环境、内部因素和学习者语言等方面取得了初步成果，拓展了二语习得的研究领域，国内的二语习得研究者们可进行参考借鉴，进行相关的研究，以对现有的语言习得理论有更全面、更新的认识和发现。

参考文献

❑ Alton, S., Herman, R. & Pring, T. 2011. Developing communication skills in deaf primary school pupils: Introducing and evaluating the SMILE approach. *Child Language Teaching and Therapy* 3: 255-267.

❑ Arfé, B. & Perondi, I. 2008. Deaf and hearing students' referential strategies in writing: What referential cohesion tells us about deaf students' literacy development. *First Language* 4: 355-374.

❑ Bowers, L.M. & Schwarz, I. 2013. Assessing response to basic concept instruction: Preliminary evidence with children who are deaf. *Communication Disorders Quarterly* 34: 221-231.

❑ Charrow, V. R. & Wilbur, R. B. 1975.The deaf child as a linguistic minority. *Theory into Practice* 5: 353-359.

❑ Desjardin, J. L. & Ambrose, S. E. 2010. The importance of the home literacy environment for developing literacy skills in young children who are deaf or hard of hearing. *Young Exceptional Children* 13: 28-44.

❑ Easterbrooks, S.R. & Stoner, M. 2006. Using a visual tool to increase adjectives in the written language of students who are deaf or hard of hearing. *Communication Disorders Quarterly* 27:95-109.

❑ Ellis, R. 1994. *The Study of Second Language Acquisition*. New York: Oxford University Press.

❑ Enns, C. & Lafond, L.D. 2007. Reading against all odds: A pilot study of two deaf students with dyslexia. *American Annals of the Deaf* 1:63-72.

❑ Ensor, A. D. & Koller, J. R. 1997. The effect of the method of repeated readings on the reading rate and word recognition accuracy of deaf adolescents. *Journal of Deaf Studies and Deaf Education* 2:61-70.

❏ Hanson, V. & Feldman, L. B. 1989. Language specificity in lexical organization: Evidence from deaf signers' lexical organization of American sign language and English. *Memory & Cognition* 3:292-301.

❏ Lantz, D. & Lenneberg, E.H. 1966. Verbal communication and color memory in the deaf and hearing. *Child Development* 4:765-779.

❏ Lasak, J. M., Allen, P., McVay, T. & Lewis, D. 2014. Hearing loss: Diagnosis and management. *Primary Care* 1: 19-31.

❏ Luckner, J.L. & Urbach, J. 2012. Reading fluency and students who are deaf or hard of hearing: synthesis of the research. *Communication Disorders Quarterly* 4: 230–241.

❏ Maxwell, M. 1985. Some functions and uses of literacy in the deaf community. *Language in Society* 2:205-221.

❏ McAnally, P. L., Rose, S. & Quigley, S. P. 1994. *Language Learning Practices with Deaf Children.* Austin, TX: PRO-ED.

❏ Miller, K.J. 2002.Walking to medjugorje: Serving children who are deaf and hard-of-hearing in Bosnia-Herzegovina. *Communication Disorders Quarterly* 24: 35-43.

❏ Okuyama, Y. 2013. A case study of U.S. deaf teens' text messaging: Their innovations and adoption of textisms. *New Media Society* 15: 1224-1240.

❏ Richards, J. C. & Schmidt, R. 2002. *Longman Dictionary of Language Teaching and Applied Linguistics*. London: Longman.

❏ Saliés, T. G. & Starosky, P. 2008. How a deaf boy gamed his way to second-language acquisition: Tales of intersubjectivity. *Simulation & Gaming* 2: 209-239.

❏ Schirmer, B. R.,Therrien, W. J. &Schaffer, L., & Schirmer, T. N. 2009. Repeated reading as an instructional intervention with deaf readers: Effect on fluency and reading achievement. *Reading Improvement* 46:168-177.

❏ Schorr, E. A., Roth, F. P. & Fox. N.A. 2008. A comparison of the speech and language skills of children with cochlear implants and children with normal hearing. *Communication Disorders Quarterly* 29: 195-210.

❏ Simmons, A. 1962. A comparison of type–token ratio of spoken and written language of deaf and hearing children. *The Volta Review* 84: 81-95.

❏ Staden, A.V. 2013. An evaluation of an intervention using sign language and multi-sensory coding to support word learning and reading comprehension of deaf signing children. *Child Language Teaching and Therapy* 3: 305-318.

❏ Suzuki, S. & Notoya, M. 1984. Teaching written language to deaf infants and preschoolers. *Topics in Early Childhood Special Education* 3:10-16.

❏ Swisher, V. M. 1989. The language-learning situation of deaf students. *TESOL Quarterly*

2: 239-257.

❏ Tetzchner, S. V., Rogne, S. O. & Lilleeng, M.K. 1997. Literacy intervention for a deaf child with severe reading disorder. *Journal of Literacy Research* 1:25-46.

❏ Tucci, S.L. & Easterbrooks, S.R. 2013. A syllable segmentation, letter-sound, and initial sound intervention with students who are deaf or hard of hearing and use sign language. *The Journal of Special Education* 10:1-11.

A Review of International Studies on Second Language Acquisition of the Deaf

Abstract: This paper reviews international studies on second language acquisitions of the deaf. It shows that related studies probed into characteristics of the deaf as a language minority in their social contexts. Emphasis of input was put on the written language. Language development of the deaf was facilitated by the collaborative efforts of teachers, parents and medical experts. Universal grammar, language transfer, learning motivation and strategies of learning were analyzed. Questions were raised by comparing discourse and reading fluency of the deaf with that of the hearings. Such international studies have provided insights for research in the Chinese context. In future research, more efforts can be made regarding how to improve the second language input of the deaf by integrating efforts from family and schools. More studies can be carried out on universal grammar, learning motivation, and learning strategies to improve abstract thinking and reading fluency.

Key words: the deaf; second language acquisition; learner-external factors; learner-internal factors; learner's language

（责任编辑：郑萱）

作为社会过程的法律语篇
——系统功能语言学框架下的语篇语义观

上海交通大学　王振华　田华静*

[提　要]　社会过程可范畴化为分化类社会过程和融合类社会过程。分化类社会过程
　　　　　包括竞争和冲突，融合类社会过程包括顺应、合作和同化。从系统功能语
　　　　　言学社会符号观的角度来看，法律语篇是一种社会过程。在这个过程中，
　　　　　法律主体之间既有竞争、冲突，也有顺应、合作和同化。本文立足于系统
　　　　　功能语言学语境附生观，以语篇语义系统为分析工具，全面探讨了法律语
　　　　　境下不同社会过程的生成和实现，为探索作为社会过程的法律语篇提供了
　　　　　研究路径和方法。研究发现，考察作为社会过程的法律语篇，既要充分考
　　　　　虑语境的制约因素，又要重视对语篇语义资源的选择，唯有如此，才能更
　　　　　好地揭示人们是如何利用法律语篇实现交际目的和意图的。

[关键词]　法律语篇；分化类社会过程；融合类社会过程；语境附生观；语篇语义；
　　　　　选择

❶ 引言

　　现代意义上的法律语言研究主要涉及立法语言和司法语言。英美国家在立法
语言方面的研究关注的主要是法律语篇中的词语、句法结构、标点符号、"简明英
语运动"、语言和法律权利等（如Mellinkoff, 1963；Tiersma, 1999；Gibbons, 1994、
2003；Tiersma & Solan, 2012等）；在司法语言方面考察的主要是警察讯问、法官语
言、律师语言、证人证言、交叉询问、直接询问、语言证据、双语、法庭口译、语
言犯罪等（如O'Barr, 1982；Solan, 1993；Conley & O'Barr, 1998；Gibbons, 2003；

* 作者简介：王振华，上海交通大学外国语学院教授，博士生导师。研究方向：系统功能语言学，法律
语言学，语篇语义学。E-mail：wzhenhua@sjtu.edu.cn。通信地址：200240 上海市闵行区东川路800号
上海交通大学外国语学院。
田华静，上海交通大学外国语学院博士研究生，河南大学外国语学院讲师。研究方向：系统功能语言
学，法律语言学。E-mail：thj315@sjtu.edu.cn。通信地址：200240 上海市闵行区东川路800号上海交
通大学外国语学院。
本文为国家社会科学基金项目"司法话语的适用语言学研究"（项目编号：16BYY051）的研究成果。

Heffer, 2005；Couthard & Johnson, 2010；Tiersma & Solan, 2012；Shuy, 2014等）。我国在立法语言方面的研究，主要涉及词义、句法、修辞、语言立法等（如陈炯，1998；潘庆云，2004；李振宇，2006；周赟，2011；黄震云、张燕，2013等）；在司法语言方面的研究，主要探讨公检法语言、律师语言、司法鉴定、法庭演讲、警察询问等（如王洁，1997；杜金榜，2004；廖美珍，2009；刘振宇，2010；曾范敬，2011；杨凤仙，2014等）。但是，就我们所掌握的材料看，迄今把法律语篇作为社会过程进行系统研究的成果尚不多见。

本文在系统功能语言学框架下，根据附生性语境理论，从语篇语义的六个维度，探究法律语篇作为社会过程所实现的竞争、冲突、顺应、合作和同化，考察法律语篇是如何在社会语境制约下通过语义选择实现不同的社会过程，以期为法律语篇研究提供一个以语篇语义学为视角的研究路径。

❷ 社会过程及其类型

社会性是人的本质属性，它是个体在参与到与其他个体或群体互动的社会过程中，逐步形成和显露出来的。社会过程即"发生在日常生活语境或机构语境中的无限的社会事件序列，通过这些事件人们获悉社会技能"（Brown, 2005：462）。人们在参与社会活动的过程中不断地进行理性或非理性选择，建立社会关系，结成同盟，形成不同帮派和团体。这种由互动而结盟的过程，我们称之为社会过程。

根据交往目的是否一致，可以将社会过程范畴化为竞争（competition）、冲突（conflict）、顺应（adaptation）、合作（cooperation）和同化（assimilation）等过程类型（Hinkle, 1966：xiii, xvii; Cooley, 1966）。竞争是为实现同一目标或达到一定的目的而展开的相互超越对方的行为过程。冲突是在双方利益或价值观念对立的基础上产生的不和谐、敌对或仇视的行为过程。顺应是为了生存或与他人和平相处而调节自己适应社会环境的行为过程。合作是相互配合以实现共同目标的行为过程。同化是不同的个人或团体融合而成同质的组织的行为过程。

根据其社会功能，上述五种社会过程可分为分化类社会过程和融合类社会过程。竞争和冲突同属分化类社会过程，但分化的程度不同。冲突的分化作用往往大于竞争的分化作用，尽管冲突有严重的分化功能，但解决冲突的过程也是推动社会发展的过程。正如Coser（1956）在《社会的冲突功能》中所说，"冲突具有正功能和负功能。在一定条件下，冲突具有保证社会连续性、减少对立两极产生的可能性、防止社会系统的僵化、增强社会组织的适应性和促进社会的整合等正功能（百度百科）。"因此，从某种意义上讲，社会冲突是社会生活的中心过程（Collins, 1975）。与竞争和冲突不同，顺应、合作和同化作为融合类社会过程，是维系社会整体性的主流。人类行为一般分为"损他利己行为、损他不利己行为、损他亦损己行为、不损他利己行为、利他亦利己行为、利他不利己行为和利他损己行为"等7种（张恒山，2002：1）。这些行为都不同程度地体现上述社会过程，如损他利己行为隐含竞争甚至冲突（如恐怖活动在意识形态和价值观念上的表现），抑或有顺应、合作和同化（如传销活动、欺诈广告等社会行为）。

综上所述，人类的社会过程是一个对立统一体，其中的分化过程和融合过程同属社会过程，同根同源；二者之间既相互对立，又相互依存。社会过程的实施，可以导致分化，也可以导致融合，也可能导致分化中有融合，融合中有分化。其结果取决于人们在意图和目的的驱使下对竞争、冲突、顺应、合作和同化做出适时的选择。如图1所示：

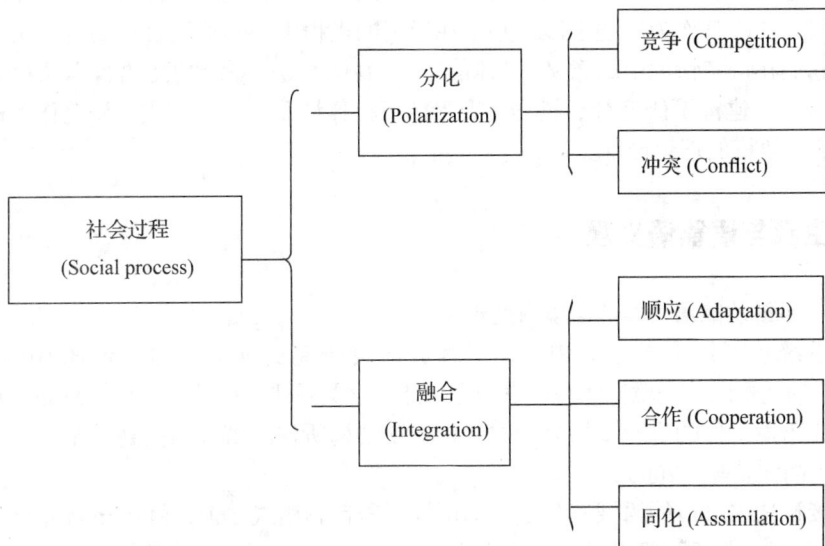

图1　社会过程系统图（参见王振华、张庆彬，2015:2）

❸ 系统功能语言学社会符号观视域下的法律语篇

Halliday（1978/2001）将语言视为社会符号，主张将语言看作机体之间（inter-organism）的现象来研究，重视语言在社会语境下的功能。系统功能语言学的社会符号观与本研究从社会学、法学和语言学相结合的跨学科视角研究法律语篇的思路相契合，也是我们将法律语篇视为社会过程的理论依据。

为了说明语言在整个社会符号系统中的地位和作用，Halliday（1978/2001）对"能做""能表"和"能说"作了详细区分。"能做"指人类的行为潜势，"能表"指人类的意义潜势，"能说"指具体的语言使用。"能说"体现"能表"，"能表"体现"能做"。其中，作为"能说"的语篇被视为社会符号过程。根据Halliday（1978/2001），意义建构在语义系统中，以语篇的形式产出和交流，换言之，语篇是编码在句子中的实现化的意义潜势，是人类参与的意义互动的语言实例。因此，语篇的本质特征是互动，"我们和他人一起参与"建构语篇类型（Martin & Rose, 2003:

7）。同理，作为语篇类型的语类也被定义为一种社会过程，这种社会过程具有目的指向性，而且这种目的指向性是分阶段实现的（Martin, 1992: 503）。故此，人们交往和互动时的意图、目的必然反映在语篇中，他们对竞争、冲突、顺应、合作和同化的选择也一定能通过语篇呈现出来。

人们在法律语境内所经历的竞争、冲突、顺应、合作和同化等社会过程往往以语篇的形式得以建构，实例化为各种类型的法律语篇。系统功能语言学认为"实例化指概括的程度"（Martin, 2006: 284），因此，法律语篇是法律语境内各种被高度概括的社会过程类型的实例。研究作为社会过程的法律语篇，离不开交际目的和法律语境，因为"语言作为沟通手段，必须在历史的进程中不断地结合行动者的主观动机以及它们在特定情境中的意义"（林信华，2011: 17）。系统功能语言学从社会视角研究语言，建构了研究社会过程诸要素的可操作性系统，从而成为研究作为社会过程的法律语篇的理想理论。

❹ 附生观与语篇语义观

4.1　系统功能语言学的语境附生观

在系统功能语言学学派内部，对社会语境研究贡献最大的当数Halliday和Martin。韩礼德以其语境变体与语言纯理功能耦合关系研究而著称于世，Martin则因其对文化语境所作的进一步切分和对话语宏观结构所作的解释而受到学派内部广泛的关注（胡壮麟等，2008）。

在接触Halliday的语域三分法，即语场、语旨和语式之前，Martin首先接受的是Gregory的语域要素四分法，后来发现在语场、功能语旨、个人语旨和语式四要素中，功能语旨不同于其他三要素，与语言三大元功能中的任何单一功能都无法形成对应的概率匹配关系。为了在语境理论中给功能语旨重新定位，Martin及其同事提出可以将其单列为一个上位的更为抽象的语境因素，用语类的概念替代功能语旨中的语旨概念，并在Hjelmslev分层思想的影响下提出语境分层理论，将语境分为语类和语域（Martin, 1999），并认为语类是上位的文化层次概念，是意识形态的表现，可类比为"文化语境"（Martin, 1992/2004: 495）。"语类将语域中语场、语旨和语式表达的内容进行整合，使三者表达的意义成为系统地相互关联的社会过程"（Martin, 1992/2004: 495）。语域呈现人们在特定文化语境中互动的潜势，语类则决定人们实际互动的具体方式。这就是系统功能语言学建构的从语类到语域的较为全面的语境理论。

传统观点认为社会语境与语言之间是嵌套关系，即语言在语境中发挥作用。Martin（2014）将附生性应用到对语境的研究上，区分了社会语境和语言之间的附生关系和嵌套关系，如图2所示：

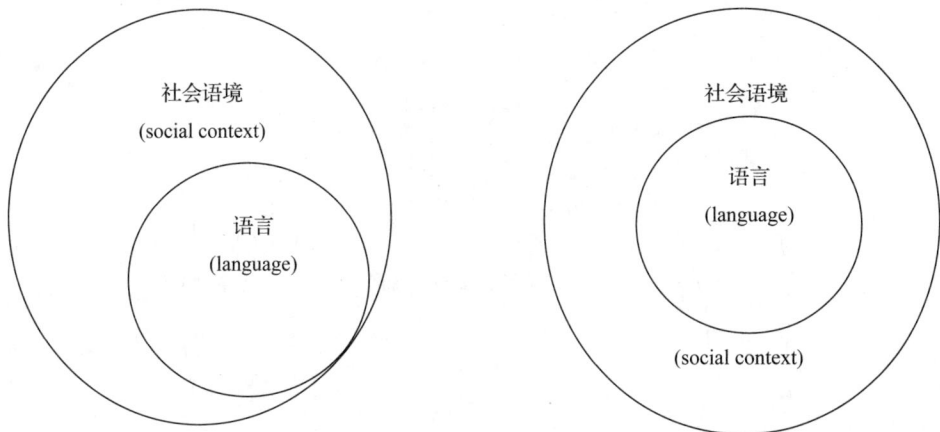

图2 语言与语境的附生关系（左）和嵌套关系（右）（参见Martin，2014: 12）

附生性是一个心智哲学概念。研究附生性的哲学家（以Davidson为主）关注的主要是心/物之间的关系，认为心/物附生性是一种共变（covariance）、依赖（dependency）和决定关系，同时又是一种非还原关系（nonreducibility）（Davidson，1980）。Davidson还认为，两个事件，如果它们所有的物理属性相同，它们的精神属性也相同。即精神上的不同导致物理上的不同，物理上的等同导致精神上的等同，但是相反的情况不能成立。这种关系叫做"一对多"的关系。（陈刚，2005）根据附生性，社会语境和语言两个部分的关系是附生关系，即社会语境附生于语言之上，由语言实现。语言是原生物（subvenient），社会语境是附生物（supervenient）。社会语境传递的意义具有高度概括性，语言传递的意义使社会语境意义具体化。

在社会语境和语言附生关系的基础上，Martin 进一步讨论了语境和语言两个系统中五个层次（strata）之间的附生关系（如图3所示）。他认为下一个层次和上一个层次之间的关系是实现关系，这个观点和传统的系统功能语言学观点是一致的。他提出语境附生观的目的主要是强调语境是高于语言的一个意义层次，而不是嵌套观所强调的语言嵌套在语境之中，语境是语言外部的、与语言没有内部联系的独立体。

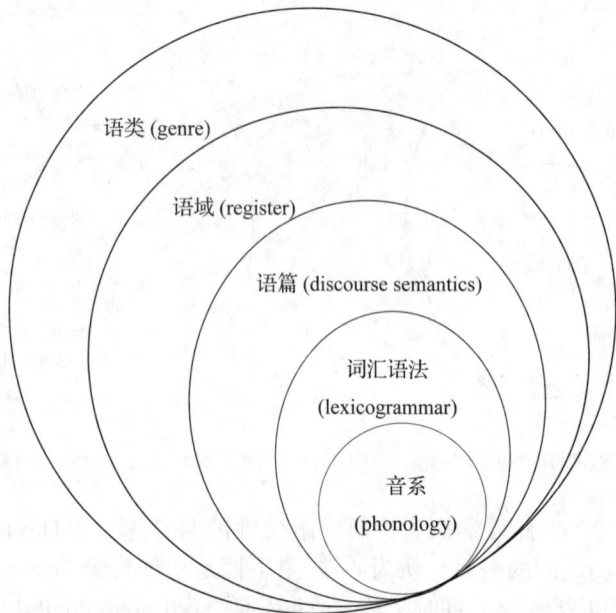

图3 语言与社会语境的附生性模型（参见Martin，2014：14）

依据附生观，不难看出，图3中的五个同切圆可以分为两部分，即社会语境和语言。语类和语域的关系是附生关系，即语类附生于语域之上，语域是原生物，语类是附生物，语类由语域来实现；语类的意义更为概括，语域的意义将语类的意义具体化。同理，语言系统中的三个层次之间关系也是如此，即语篇语义附生于词汇语法，词汇语法附生于音系。

综上，附生性主要体现的是实现化的层级关系。实现化和语境附生观都基于层次观，实现化侧重语言层级之间的抽象化程度和实现关系，附生性语境观更突显实现化层级中语境层与语言层之间的关联。因此可以说，实现化与附生性语境观是看待同一现象的不同视角。

4.2　系统功能语言学的语篇语义观

语境变体和语言功能变体的关系是可以预见的（Halliday & Mattiessen，1999），而语境和语言产出之间并没有直接的对应关系。将语境和语言产出连接起来的是语言的三大元功能。语域三个变量分别照应并决定概念元功能、人际元功能和谋篇元功能。从语篇语义视角看，概念元功能可通过概念系统和联接系统来研究，人际元功能可通过评价系统和协商系统来研究，谋篇元功能可通过识别系统和格律系统来研究。三大元功能和语篇语义系统的照应关系见表1，关于语篇语义系统的详细内容见Martin和Rose（2003/2007）。

表1　三大元功能与语篇语义系统的照应关系（参见Martin & Rose，2007: 8）

语篇语义（Discourse Semantics）	语篇系统（Discourse Systems）	元功能（Metafunction）
评价（Appraisal）	态度协商（negotiating attitudes）	人际（interpersonal）
协商（Negotiation）	组织交流（enacting exchanges）	人际（interpersonal）
概念（Ideation）	经验呈现（representing experience）	概念（ideational）
联接（Conjunction）	事件联接（connecting events）	概念（ideational）
识别（Identification）	人/物追踪（tracking people and things）	谋篇（textual）
格律（Periodicity）	信息流（information flow）	谋篇（textual）

　　语篇是"文本/话语生产者通过文本/话语（产品）及其消费者的互动来实现社会目的的系统"（王振华，2009: 26）。"研究协商和评价，就是研究生产者、消费者和社会目的；研究识别、联接、格律和概念意义，就是研究产品本身"（王振华，2009: 27）。对语篇本身的研究可还原语篇中社会过程的目的，因为语篇不仅具有自身的构造特点和意义规律，还承载着生产者信息、意图和态度，并体现承载方式和策略。通过评价、协商、识别、联接、格律和概念这六个分析维度进行分析，可以全面地研究法律语篇中意义的呈现过程（概念角度），意义的协商过程（人际角度）和意义的编织过程（语篇角度）。冲突、竞争、顺应、合作和同化等社会过程在意义的呈现、协商和组织过程中得以实现。语言使用者通过对上述六种语篇语义资源进行相应的选择，以实现这些社会过程。

　　综上，系统功能语言学的社会符号观是我们将法律语篇视为社会过程的理论依据，其语境附生观为我们的研究提供了理论支撑，其语篇语义观为我们的研究提供了可操作性工具。下面将依据系统功能语言学的上述理论建构作为社会过程的法律语篇的分析模型。

❺ 作为社会过程的法律语篇的研究路径

　　"语言为意义生成提供资源，意义存在于供选择的系统模型中"（Halliday & Matthiessen, 2014:23)。我们使用语言的过程就是将语言系统实例化的过程。实例化指语言的系统和实例形成的连续统，其一端是具有意义潜势的语言系统，另一端是我们生成的文本或话语。"一种文化的意义潜势通过一个个文本得以具体化"（Martin，2010: 22）。为了进行交际，我们首先选择语言的语音/书写、词汇语法和语篇语义系统，然后将所选系统实例化。同时，我们选择语言系统并将其实例化是有意向和目的的，这些意向和目的受语境因素制约。因此，我们研究作为社会过程的法律语篇，既要自上而下考虑法律语境对语言选择的制约，又要自下而上重视使用者对语言资源的选择。人们在法律语境中不可避免地与他人进行意义交流以实现竞争、冲突、顺应、合作和同化等社会过程，而相应语言资源的选择是实现这些过程的语言行为。我们认为，可供选择的法律语义资源包括识解经验的概念意义、磋商关系的人际意义和谋篇布局的谋篇意义，而这三大语义又分别通过语篇语义的六个系统得以实现（见表1）。从附生性语境观到语篇语义资源选择，我们建构了一个研究作为社会过程的法律语篇的分析模型，如图4所示（↓表明不同单个项目之间的关联，⇩表明多个项目共同与另外项目发生关联）：

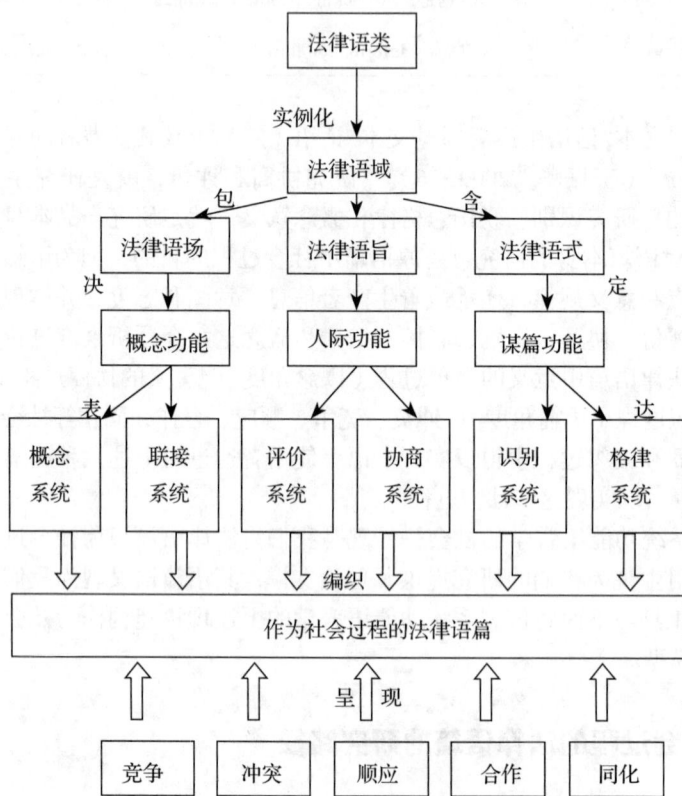

图4　作为社会过程的法律语篇的研究模型

　　人们作为社会存在必然生活在一定的时空中，并受其制约。除了公序良俗外，法律规范是个体社会化过程中必须遵守的准则。人们参与社会活动总是基于某种目的而与他人缔结或维持种种契约关系。这些契约关系是关于不同的具体事项、涉及不同的人，并通过不同的方式呈现出来的，构成法律语境下契约关系的语场参数、语旨参数和语式参数。根据识别规则和实现规则（Bernstein, 2000: 104），人们通过对不同参数的考量形成对语境的识别，并遵照自己的交际意向，从法律语义潜势中进行选择以表达涉法经历（概念意义）、建构或维系契约关系（人际意义），并通过特定的建构方式（谋篇意义）将其组织起来以便于理解和参考，最终呈现为法律语篇。法律语篇继而成为法律主体与其他主体意义交流的媒介和载体，作为社会互动的语言形式，实现着竞争、冲突、顺应、合作和同化等社会过程。法律语篇既受制于法律语境，又体现人们的交际意图，因此可以通过研究法律语篇以重构法律语境，回溯交际意图，并揭示人们如何通过语篇语义资源的选择实现不同的社会过程。

为验证上述模型的适用性，我们以庭审语篇为例，探讨语篇语义资源的选择如何实现不同的社会过程。法庭审判的语类目标是处理法律纠纷，做出令涉案各方信服的判决；其语类阶段为开庭、法庭调查、法庭辩论、最后陈述、评议和宣判。庭审语篇的语场是审判活动，其核心为判断涉案嫌疑人的行为是否违法，并调节双方的权利和义务关系。庭审参与者是与案件相关的具体人员，如原告、被告、公诉方、各方律师和法官等，他们之间的关系是不平等的。庭审语篇是口头语篇。庭审参与者通过庭审语篇以实现竞争、冲突、顺应、合作和同化等不同的社会过程。据此，我们建构出法庭审判中的社会过程系统图（图5）：

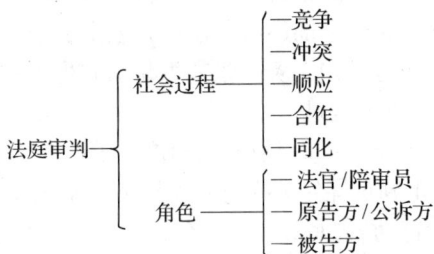

图5　法庭审判社会过程系统图

庭审语篇中的互动是在一对一互动基础上的交叉互动（余素青，2010），尽管庭审参与者相互之间通过法律语篇可以实现上述各个不同的社会过程，但法庭审判中较为凸显的社会过程却相对固定，如图6所示：

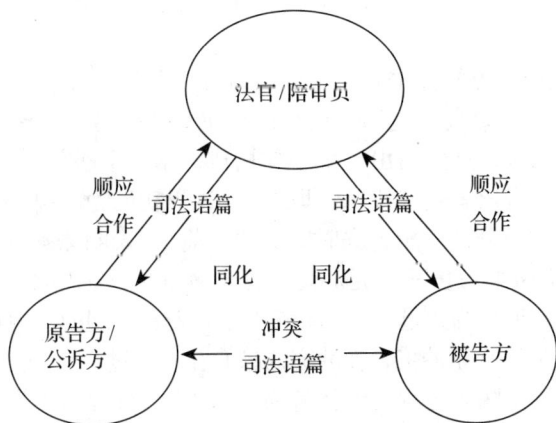

图6　庭审语篇中凸显的社会过程

在庭审语境中，原、被告双方往往源于某种冲突而进入法庭审判程序，在庭审中处于竞争状态，双方都致力于说服审判人员做出有利于己方的判决。因此，他们必须选用各种语言策略来顺应审判方，通过与其合作换取他们的支持。审判人员由于机构身份所赋予的权势地位，需要以事实为依据，并依据法律对案件做出判决，尽力使案件相关人员接受，实现对其法律关系和人际关系的调节，化解冲突，完成对他们的同化。判决一旦生效，冲突双方就要选择顺应判决结果或上诉。如果上诉，新一轮的冲突和竞争将会继续，直至终审结果的出现，完成法律语篇对冲突的解决和人际关系的调整，重新回归和谐。同样，要实现上述社会过程离不开对不同语篇语义资源的选择。

下面将从语篇语义的六个维度简要分析一例完整的庭审。所选语料是从中国法院网（http://www.live.chinacourt.org/chat.shtml）"现在开庭"栏目中随机抽取的2014年9月29日丰台法院"借名买房惹争议 亲属对簿公堂"案。原告张先生与被告马先生（张先生的姑父）签订《协议书》约定，张先生以马先生的名义购买房屋并申请贷款，贷款本、息由张先生按月向银行交纳，贷款还清后，马先生无偿将房产过户给张先生。现房屋贷款本、息已全部还清，但马先生由于牵涉拆迁，怕影响到自己不可预知的利益而迟迟不履行过户义务。张先生将马先生（被告一）及张女士（被告二）诉至法院，要求其协助办理过户手续。

庭审中审判员和涉案人员之间的顺应、合作和同化主要通过协商资源来实现。作为权势地位高的一方，审判员优先选择祈使语气来引导庭审活动的不同语类阶段，充当要求对方做出行动的行动者2（A2）的角色，如"现在开庭""下面进行法庭调查"等；并使用疑问语气澄清涉案事实的相关信息，如"原告的户口？""是否具有买房资格？"等，充当索取或澄清信息的知晓者2（K2）的角色。原、被告对审判员的顺应和合作主要体现在他们按照要求做出行动，参与到庭审过程中，充当行动者1（A1）的角色，并对审判员的提问做出了顺应性应答，承担知晓者1（K1）的角色。庭审对原告和被告的同化主要体现在，在涉案事实和双方诉讼争议明确的基础上，审判员提出的调解建议获得了双方的赞同，使双方的矛盾得到暂时的缓解，并创造了解决问题的条件。

庭审中原、被告双方的竞争和冲突最为凸显，主要是通过对案件事实的重现来实现的，如被告讲"我之前说过两年过户，现在不同意过户，原告威胁我生命安全了。"从概念系统来看，这段话由三个小句构成，第一个小句"我之前说过两年过户"，是言语过程，言语者是"我"，即被告，过程动词为"说"，言语内容为"过两年过户"，其环境成分是表示过去时间的"之前"，表明原被告双方之前的约定。第二个小句"现在不同意过户"，是心理过程，感知者是省略的"我"，过程动词为否定的"不同意"，现象为"过户"，环境成分为表示时间的"现在"，表明被告改变主意，原被告双方产生了冲突，而冲突的核心在于"过户"。第三个小句"原告威胁我生命安全了"，是物质过程，动作者为"原告"，过程动词为"威胁"，目标是"我生命安全"，双方的冲突随之升级。从联接系统来看，由于汉语属于意合语言，且所选语料为口语，没有显性的连接词，但隐性的联接关系（意义上的连贯）非常明显，如第二句与第一句之间是明显的转折关系，省略了连接词"但是"；另外，前句中的"之前"和后句中的"现在"在时间上也形成了对比，加上前句的肯定和后句的否定，两句的意义形成了更加鲜明的对比。第三句和第二句是明显的因果关系，省略了连接词"因为"，通过隐性联接表达：因为原告威胁了被告的生命安全，被告才改变了主意，不同意过户的。从评价系统来分析，被告首先使用了反预期的介入成分"不"，但随后通过对原告行为在正当性意义上的负面评价"威胁我生命安全"，扭转了由于反预期而给听众带来的对被告的负面印象。被告通过对原告的负面评价，凸显了双方的冲突。从协商系统来分析，被告所作的陈述是回应审判员的问题："被告称这两年不能过户，是否有具体期限或条件？"。被告使用了较为少见的挑战性话步，没有直接回答审判员的是非疑问句，而是强调了他与原告之间的冲突。从识别系统的选择来分析，庭审语境对不同参与者所赋予的机构角色反映了他们之间的法律关系，如原告和被告的机构身份就表明他们之间存在一定的法律冲突。格律系统主要用于分析书面语篇的语篇结构，关注的是信息是如何"打包"以便于理解的，庭审语篇以对话为主，口头语篇的格律特征并不明显，在此不作分析。综上分析，被告通过对不同语篇语义资源的选择实现了冲突过程，并将过错归咎于原告，以获得法官的支持。

基于共同的利益，被告二积极认同被告一的观点，并在必要的时候作出补充。如对被告一针对原告的诉讼请求、事实与理由进行答辩时，被告二明确表达"同意被告一的意见"。在回答审判员关于过户的具体期限和条件的问题时，被告一出于气愤说出"我之前说过两年过户，现在不同意过户，原告威胁我生命安全了"，强化了原被告双方的冲突。被告二则较为理性，巧妙使用不同的联接资源将自己关于过户的意见表达得合情合理。用时间连接词表达给原告过户的时间期限"拿到回迁房的钥匙和房本后，我无偿给原告过户"，然后用原因连接词表达这样做的理由"因为涉诉房屋在我们名下，我们担心拆迁分房时会扣我们一部分钱，影响我们不可预知的损失"，最后用让步和假设连接词表达为对方过户的条件，"但是如果拆迁分房顺利，我方无损失，我同意无偿过户"。这些联接资源的巧妙使用不仅能得到审判人员的支持，也容易获得原告的认可。这样合情合理的表达是对被告一意见的有效补充，体现了两者的合作关系。

❻ 结语

本文在系统功能语言学框架下，将法律语篇视为社会过程，并从附生性语境理论和语篇语义选择两个层面研究作为社会过程的法律语篇，建构了分析模型。本文认为，在探索如何通过法律语篇实现社会过程的研究中，既要充分考虑语境的制约因素，又要重视对语篇语义资源的选择，通过语篇语义六个维度分析法律语篇中的概念意义、人际意义和谋篇意义，可以阐明法律语篇中的社会过程是如何实现的，也能全面揭示人们是如何利用法律语篇实现其交际意图的。本研究采用适用语言学的研究路径，从语言问题出发建构理论并解释和解决问题（Mahboob & Knight, 2010），为研究法律语篇中社会过程的实现提供了较为全面的操作工具。

参考文献

❏ Bernstein, B. 2000. *Pedagogy, Symbolic Control and Identity: Theory, Research and Critique*. London: Taylor and Francis.

❏ Brown, K. 2005. *Encyclopedia of Language and Linguistics* (2nd edition). Cambridge: Cambridge University Press.

❏ Collins, R. 1975. *Conflict Sociology: Toward an Explanatory Science*. New York: Academic.

❏ Conley, J. M. & O' Barr, W. M. 1998. *Just Words: Law, Language and Power*. Chicago: University of Chicago Press.

❏ Cooley, C. H. 1966. *Social Process*. Carbondale and Edwardsvill: Southern Illinois University Press.

❏ Coulthard，M. & Johnson, A.（eds）, 2010. *The Routledge Handbook of Forensic Linguistics*. London/New York: Routlege Taylor & Francis Group.

❏ Gibbons, J. 1994. *Language and the Law*. London: Longman Group UK Limited.

❏ Gibbons, J. 2003. *Forensic Linguistics: An Introduction to Language in Justice System*. Malden, Mass: Blackwell Publishers.

❏ Halliday, M. A. K.1978/2001. *Language as Social Semiotic: The Social Interpretation of Language and Meaning*. Beijing: Foreign Language Teaching and Research Press.

❏ Halliday, M. A. K. & Matthiessen. C. 1999. *Construing Experience through Meaning：A Language-Based Approach to Cognition*. London: Continuum.

❏ Halliday, M. A. K. & Matthiessen, C. 2014. *Halliday's Introduction to Functional Grammar*. London & NewYork: Routledge.

❏ Heffer, C. 2005. *The Language of Jury Trial: A Corpus-aided Analysis of Legal-lay Discourse*. Basingstoke: Palgrave Macmillan.

❏ Hinkle, R. C. 1966. Introduction. In C. H. Cooley. *Social Process*. Carbondale and Edwardsvill: Southern Illinois University Press.

❏ Mahboob, A. & Knight, N. K. (eds), 2010. *Appliable Linguistics*. London and New York: Continuum.

❏ Martin, J. R. 1992/2004. *English Text: System and Structure*. Beijing: Peking University Press.

❏ Martin, J. R. 1999. Modeling Context: A crooked path of progress in contextual linguistics. In M. Ghadessy (ed.), *Text and Context in Functional Linguistics*. Amsterdam: John Benjamins. 26-61.

❏ Martin, J.R. 2006. Genre, Ideology and Intertextuality: A systemic functional perspective. *Linguistics and the Human Sciences* (2)2: 275-298.

❏ Martin, J. R. 2010. Semantic Variation: Modeling system, text and affiliation in social semiosis. In M. Bednarek & J. R. Martin (eds.), *New Discourse on Language: Functional Perspectives on Multimodality, Identity and Affiliation*. London: Continuum.

❏ Martin, J. R. 2014. Evolving systemic functional linguistics: Beyond the clause. *Functional Linguistics* (1)3: 1-24.

❏ Martin, J. R. & Rose, D. 2003/2007. *Working with Discourse: Meaning beyond the Clause*. London / New York: Continuum.

❏ Mellinkoff, D. 1963. *Language of the Law*. Boston: Little, Brown and Company.

❏ O'Barr, W. M. 1982. *Linguistic Evidence: Language, Power and Strategies in the Courtroom*. California: Academic Press.

❏ Shuy, R. W. 2014. *The Language of Bribery Cases*. Oxford Scholarship Online.

❏ Solan，L. 1993. *The Language of Judges*. London and Chicago: The University of Chicago Press.

❏ Tiersma, P. M. 1999. *Legal Language*. Chicago: The University of Chicago Press.

❏ Tiersma, P.M. & Solan, L. M.（eds.），2012. *Language and Law*. New York: Oxford University Press.

❏ 百度百科，冲突理论[OL]。http://baike.baidu.com/link?url=UiTv3QO8jkKA67-NPIz_voOsz6zgtikj0JSKyNj8z0W0uu81Lub9SVo0AdoexNZ1（2014 年 8 月 24 日查阅）。

❏ 陈刚，2005，附生性，因果性，还原性。《哲学研究》（3）：80-85。

❏ 陈炯，1998，《法律语言学概论》。西安：陕西人民教育出版社。

❏ 杜金榜，2004，《法律语言学》。上海：上海外语教育出版社。

❏ 胡壮麟等，2008，《系统功能语言学概论》（修订版）。北京：北京大学出版社。

❏ 黄震云、张燕，2013，《立法语言学研究》。长春：长春出版社。

❏ 李振宇，2006，《法律语言学新说》。北京：中国检察出版社。

❏ 廖美珍，2009，《法庭语言技巧》（第三版）。北京：法律出版社。

❏ 林信华，2011，《社会符号学》。上海：东方出版中心。

❏ 刘振宇，2010，普法语言研究。《法律语言学说》（2）：93-109。

❏ 潘庆云，2004，《中国法律语言鉴衡》。上海：汉语大词典出版社。

❏ 王洁，1997，《法律语言研究》。广州：广东教育出版社。

❏ 王振华，2009，作为系统的语篇。《外语学刊》（3）：50-57。

❑ 王振华、张庆彬，2015，作为社会过程的法律语篇及其谋篇语义。《外语教学》
（1）：1-6。
❑ 杨凤仙，2014，法律·语言·法律人——法律语言高端论坛综述。《中国政法大学
学报》（1）：154-157。
❑ 余素青，2010，《法庭言语研究》。北京：北京大学出版社。
❑ 曾范敬，2011，《警察询问话语批评分析》[博士论文]。中国政法大学。
❑ 张恒山，2002，《法理要论》。北京大学出版社。
❑ 周赟，2011，《立法用规范词研究：以当下中国立法经验为参照》。北京：法律出
版社。

Legal Discourse as a Social Process: From the SFL-Based Discourse Semantics Perspective

Abstract: The social process can be categorized into processes of polarization consisting of competition and conflict and processes of integration including adaptation, cooperation and assimilation. Under the guidance of the social semiotic view of Systemic Functional Linguistics, legal discourse is regarded as the instantiated social processes of competition, conflict, adaptation, cooperation and assimilation when legal subjects are interacting with each other. To address the formation and realization of these processes, the supervient view of context and discourse semantics are employed to construct a research path. The former functions as the theoretical scaffolding, and the latter provides the specific analytic toolkits. It is argued that the study of legal discourse as a social process should not only consider the contextual constraints but also the meaning choice. Only in this way can people's manipulation of legal discourses to realize communicative goals and intentions be comprehensively and thoroughly revealed.

Key words: legal discourse; social process of polarization; social process of integration; supervient view of context; discourse semantics; choice

（责任编辑：高彦梅）

书评

《社会语言学研究方法》介评

《写作的社会语言学》述评

《社会语言学研究方法》介评

上海外国语大学　杨金龙*

[提　要]　本文旨在介评Janet Holmes和Kirk Hazen的新作《社会语言学研究方法》一书。社会语言学研究方法多样，但迄今为止，绝大多数相关著作仅局限于介绍某单一研究主题和范式，对其他类别的研究主题甚少涉及。2014年，由Janet Holmes和Kirk Hazen联合撰写、Wiley Blackwell公司出版的《社会语言学研究方法》问世，该书以现实的研究问题为导向，涵盖了目前社会语言学领域中的绝大多数研究对象和主题，具有系统性、前沿性和实用性的特点，对社会语言学研究方法论有重要的启发和指导作用。
[关键词]　介评；社会语言学；研究方法

❶ 引言

　　社会语言学从诞生之日起，其研究方法就呈现多样化的特点。为解决语言使用的现实问题，语言学家、社会学家、人类学家、心理学家等，纷纷从自身学科知识出发以研究语言。微观社会语言学派的代表人物Labov将社会语言学定位在语言学范畴之内，注重研究语言变异与社会因素之间的关系；社会学派的代表人物Fishman强调从社会制度、社会关系等角度研究语言，其研究方法主要为社会学量化统计方法；人类学派的代表人物Hymes注重用文化人类学的理念来描述语言的运用，尤其强调研究在不同的社团、组织、社区中因文化习俗的不同给语言运用所带来的限制特征，开创了经典的"SPEAKING"研究范式；Lambert则从心理学的角度研究语言的使用和对语言及其变体的态度，代表性研究方法为变语配对实验法（matched guise technique）；互动社会语言学派的代表Gumperz则尝试运用语言学的知识解释人际交流的过程和结果，其研究过程是以观察法、访谈法为主的质性研究。

　　综上可见，不同流派的社会语言学家，其研究理念与范式的侧重点皆不相同，这导致社会语言学这门交叉性很强的学科在研究方法上复杂多变，研究手段互异，

*　作者简介：杨金龙，上海外国语大学博士生，研究方向：教育语言学、社会语言学、语言规划。
　　E-mail：yangjinlong1011@126.com。　通信地址：200083，上海市虹口区大连西路550号，上海外国语大学5号楼六楼，语言研究院。
　　本文作者感谢高一虹教授和匿名审稿专家对本文提出的宝贵修改意见。

研究模式上也体现出兼容并包的特色。如何基于具体的研究问题选择最适合的研究方法，是社会语言学研究的重点。由 Holmes 和 Hazen 联合撰写、Wiley Blackwell 公司出版的《社会语言学研究方法》(*Research Methods in Sociolinguistics*)[①]于2014年问世，该书一改以往相关著作仅观照某单一研究主题的传统模式，以现实的研究问题为导向，囊括了当前社会语言学研究中的绝大多数主题和方法，对社会语言学研究方法论有重要的启发和指导作用。

❷ 内容简介

全书总体分为三大部分。第一部分是整本书的导论，Hazen 开篇即通过回顾社会语言学的研究历史，承认社会语言学研究方法的多样性。因此，只有明确具体的研究问题才能确定合适的分析方法；第二部分阐述社会语言学研究的数据类型和数据收集方法。该板块精选四篇主题论文，通过实例详细介绍了访谈、问卷、实验和语言景观数据的收集方法；第三部分介绍数据分析方法。这部分首先介绍了社会语言学特征的分析方法，包括社会历史分析法、语料库分析法、语音分析法、音系分析法、形态–句法分析法、词汇分析法、语篇分析法、量化分析法。第三部分的后半部分从社会文化特征的分析方法入手，介绍了人类学、对话分析、地理方言、言语社区–社会网络–实践共同体、多语环境下的语言变异、语体和社会认同、儿童社会语言能力习得七个主题的分析方法。全书的内容概述如下。

2.1 导论

Hazen 在开篇第一章回顾了社会语言学的发展历程。由于社会语言学创始阶段就是源于不同学科的学者们对语言与社会之间的关系的研究，因此，社会语言学的研究目标、研究方法种类繁多。Hazen 认为，只有明确具体的研究问题，才能确定收集何种数据、采用何种方法进行分析。

2.2 数据类型和数据收集方法

本书第二章至第五章介绍了社会语言学研究的数据类型和数据收集方法。其该书认为，社会语言学研究方法一般包括四种数据类型，即访谈、问卷、实验和语言景观数据。在数据收集过程中，研究者应根据不同的数据类型决定合适的收集方法。田野访谈的特殊性在于数据收集次数不宜过多，因此在数据收集过程中，应观察、访谈、录音三种方法并举，同时收集语言数据（如语音、音位、语法等）和社会数据（如被试的行为举止、对调查话题的态度等）；问卷调查的难点在于问卷的编制，研究者应在明确研究问题的前提下考虑如何编制问卷。实验研究的最突出特点是控制无关变量，检测目标变量。本书的第四章详细地介绍了社会语言学的两种经典实验方法，即变语配对（matched-guise experiment）法和识别任务

① Janet Holmes & Kirk Hazen. 2014. *Research Methods in Sociolinguistics: A Practical Guide.* Oxford: WILEY Blackwell Press. 336pp. ISBN: 9780470673607 (cloth) - ISBN 9780470673614 (pbk.)

（identification task）法。

本书的一大亮点在于该书的第五章关照到了近年来逐渐兴起的网络交际语言研究和语言景观研究。网络交际语言研究（CMC）以电子邮件、文本、社交网络等电子媒介交流方式中产生的语言为研究对象，其数据类型一般以文字语言为主，研究者甚至不须联系任何被试即可顺利采集数据、分析数据；语言景观（linguistic landscape）是将日常生活中常见的语言标牌视为研究对象，"以揭示语言规划机构、语言使用者、标牌读者之间的话语构建方式和过程"（尚国文、赵守辉，2014: 82）。编者认为，语言景观研究的重点在于影像资料的采集，研究者应根据具体问题选取恰当的影像采集地点和工具，确定语言景观类别（政府或民间），收集资料时应注意保护调查对象的隐私。

2.3 分析方法

社会语言学分析方法是本书的重点介绍部分。该板块以主题论文的形式，运用实例详细地介绍了多达15种社会语言学分析方法，其中包括8种社会语言学特征下的分析方法和7种社会文化特征下的分析方法。

(1) 社会语言学特征的分析方法

本书第六章至第十三章，编者从传统的语言学分析视角入手，将社会语言学的研究对象以语音、音系、形态、句法、词汇、语篇等归类，精选8篇主题论文，通过实例详细介绍了社会历史分析法、语料库分析法、语音分析法、音系分析法、形态-句法分析法、词汇分析法、语篇分析法和量化分析法。

社会历史分析法的重点在于收集过往的语言文字，通过分析文字的变化，找出语言的演变规律；语料库分析法可基于大量的真实语言文本，通过概率统计的方法进行语言学分析；语音和音系分析法是社会语言学的基本研究范式。前者主要通过电子设备采集数据，可分析元音、辅音、塞音、擦音等的变异情况；后者适用于分析在不同社会环境、切分环境、音节结构、音位重组等现象影响下的声音变异情况；语言的形态句法变异涉及很多潜在的影响因素，研究者应根据不同的语种分析其特殊性，采用历时和共时相结合的分析方法；词汇分析法是研究语言演化、考察词汇在某言语社区的使用情况的重要手段，研究方法包括观察法、田野调查法、问卷调查法、文本分析法等；话语分析是社会语言学研究的主要流派之一，分析过程包括确定研究问题、数据收集、数据转写、数据分析。

(2) 社会文化特征的分析方法

本书的第十四至第二十章介绍了如何从社会文化视角进行语言分析，其中包括七大领域，即民族志分析、对话分析、地理方言分析、言语社区-社会网络-实践共同体、多语环境下的语言变异、语体和社会认同、儿童社会语言能力习得。

人类学分析法认为，研究对象的特定行为受周围复杂社会环境下的多种因素决定。数据收集过程中，应注重周围环境的整体性和全面性，分析的对象应涵盖视觉、听觉、文本、多媒体、交谈双方的行为举止、调查环境等多方因素；对话分析法适用于调查和分析某个言语社区的一般性言语特征，主要的分析要素包括言语行为、话轮设计和话轮顺序；地理方言研究适用于分析不同地域话语使用者的语言变异情况，其缺点在于时间、资金耗费较大；言语社区研究适用于对比不同人群的语言使用区别；社会网络更能反映出人群内部的语言使用和交流情况，适用于探究语言演变的内部传播过程；实践共同体则适用于考察语言变体赋予讲话群体的社会意义，更适合进行定性分析。

本书的第十八章、第十九章关照到了多语环境下的语言变异分析法和社会语境、语体及认同分析法。多语环境下的语言变异分析因素较多，既包括语音、句法等传统要素，也包括多语之间的相互作用、濒危语言等近期颇为热门的话题。编者认为应重点关注多语社区中不同领域的语言使用情况，有针对性地采用不同的分析方法。例如，面对多语环境中的语言濒危和转用问题，研究者需进行田野调查，掌握真实语料并分析当地语言的使用环境。讲话者的社会身份历来是社会语言学研究的重要兴趣点之一。编者认为，语体具有指示讲话者社会身份的作用，研究者可通过分析讲话者的语体风格、观察讲话者的社会特征、关注讲话者的周围环境，对研究对象进行定性分析。最后一章介绍了儿童社会语言能力分析方法。儿童的社会语言能力发展受语言环境和文化环境的影响，研究过程包括：确定研究对象的年龄范围、研究场所、其他参与者、研究所需的活动设计；录像、转写数据、分析数据。

❸ 评价

综览全书，笔者认为Holmes和Hazen的新作《社会语言学研究方法》具有系统性、前沿性和实用性三个特点。

(1) 系统性

从本质上讲，社会语言学是一门以问题为导向的交叉性学科，其学科的创始人包括很多领域的学者，如语言学家、社会学家、心理学家、人类学家等，不同学科背景的学者们研究问题不同、所占角度不同、研究方法不同。因此，社会语言学建立五十多年来，能够全面、系统地介绍该学科研究方法的专著甚少，大部分研究方法类文献局限于介绍和讨论单一的研究问题、研究范式，对其他类别的研究方法甚少涉及，如Gumperz（1982）、Labov（2001）、Norton（2000）、高一虹（1998）、徐大明（2006）、杨永林（2004）、王玲（2012）、赵蓉晖（2003）等。社会语言学的导论性书籍虽会涉及研究方法部分，但篇幅数量有限，终究无法面面俱到。由Holmes和Hazen联合撰写的《社会语言学研究方法》以解决具体的研究问题为出发点，将所有的研究方法归为两大类，即社会语言学特征的分析方法和社会文化特征的分析方法，并分别下设子主题（如表1所示），通过主题论文的形式系统阐述每种方法，运用实例介绍研究过程、分析其利弊，使读者能更系统、更清晰地了解和掌握每种方法。

表1 研究方法汇总

社会语言学特征的分析方法	社会历史分析法；语料库分析法；语音分析法；音系分析法；形态句法分析法；词汇分析法；话语分析法
社会文化特征的分析方法	人类学分析法；会话分析法；地理方言学分析法；言语社区、社会网络、实践共同体分析法；多语环境下的语言变异分析法；社会语境、语体及认同分析法；儿童社会语言能力研究方法

(2) 前沿性

目前，社会语言学研究方法类专著在国内出版数量较少，而语言学及应用语言学研究方法论大多以介绍访谈、问卷、实验、语料库等传统方法为主，如郭纯洁（2015），文秋芳、俞洪亮（2004）等，对社会语言学的特有研究方法涵盖不足。《社会语言学研究方法》不仅介绍了上述传统人文社科类研究方法，而且有针对性地增加了变语配对、识别任务等具有社会语言学特色的研究方法。更难能可贵的是，该书还关照到了语言景观研究、网络交际语言研究、多语环境下的语言变异研究等近期较热门的研究话题。以语言景观研究为例，国外的相关研究已日渐成熟，而我国在该领域的研究仍停留在对国外语言景观研究的评述阶段，缺乏相关的实证研究，因此，掌握该领域的研究方法显得尤为重要。该书的第五章详细地介绍了语言景观的数据采集方法和实施步骤，并着重阐述了影像拍摄和解码的重点和难点，向有志于该领域研究的学者们提供了较成熟的研究思路。

(3) 实用性

以往的研究方法类文献，大多围绕典型的社会语言学研究范式展开讨论，通过列举经典的研究实例，介绍研究方法。本书另辟蹊径，围绕现实的研究问题展开话题，以主题论文的形式一一对应其所适用的研究方法。在每章中，首先明确目标研究问题的现实意义、理论依据。随后通过实例讨论该研究问题所适用的方法，详细介绍研究方法的实施过程。此外，本书的另一大亮点是，为使读者能更准确地理解和掌握每种研究方法，编者在每篇文章的末尾罗列出该方法的重点和难点，并提供目前较热门的研究问题和可行对策，使读者能在回顾研究方法的同时掌握最新的研究动态。

❹ 结论

综上所述，面对社会语言学种类繁多的研究方法，2014年Holmes和Hazen的新作《社会语言学研究方法》以现实的研究问题为出发点，囊括了目前社会语言学领域中的绝大多数研究对象和研究主题，并一一通过实例介绍其适用的研究方法，向从事社会语言学研究的学者们提供了一本实用性很强的案头书。美中不足的是，该书并未涉及传统的几大社会语言学流派及其经典研究范式，令读者虽可"晓今"，却不能"通古"。而庆幸之处在于，我国出版的相关著作《社会语言学实验教程》（徐大明，2010）与《社会语言学研究方法的理论与实践》（张廷国，2008）详细地介绍了传统的社会语言学主要流派及研究范式，供读者结合使用。无论如何，该书的出版对社会语言学研究具有重要的启发和指导作用。

参考文献

❏ Gumperz, J. J. 1982. *Discourse Strategies*. Cambridge: Cambridge University Press.

❏ Holmes, J. & Hazen, K. 2014. *Research Methods in Sociolinguistics: A Practical Guide*. Oxford: WILEY Black Press.

❏ Labov, W. 2001. *Principles of Linguistic Change: Social Factors*. Beijing: Peking University Press.

❏ Norton, B. 2000. *Identity and Language Learning: Gender, Ethnicity and Educational Change*. Harlow, England: Pearson Education.

❏ 高一虹，1998，回归前香港、北京、广州的语言态度。《外语教学与研究》(2): 21-28。

❏ 郭纯洁，2015，《现代语言学研究方法》。北京：科学出版社。

❏ 尚国文、赵守辉，2014，语言景观的分析纬度与理论构建。《外国语》（11）：81-89。

❏ 王玲，2012，《城市语言研究的理论与方法》。北京：中国社会科学出版社。

❏ 文秋芳、俞洪亮，2004，《应用语言学研究方法与论文写作》。北京：外语教学与研究出版社。

❏ 徐大明，2010，《社会语言学实验教程》。北京：北京大学出版社。

❏ 徐大明，2006，《语言变异与变化》。上海：上海教育出版社。

❏ 杨永林，2004，《社会语言学研究：功能·称谓·性别篇》。上海：上海外语教育出版社。

❏ 张廷国，2008，《社会语言学研究方法的理论与实践》。北京：北京大学出版社。

❏ 赵蓉晖，2003，《语言与性别：口语的社会语言学研究》。上海：上海外语教育出版社。

A Review of *Research Methods in Sociolinguistics*

Abstract: This article aims at introducing and evaluating Janet Holmes and Kirk Hazen's new book *Research Methods in Sociolinguistics*. The methodology of sociolinguistics is characterized by its diversity and complexity, yet most of the related books mainly talk about a single research paradigm. Edited by Janet Holmes and Kirk Hazen in 2014, *Research Methods in Sociolinguistics* covers a whole range of sociolinguistic domains, in a comprehensive manner. Systematic, cutting-edge and practical, it offers important guidance for sociolinguistic researchers.

Key words: book review; sociolinguistics; research methods

（责任编辑：孟玲）

《写作的社会语言学》述评

武汉科技大学　香港大学　罗　娜*

[提　要]　《写作的社会语言学》(2013)一书,作为第一部研究社会语言学与写作研究之间关系的专著,不仅理据充分地论述了从社会语言学角度研究写作的必要性,更为重要的是该书系统地阐述了从社会语言学角度进行写作研究的理论框架、主要范畴和方法,并用实例说明从社会语言学角度如何进行写作研究。该书对我国希望从事写作研究的学者,特别是那些想从纯文本研究转向文本和社会环境相结合的学者,在理论和方法范式方面都有重要的参考价值。同时,它将写作纳入社会语言学的研究范畴,对从事社会语言学研究的学者也有借鉴意义。

[关键词]　写作;社会语言学;文字能力

❶ 引言

　　主要英语国家的写作研究已经由以文本研究为主转向文本及其产生的社会环境并重,这种转变的理论依据是社会学和社会语言学。在我国,英语写作研究目前还多集中在纯文本的语言层面,很少有学者用质性方法,把文本及其社会环境结合起来进行分析,原因之一可能是我国许多英语写作学者不熟悉将二者结合起来的理论和方法范式。而Lillis的《写作的社会语言学》①(*The Sociolinguistics of Writing*)一书,为我国对质性写作研究理论基础和方法不甚熟悉的读者开启了一扇从社会语言学角度进行质性写作研究的窗口。同时,由于该书把社会语言学的研究范畴从口语拓展至写作,它对社会语言学研究者也有借鉴意义。

*　作者简介:罗娜,武汉科技大学外国语学院副教授、香港大学应用英语研究中心在读博士生。研究方向:英语学术写作、EAP课程设计。Email:zjunna1@gmail.com. 通信地址:430065 武汉科技大学外国语学院大学英语部。
　　本文为武汉科技大学教学研究重点项目"理工类专门用途英语教师教育研究"(编号:2012Z62)的部分成果。

① Theresa Lillis. 2013. *Sociolinguistics of Writing*. Edinburgh: Edinburgh University Press. 200 pp. ISBN: 9780748637508.

该书首次明确提出社会语言学研究应该从局限于口语拓展至口语与写作并重。作为英国公开大学的教授，作者在过去的十多年一直借鉴社会语言学理论和方法，用新文字能力学派（New Literacy Studies）的理论框架——文字能力的社会实践视角（social practice perspective of literacy），[②] 从事学术文字能力（academic literacies）研究，并且著作颇丰。从她（2001）最初的学生学术写作项目（代表作为专著 *Student Writing : Access, Regulation, Desire*），后来的以东南欧英语非母语学者为研究对象的项目（代表作品为被广泛引用的 *Academic Writing in a Global Context*，与Curry合著），以及最近的社工写作项目（与Rai合作，尚无专著出版），都采用了同样的理论和方法范式。

理论框架决定研究方法，由于文字能力的社会实践视角从社会语言学发展而来，其约定俗成的方法范式为社会语言学常用的民族志法。这一方法最初用于人类学（在我国也称民族学），后来被包括语言学在内的多个人文学科所借鉴，它所包含的数据收集和处理方式极为广泛，主要为参与者观察、访谈和档案探究。Wolcott（2008）把民族志法的数据收集和处理归纳为三个e开头的词：experiencing（经历）、enquiring（询问）和examining（考察）。其他学科的学者在使用民族志方法范式时，对数据收集和处理方式根据学科和自身课题的特点进行调整。Lillis的写作研究，一直使用这一方法范式。她在《写作的社会语言学》一书中，一如既往地坚持她的理论立场——文字能力的社会实践视角（social practice perspective of literacy）和与之相适应的民族志法。

❷ 内容简述

本书共八章，可以归纳为四个部分。第一部分即第一章，说明社会语言学研究为何要把写作纳入其中；第二部分包括第二、第三两章，分别从多个维度探讨写作的本质，并综述了其语言维度的主要分析方法；第三部分包括第四到第七章，是全书的精华，阐述了从社会语言学角度研究写作的理论视角、方法、范畴和注意事项；第八章对前面的内容进行了总结。以下是第一至第七章内容的概述。

在第一章中，Lillis为写作在社会语言学研究中的地位正名。通过列举社会语言学中边缘化写作研究的证据，她指出写作研究其实高度符合社会语言学的四条核心原则，分别是：（1）社会层面的重要性；（2）自然语言的实证研究；（3）研究对象为日常语言；（4）多样性作为语言研究的核心层面。紧接着，作者指出，目前社会语言学倾向于过分强调写作的标准化和程式化，从而使得写作和口语简单地对立起来，这样的立场让写作研究看起来单一、静态、去社会语境化（decontextualized），

---

② 新文字能力学派（New Literacy Studies）这个概念最初由James Paul Gee和Brian Street等人在20世纪90年代提出。传统文字能力研究集中在主流文字技能的习得方面，而新文字能力学派则强调社会实践中主流和非主流文字能力的含义，涉及不同时空范围内多种文字能力和它们之间的力量对比关系，这一学派特别强调具体某一时空中哪些文字能力处于支配地位，哪些处于弱势地位（参见Street, 2003）。

其后果就是让社会语言学学者可以心安理得地把写作排除在研究范畴之外。接着，作者从新文字能力学派探究以读写为中心的文字能力在普通人日常生活中的作用，论证把写作纳入社会语言学研究的必要性。

第二章从模态（mode）、印记（inscription），语言（verbal）、材料（material）、技术（technology）、视觉（visual）、空间（spatial）和其他情态维度（如嗅觉、听觉等）八个不同的角度探讨写作的基本属性。社会语言学家通常从媒介的角度把语言交流简单地分为说和写两个模态。在承认这种说法有一定道理的同时，作者中肯地指出模态的概念随着技术的进步不断变化，传统的模态中又可以分出各种亚模态（submode）。因此，她高屋建瓴地指出，解读写作应该以符号学（semiotics）而不是语言学为出发点。虽然语言是最重要的符号系统，但在信息技术高度发达的今天，语言符号经常必须与其他符号一起，才能构成整个人类社会的表意体系。从符号学的角度，写作是包含多种模态的。这样的视角有助于把写作和日常生活联系起来，并对它进行处于社会情境中的多模态分析。作者还从历史的角度探讨写作作为印记的意义，她认为写作作为印记本身的意义只是表面的，关键在于它对人类生活和思维的象征和代表作用。然后，Lillis从语言的角度阐述了写作的本质，并指出绝大多数写作研究都是基于写作的语言维度的。她认为社会语言学应该把文本和它所依存的社会环境结合起来分析，才能产生真正有意义的结果。在从所有七个维度探究了写作的本质之后，作者通过实例展示了写作通过这些维度在现实生活中的体现。

在第三章，Lillis详述了文本分析的主要方法，并在结尾指出了这些方法与社会语言学的接口。这一章可以说是第二章中写作的第三个维度——语言维度的延伸。文本分析多年来一直在写作研究中处于支配地位。作者把文本分析高度概括为分析内容、形式和功能三个方面，而社会语言学学者的兴趣在后两个方面，一般不太关注内容。从社会语言学的角度出发，作者以从形式探究功能、形式与功能融合和置形式于功能之上三个类别来总结文本分析中形式与功能的关系。然后，作者对批判话语分析、修辞学、文体学和对比修辞等不同的文本分析理论和实践进行了回顾。Lillis特别强调体裁（genre）"典型化"（typification）的意义，因为它把文本和人的活动以及文本赖以存在的社会环境有机地联系起来。

第四章从新文字能力学派的研究结果出发，说明写作其实与口语一样，渗透到包括家庭、学校、工作、政治活动和人际关系等社会生活的各个方面。在理论上，Lillis推崇Brain Street等人倡导的观念型文字能力模型（ideological model of literacy），主张新文字能力学派的社会实践视角。在研究范畴方面，她建议在描述写作实践中的领域（domain）、社会关系网络（social network）、角色（role）、共同体（community）的基础上，抽象出人的惯习（*habitus*）、能动性（agency）、思想观念（ideology）和力量对比关系（power relation）。就方法范式而言，Lillis认为民族志法是预设于社会实践的理论视角中的，具体的数据收集方法可以采用观察、收集文本、访谈（包括围绕文本进行的访谈）、问卷调查、撰写和收集日志及图片等。

第五章从资源、社会网络和文本运行轨迹（text trajectory）三个方面论述了写作是动态的和具有社会性的。首先，从写作资源方面，Lillis认为撰写文本的过程充斥着多种因素的共同作用，一方面，所有的文本都具有互文性（intertextuality），也就是任何人在撰写任何体裁的文本时，都有很多现成的语言和规约可以选择，但他在选择这些资源的同时，不是完全自由的，会受到体裁、读者群体等多种因素的制约。同时，写作又不是简单地从现有语言资源中按规约进行选择，作者自身的能动性会让他根据自己的目的对文本进行语境重置（recontextualization）。其次，在社会资源方面，Lillis不仅指出语篇共同体（discourse community）对于考察写作目的和语言资源的有用性，而且建议从社会语言学角度进行的写作研究必须考虑作者的社会网络可能对文本产生的影响。最后，Lillis认为文本运行轨迹在很大程度上受到处于中心地位的机构（centring institutions）如学校、研究所等的制约，这些机构贯穿社会的各个层次，在很大程度上决定着文本的产生和评价。

第六章阐述身份与写作的关系。身份问题一直是社会语言学的热点话题，人们通过所讲的语言实现身份认同、识别和表达。Lillis认为，从社会语言学角度研究写作，身份问题同样应该是关注的焦点之一。通过写作，人们同样能实现身份认同、识别和表达。她着重介绍了写作中作者的身份可以通过身份认同（identification）、能动性、兴趣、渴望、声音、立场、惯习、主观性等方面体现出来。谁能写什么样的东西，不是完全出于作者的选择，而是受到身份的制约，作者的惯习也在很大程度上是他所处的社会环境在他身上长期作用的结果，但作者又不是完全受制于社会环境的，主观能动性可以在一定程度上改变其写作的方式、内容和体裁，这种能动性在一定程度上还会反作用于并改变其所处的社会环境。

第七章从前面章节所提到的不同学术领域对写作和围绕写作展开的各种人际关系进行概括。Lillis把全部写作研究分为八类，分别是诗歌美学类（poetic-aesthetic）、交易理性类（transactional-rationalist）、过程表达类（process-expressionist）、社会认知类（socio-cognitive）、社会符号类（social semiotic）、社会实践类（social practice）和参与文化类（participatory culture）。她指出，这些分类并不是绝对的，互相之间会有重叠，特别是那些从社会角度来考察写作的类别，研究的对象通常都包括写作过程和结果赖以存在的社会环境。一般来说，社会语言学家会从社会实践和社会符号两个角度去考察写作。Lillis特别提醒读者在用社会语言学方法研究写作时，要注意不能过分类推，因为同一个与写作有关的事件，用不同理论视角来分析时，得出的结论往往会有出入。在最后一章，作者对前面各章的内容进行了总结，这里不再赘述。

❸ 评价

《写作的社会语言学》开创性地把写作纳入社会语言学的研究范畴，对写作研究和社会语言学两个领域都具有重要意义。书中系统阐述了从社会语言学角度研究写作的理据、范畴和方法，并从作者自己主持的学生写作、职业学者写作和工作场景写作等研究中选用相应的片段，生动地展示了从社会语言学角度来研究写作的魅力所在，给人耳目一新的感觉。对于希望将文本及其所处社会环境相结合的中国英语写作研究者，这本书从理论和方法上，都是一本具有指导意义的好书。同时阅读本书也可以起到帮助社会语言学学者拓宽视野的作用。

虽然本书介绍的理论框架和方法是近年来写作研究的热点之一，从社会语言学角度研究写作也不是质性写作研究唯一的理论框架，诸多社会学理论如社会构建理论（social constructionism）、社会交互理论（social interactionism）、合法边缘参与（legitimate peripheral participation）、语篇共同体（discourse community）等对写作研究从纯文本分析转向文本与其所处的社会环境相结合产生了更早和更深远的影响，遗憾的是，虽然前述这些理论所指导的研究数不胜数，但很少有系统地概述理论和方法的专著问世，这给初涉质性写作研究但又希望在这方面进行系统学习的读者造成了较大困难。而《写作的社会语言学》一书可以说从社会语言学的角度，填补了上述空白，对质性写作研究感兴趣的我国读者，不妨把它当做起点，来逐步认识质性研究在写作中的运用。

必须承认，本书也有几个值得商榷的地方。首先，虽然以前没有文献把写作应该被纳入社会语言学研究范畴作为主题，但作者在描述写作在社会语言学中的边缘化地位时，似乎有点言过其实。在作者看来，似乎除了文字能力社会实践学派和她一笔带过的Jan Blommaert以外，没有其他人从社会语言学的角度来研究过写作。实际上，Canagarajah（2002）已经用民族志法从社会语言的角度研究写作20多年了。然而，Lillis除了提到他近年来提出的语码交汇（codemeshing，与口语中的语言转换codeswitching相对应）的概念以外，只字未提他引用率极高的一些社会语言学写作著作，如《学术写作的地缘政治》（*Geopolitics of Academic Writing*）。此外，读过学术英语创始人Swales (1998)《不同楼层，不同声音》（*Other Floors, Other Voices*）一书的读者，应该不难把那本书的方法和视角与社会语言学联系起来，遗憾的是，在《写作的社会语言学》一书中，Lillis也没有提及该书。其次，从社会语言学角度研究写作能在写作研究领域产生丰硕的成果，那么现有的写作研究方法（特别是文本分析法）是否也会丰富社会语言学的研究方法和视野呢？这个问题作者没有明确地提出和回答。

总的来说，尽管《写作的社会语言学》存在一些小瑕疵，但瑕不掩瑜，该书开创性地提出把写作纳入社会语言学的研究范畴，具有较高的理论价值。同时，该书中介绍的理论视角和研究方法较为详细，并提供了研究范例，对希望用社会语言学方法来研究写作的我国学者（特别是初学者）来说，具有切实可行的指导意义。由于它又拓宽了社会语言学的研究范畴，对社会语言学学者也有一定的参考价值。因此，该书值得我国写作研究和社会语言学学者的共同关注。

参考文献

❏ Canagarajah, S. 2002. *A Geopolitics of Academic Writing*. Pittsburgh: University of Pittsburgh Press.

❏ Lillis, T. 2001. *Student Writing: Access, Regulation, Desire*. London: Routledge.

❏ Lillis, T. & Curry, M. J. 2010. *Academic Writing in a Global Context*. London: Routledge.

❏ Street, B. 2003. What's "new" in New Literacy Studies? Critical approaches to literacy in theory and practice. *Current Issues in Comparative Education* 5: 77-91.

❏ Swales, J. M. 1998. *Other Floors, Other Voices*. Ann Arbor: University of Michigan Press.

❏ Wolcott, H. F. 2008. *Ethnography: A Way of Seeing*. New York: Altamira Press.

A Review of *The Sociolinguistics of Writing*

Abstract: As the first monograph focusing on the relationship between sociolinguistics and writing research, *The Sociolinguistics of Writing* convincingly argues for the necessity of extending sociolinguistics to writing studies. More importantly, with concrete examples, it examines the theoretical framework, focus of study and methodology a researcher needs to adopt while conducting writing studies from theoretical and methodological stances of sociolinguistics. This monograph can be of significance for writing researchers in China, particularly those hoping to combine text and context in their own research. Meanwhile, the volume is also informative for researchers of sociolinguistics because it innovatively extends the field to writing studies.

Key words: writing; sociolinguistics; literacy

(责任编辑：孟玲)

语言学沙龙

北京大学外国语学院语言学沙龙 2015 年秋至 2016 年春活动情况

北京大学外国语学院语言学沙龙
2015年秋至2016年春活动情况

期别	日期	主讲人	题目
529	2015年10月16日	胡旭辉	A Minimalist Approach to the Syntax of Chinese and English Negative Questions and Their Answers
		（北京大学外国语学院助理教授）	"最简方案下的英汉否定问句及其回复的句法研究"
530	2015年10月23日	Professor Robert David Greenberg	Language Planning and Language Policy: Evidence from Europe, New Zealand, and North America
		（University of Auckland in New Zealand，新西兰奥克兰大学）	"语言规划与语言政策：来自欧洲、新西兰与北美的证据"
		Dr. Derek Irwin	The Coding and Decoding of Novel Lexical Items in English: Of the Identifying Clause and Loanwords
		(University of Nottingham Malaysia Campus，诺丁汉大学马来西亚校区)	"英语新入词的编码与解码：识别型关系小句和完全借词"
531	2015年10月30日	肖琳	Kecskes' Intercultural Pragmatics: Identity Construction in Chinese Applicants' *Taoci* Discourse
		（北京大学外国语学院2012级博士生）	"Kecskes的跨文化语用学：中国留学申请套磁话语中的身份构建"

（续表）

期别	日期	主讲人	题目
532	2015年 12月11日	廉超群 （北京大学外国语学院助理教授）	Arabic Language Policy and Arab Nationalism: Language Ideology and Discursive Cross-Pollination "阿拉伯语语言政策与阿拉伯民族主义：语言意识形态与话语交融"
533	2016年 1月8日	王景云 （北京大学外国语学院2013级博士生）	Death and Dying: Narratives and Identities in A Medical Setting "医疗情境中的死亡：医生的经历叙事和认同"
534	2016年 3月31日	Professor Dirk Geeraerts （University of Leuven, Belgium 比利时鲁汶大学）	Senseless Polysemy, Meaningless Semantics?: On Indeterminacy of Meaning "意义不定性——无意义的多义现象，没意思的语义学？"
535	2016年 4月28日	Professor Fred Dervin （University of Helsinki，芬兰赫尔辛基大学）	Linguistics for Intercultural Competence "跨文化能力研究中的语言学"
536	2016年 5月20日	Kumba Alice Momoh （塞拉利昂驻中国公使）	Language and Culture of Sierra Leone "塞拉利昂语言与文化"
537	2016年 5月27日	Professor Nikolas Gisborne （University of Edinburgh，爱丁堡大学）	Situating Meaning in the Utterance: Modality "情态：话语中的意义"
538	2016年 6月15日	胡壮麟 （北京大学外国语学院教授）	The Applicability of Theoretical Research "理论研究的适用性"

赵于飞整理

（责任编辑：高彦梅）

《语言学研究》征稿启事

  《语言学研究》由北京大学外国语学院外国语言学及应用语言学研究所编辑、高等教育出版社出版发行。本刊创刊于2002年，2011年起改为半年刊，每年两辑，现已被收录为中文社会科学索引（CSSCI）来源集刊（2014—2015）。

  《语言学研究》旨在为广大语言学研究者提供发表见解，探讨各种学术问题的场所。来稿可对现有语言学研究进行梳理、评述，对学科发展提出设想，或者以理论为指导对某个文本/话语片断进行描述，展开实证研究等。我们特别希望投稿者能就各种学术问题展开争鸣，提出新的观点、新的理论模式，以进一步推动语言学科的健康发展。

  本刊现有栏目包括语言学理论研究、具体语言研究、语言对比研究、语言应用研究、书评等，欢迎广大语言研究者踊跃投稿。

  本刊的审稿期为三个月。来稿请发电子邮件至：ling_research@126.com。

  本刊拒绝一稿多投。如有发现一稿多投的情况，将不再接受投稿人的任何稿件，并通告有关期刊。

  附：《语言学研究》体例

  1. 首页：中、英文题目，作者姓名、单位、学历、职称、研究方向、通信地址、电话、电邮。

  2. 次页仍以中、英文题目开始，下接"提要"（中文200字左右，英文100词左右）；"关键词"（3—5个），以分号隔开。

  3. "关键词"后开始"正文"（论文一般不超过10,000字；书评5,000字）

   a. 正文章节标题或小标题独占一行，且一律用阿拉伯数字（从1开始）表示，形式为：1 1.1 1.2 … 2 2.1 2.2 …

   b. 正文一律采用脚注；

   c. 正文行文中非汉语姓氏一律使用外文原文；

   d. 例句编号用[1]的形式；

   e. 重要术语如果首次在国内语言学期刊上出现，请随后附上外文原文。

   f. 文内夹注的文献放在括号内，如（Chomsky, 1965: 12）。

  4. 参考文献：只列引用文献，先外文后中文，按作者姓氏（中文姓氏按其拼音）字母序排。文献依次为作者姓名、出版年、文献题名、书/刊名、版次、出版地、出版者（或期数）及起止页码。外文书/刊名以斜体书写，实词首字母大写；外文论文篇名以正体书写，仅篇名首字母大写。例：

Halliday, M. A. K. & Hasan, R. 1985. *Language, Context, and Text: Aspects of Language in a Social-Semiotic Perspective.* Victoria: Deakin University Press.

Harris, Zellig. S. 1952. Discourse analysis: A sample text. *Language* 28: 474-494.

Coupland, N. 2014. Social context, style, and identity in sociolinguistics. In J. Holmes and K. Hazen (eds.), *Research Methods in Sociolinguistics: A Practical Guide.* West Sussex: Wiley Blackwell. 290-303.

胡壮麟，2013，超学科研究与学科发展。《中国外语》（6）：16-22。

克里斯特尔（David Crystal）（编），沈家煊（译），2004，《现代语言学词典》。北京：商务印书馆。

朱瑞熙，1990，宋元的时文——八股文的雏形。《历史研究》（3）：29-43。2001年收录于《疁城集》：1-22。上海：华东师范大学出版社。